Strafverfolgung im Darknet

Schriften zum Strafrecht und Strafprozeßrecht

Herausgegeben von Manfred Maiwald und Carsten Momsen

Band 140

Luise Lautenbach

Strafverfolgung im Darknet

Neue Ermittlungsansätze im Spannungsfeld zwischen Effektivität und Rechtsstaatlichkeit

PETER LANG
Berlin · Bruxelles · Chennai · Lausanne · New York · Oxford

Bibliografische Information der Deutschen Nationalbibliothek
Die Deutsche Nationalbibliothek verzeichnet diese Publikation in der Deutschen Nationalbibliografie; detaillierte bibliografische Daten sind im Internet über http://dnb.d-nb.de abrufbar.
Zugl.: Berlin, Freie Univ., Diss., 2024

DE-188
ISSN 0938-6181
ISBN 978-3-631-93435-7 (Print)
ISBN 978-3-631-93470-8 (ePDF)
ISBN 978-3-631-93471-5 (ePUB)
DOI 10.3726/b22727

Verlegt durch Peter Lang GmbH, Berlin (Deutschland)

info@peterlang.com

www.peterlang.com
Kontaktadresse nach EU-Produktsicherheitsverordnung: gpsr@peterlang.com

Meiner Familie

Inhaltsverzeichnis

Abbildungsverzeichnis ix

Vorwort xi

Abkürzungsverzeichnis xiii

KAPITEL 1
Einleitung
1. Thematische Ausgangslage 1
2. Ziel der Untersuchung 3
3. Gang der Untersuchung 4

KAPITEL 2
Grundlagen zum Untersuchungsgegenstand
1. Definition des Darknets 5
2. Abzugrenzende Terminologie 6
   2.1. Clearnet 6
   2.2. Clear Web 7
   2.3. Deep Web 7
   2.4. Dark Web 8
   2.5. Zusammenfassung 8
3. Etymologie 8
4. Technische Grundlagen 10
   4.1. IP-Adresse 10
   4.2. Kryptographische Verschlüsselungsverfahren 11
   4.3. Technologie des Darknets 14

KAPITEL 3
Rechtstatsächliche Untersuchung der Kriminalität im Darknet
1. Darknet-spezifische Deliktsbereiche 27
2. Kriminelle Infrastruktur 29
2.1. Marktplätze 29
2.2. Foren 32
2.3. Pädokriminelle Tauschbörsen 34
3. Kriminalitätsausmaß 36
3.1. Systematische Untersuchungen 36
3.2. Medienwirksame Ereignisse und internationale Polizeioperationen 38
3.3. Zwischenergebnis 44

KAPITEL 4
Rechtsdogmatische Untersuchung strafprozessualer Ermittlungsbefugnisse im Darknet
1. Verfassungsrechtliche Rahmenbedingungen 46
1.1. Verfassungsrechtliche Grundsätze 46
1.2. Grundrechtlicher Schutz von Anonymität und Verschlüsselung im Darknet 52
2. Strafprozessuale Eingriffsbefugnisse 64
2.1. Unergiebigkeit „klassischer" Ermittlungsmaßnahmen 64
2.2. Zulässigkeit neuer Ermittlungsansätze de lege lata 66

KAPITEL 5
Zusammenfassung, Bewertung und rechtpolitischer Ausblick
1. Zusammenfassung der Ergebnisse 177
1.1. Ergebnisse auf rechtstatsächlicher Ebene 177
1.2. Ergebnisse auf rechtsdogmatischer Ebene 178
2. Bewertung der Ergebnisse 182
3. Rechtspolitische Bestrebungen 183
4. Weitere rechtliche Fragestellungen der Strafverfolgung im Darknet........ 184
4.1. Allgemeine Kontrollresistenz des Darknets 185
4.2. Überwinden von Keuschheitsproben 186
4.3. Globale Dimension des Darknets 187
5. Rechtspolitischer Ausblick und Schlusswort 189

Literaturverzeichnis 191

Abbildungsverzeichnis

Abbildung 1: Grafische Darstellung des Onion Routing 16

Abbildung 2: Darstellung des Aufrufens eines Hidden Service 18

Abbildung 3: Grafische Darstellung des Garlic Routing 21

Abbildung 4: Grafische Darstellung des Aufrufens einer Freesite 25

Abbildung 5: Aufritt der Handelsplattform „Silk Road" 30

Abbildung 6: Forenbereich der Plattform „DiDW" 33

Abbildung 7: Daten-Struktur der Bitcoin-Blockchain 128

Abbildungsverzeichnis

Abbildung 1: Grafische Darstellung des Onion Routing 16

Abbildung 2: Darstellung des Aufrufens eines Hidden Service.................18

Abbildung 3: Grafische Darstellung des Garlic Routing............................21

Abbildung 4: Grafische Darstellung des Aufrufens einer Freesite............ 25

Abbildung 5: Aufritt der Handelsplattform „Silk Road“ 30

Abbildung 6: Forenbereich der Plattform „DiDW“......................................33

Abbildung 7: Daten-Struktur der Bitcoin-Blockchain 128

Vorwort

Die folgende Arbeit lag dem Fachbereich Rechtswissenschaft der Freien Universität Berlin im Mai 2023 als Dissertation vor. Das Rigorosum erfolgte im November 2024. Gesetzgebung, Rechtsprechung und Literatur befinden sich auf dem Stand vom April 2023.

Mein höchster Dank gilt meinem Doktorvater, Herrn Prof. Dr. Carsten Momsen, der mich vom Zeitpunkt meiner ersten Idee für das Thema bis hin zum Rigorosum mit wertvollen Anregungen und stetiger Ansprechbarkeit unterstützt hat. Hierbei hat er mir stets die Freiräume gelassen, die meine beruflichen und privaten Entwicklungen in den letzten Jahren erfordert haben, wofür ich mich besonders bedanke. Herzlich bedanken möchte ich mich auch bei meinem Zweitgutachter, Herrn Prof. Dr. Gerhard Seher, für die Erstellung des Zweitgutachtens sowie der Prüfungskommission, deren konstruktive und kritische Anmerkungen ein sehr spannendes Rigorosum ermöglicht haben.

Für die großzügige finanzielle Unterstützung und ideelle Förderung im Rahmen eines Promotionsstipendiums möchte ich mich bei der Konrad-Adenauer-Stiftung bedanken.

Danken möchte ich außerdem der Zentralstelle zur Bekämpfung der Internetkriminalität (ZIT) sowie Herrn Nuri Khadem und Herrn Dr. Arne Babenhauserheide für ihre fachliche Unterstützung, ohne die ich Tiefen des Darknets nicht so leicht durchdrungen hätte. Großen Dank schulde ich zudem meinen unentbehrlichen Freundinnen StAin Sarah Klement und StAin Iwona Pagenkopf. Ihr zügiges Korrekturlesen und ihre wertvollen

Kommentare haben mindestens genauso sehr zu dem Erfolg dieser Arbeit beigetragen wie ihr allzeit offenes Ohr für meine Belange.

Widmen möchte ich diese Arbeit meiner Familie. Meinen Eltern möchte ich dafür danken, dass sie mir meine Ausbildung ermöglicht haben und ich stets auf ihre Unterstützung zählen kann. Ein großer Dank gilt auch meinem Sohn Frederik, der mir durch seinen ausgiebigen Babyschlaf genug Zeit ließ, die Arbeit in meiner Elternzeit zu beenden. Von Herzen danke ich meinem Ehemann Christopher Lautenbach, der mir nicht nur in allen Phasen der Promotion großen Rückhalt gegeben hat, sondern auch aus fachlicher Sicht wertvolle und scharfsinnige Beiträge geliefert hat. Ohne ihn wäre diese Arbeit nicht fertiggestellt worden.

Berlin, im Mai 2025
Luise Lautenbach

Abkürzungsverzeichnis

a. A.	anderer Ansicht
Abs.	Absatz
Abschn.	Abschnitt
Alt.	Alternative
AFP	Agence France-Presse
AMG	Gesetz über den Verkehr mit Arzneimitteln
AöR	Archiv des öffentlichen Rechts
APuZ	Aus Politik und Zeitgeschichte
Art.	Artikel
BDBOSG	Gesetz über die Errichtung einer Bundesanstalt für den Digitalfunk der Behörden und Organisationen mit Sicherheitsaufgaben
BDSG	Bundesdatenschutzgesetz
BeckOK	Beck'scher Online-Kommentar
Beschl.	Beschluss
BGH	Bundesgerichtshof
BGHSt	Entscheidungen des Bundesgerichtshofes in Strafsachen
BKA	Bundeskriminalamt
BLKA	Bayerisches Landeskriminalamt
BND	Bundesnachrichtendienst
BT-Drs.	Drucksachen des deutschen Bundestages
BtMG	Gesetz über den Verkehr mit Betäubungsmitteln
BVerfG	Bundesverfassungsgericht

BVerfGE	Entscheidungen des Bundesverfassungsgerichts
BVerwG	Bundesverwaltungsgericht
BVerwGE	Entscheidungen des Bundesverwaltungsgerichts
bzw.	beziehungsweise
CR	Computer und Recht
DANA	Datenschutz-Nachrichten
DDoS	Distributed Denial of Service
DRiZ	Deutsche Richterzeitung
DSGVO	Datenschutz-Grundverordnung
DuD	Datenschutz und Datensicherheit
eucrim	The European Criminal Law Associations' Forum
f.	folgende
FAZ	Frankfurter Allgemeine Zeitung
FBI	Federal Bureau of Investigation
ff.	folgenden
Fn.	Fußnote
gem.	gemäß
GG	Grundgesetz
ggf.	gegebenenfalls
GSZ	Zeitschrift für das Gesamte Sicherheitsrecht
Hdb	Handbuch
HRRS	Höchstrichterliche Rechtsprechung Strafrecht
Hrsg.	Herausgeber
IEEE	Institute of Electrical and Electronics Engineers
inria	Institut national de recherche en informatique et en automatique
IRJET	International Research Journal of Engineering and Technology
Iss.	Issue
i. S. d.	im Sinne des/der
i. S. v.	im Sinne von
i. V. m.	in Verbindung mit
JA	Juristische Arbeitsblätter
JuS	Juristische Schulung
JZ	Juristenzeitung

Kap.	Kapitel
KK	Karlsruher Kommentar
LG	Landgericht
lit.	littera
MüKo	Münchener Kommentar
MMR	MultiMedia und Recht
m. w. N.	mit weiteren Nachweisen
NJW	Neue Juristische Wochenschrift
No.	Number
Nr.	Nummer
NSA	National Security Agency
NStZ	Neue Zeitschrift für Strafrecht
NVwZ	Neue Zeitschrift für Verwaltungsrecht
NZWiSt	Neue Zeitschrift für Wirtschafts, Steuer und Unternehmensstrafrecht
RiStBV	Richtlinien für das Straf und Bußgeldverfahren
Rn.	Randnummer
S.	Seite
s.	siehe
StGB	Strafgesetzbuch
StPO	Strafprozessordnung
StV	Strafverfolger
SWP	Stiftung Wissenschaft und Politik
TTDSG	Telekommunikation-Telemedien-Datenschutz-Gesetz
u. a.	unter anderen
Urt.	Urteil
UWG	Gesetz gegen unlauteren Wettbewerb
v.	von/vom
Var.	Variante
Vol.	Volume
vgl.	vergleiche
WiJ	Journal der Wirtschaftsstrafrechtlichen Vereinigung
wiwo	WirtschaftsWoche
z. B.	zum Beispiel
ZD	Zeitschrift für Datenschutz

ZfPW	Zeitschrift für die gesamte Privatrechtswissenschaft
ZIS	Zeitschrift für Internationale Strafrechtsdogmatik
ZJS	Zeitschrift für das Juristische Studium
ZStW	Zeitschrift für die gesamte Strafrechtswissenschaft
ZUM	Zeitschrift für Urheber und Medienrecht

KAPITEL 1

Einleitung

1. Thematische Ausgangslage

Über das *Darknet*, seinen Nutzen und die von ihm ausgehenden Gefahren herrscht ein kontroverser Diskurs. In der medialen Berichterstattung steht das *Darknet* synonym für die Schattenseiten des Internets. Es gilt als rechtsfreier Raum, der aufgrund seines hohen Maßes an Anonymität einen geeigneten Kanal für die Begehung von Straftaten bietet. Durch die Verschlüsselung des Datenverkehrs, die Verwendung von Pseudonymen sowie die Nutzung von Kryptowährungen entsteht ein geschützter Raum, in dem Cyberkriminelle kaum ein Entdeckungsrisiko fürchten. Medienwirksam waren insbesondere die Strafprozesse über den Amoklauf am Münchener Olympia-Einkaufszentrum im Jahr 2016, bei dem der 18-jährige Schütze mit einer über das *Darknet* erworbenen Waffe mehrere Menschen und anschließend sich selbst erschoss[1] sowie um den „Cyberbunker" in Traben-Trarbach, über dessen Server illegale Webseiten im *Darknet* betrieben wurden.[2] Hinzu kommen zahlreiche Berichte über erfolgreiche internationale Polizeioperationen im Kampf gegen die Verbreitung von Kinderpornographie im *Darknet*. Erst kürzlich wurde öffentlich, dass es einer internationalen Ermittlergruppe unter Federführung des BKA gelang, mehrere Plattformen, auf denen Fotografien und Videos von Darstellungen teils schwerster sexueller Gewalt an Kindern zum Tausch bzw. zum Kauf angeboten wurden, abzuschalten und

---

1 LG München I, Urt. v. 19.01.2018 – 12 KLs 111 Js 239798/16.

2 *Kipker*, MMR-Aktuell 2020, 433456 m. w. N.

deren Betreiber festzunehmen. Es handelte sich zu diesem Zeitpunkt um die größten Plattformen mit pädokriminellen Abbildungen im *Darknet*.[3]

Das *Darknet* ist jedoch nicht nur das Schattenreich des Internets. Die Existenz der Verschlüsselungstechnologien bedeutet auch einen großen Gewinn für die Freiheits und Persönlichkeitsrechte der Internetgemeinschaft.[4] Es bietet im Besonderen Rückzugsorte für Oppositionelle und journalistisch tätige Personen, die unter einem hohen persönlichen Risiko arbeiten. In totalitären Regimen mit eingeschränkter Pressefreiheit oder Internetsperren ist das *Darknet* mitunter die einzige Möglichkeit, geschützt vor staatlicher Repression zu agieren oder investigative Recherche zu betreiben.[5] Aus diesem Grund haben auch etablierte Zeitungen, wie beispielsweise die „New York Times", mittlerweile eine Dependance im *Darknet* eingerichtet.[6]

Gleichzeitig lässt es sich nicht von der Hand weisen, dass über das *Darknet* Straftaten begangen werden. Strafverfolgungsbehörden berichten, dass sich in den letzten Jahren bestimmte Kriminalitätsbereiche zunehmend in das *Darknet* verlagert haben.[7] Hierzu zählen insbesondere der Handel mit Betäubungsmitteln und Waffen sowie die Verbreitung von kinderpornographischem Material. Aus diesem Grund rückte das *Darknet* in den vergangenen Jahren zunehmend in den Fokus der Strafverfolgungsbehörden sowie rechtspolitischer Debatten. Erst kürzlich wurde mit § 127 StGB, dem sogenannten „Darknet-Paragraphen", eine neue materielle Strafbarkeitsvorschrift eingeführt, die das Betreiben internetbasierter Handelsplattformen für illegale Waren nunmehr unter Täterstrafbarkeit stellt. Dabei war nicht unumstritten, ob es der Ergänzung der bestehenden strafrechtlichen

---

3 *BKA*, Schlag gegen Darknet-Plattformen wegen der Verbreitung von Abbildungen sexualisierter Gewalt an Kindern, Pressemitteilung v. 16.12.2022, abrufbar unter: https://www.bka.de/DE/Presse/Listenseite_Pressemitteilungen/2022/Presse2022/221216_SchlagGegenDarknetPlattformen.html (abgerufen am 01.01.2023).

4 *Morgenstern/Spendel*, in: Albers/Katsivelas, Recht & Netz, 395 (405).

5 Hierzu ausführlich *Moßbrucker*, ApuZ 2017, 16 ff.

6 Die „New York Times" ist im *Darknet* des Tor-Projects unter folgender Adresse abrufbar unter: https://www.nytimesn7cgmftshazwhfgzm37qxb44r64ytbb2dj3x62d2lljsciiyd.onion/ (abgerufen am 21.09.2025).

7 *Krause*, NJW 2018, 678 (678); *Vogt*, Die Kriminalpolizei 2017, 4 (5); *von Hein*, Kinderhölle im Darknet, abrufbar unter: https://www.dw.com/de/kinderhölle-im-darknet/a-44898717 (abgerufen am 04.04.2022).

Regelungen bedurfte.[8] Während vornehmlich Vertreter*innen aus der Praxis für die Einführung der Vorschrift plädierten,[9] sah die rechtwissenschaftliche Literatur die bisherige strafrechtliche Konstruktion von Täterschaft und Teilnahme als ausreichend an.[10]

Die Kriminalität im *Darknet* wirft jedoch nicht nur materielle Strafbarkeitsfragen auf. Die technische Konzeption des *Darknets* stellt die Strafverfolgungsbehörden vor vielschichtige und komplexe Herausforderungen bei ihrer Ermittlungsarbeit. Die Verschlüsselung des Netzwerksverkehrs, die Nutzung von Kryptowährungen sowie die Konspiration der Szene führen dazu, dass „klassische" Ermittlungsmaßnahmen, die im Internet standardmäßig zur Anwendung kommen, überwiegend leerlaufen.[11] Die Strafverfolgungsbehörden sind daher stets gehalten, neue Ermittlungsansätze zu entwickeln, deren Zulässigkeit sich zum Teil in der rechtlichen Grauzone bewegt.

2. Ziel der Untersuchung

Die vorliegende Arbeit macht es sich zur Aufgabe, die konkreten Problemkreise und spezifischen Herausforderungen bei der Strafverfolgung im *Darknet* herauszuarbeiten und die Zulässigkeit neuer Ermittlungsansätze zu untersuchen. Die Komplexität der vorliegenden Aufgabenstellung ergibt sich nicht zuletzt daraus, dass Ermittlungen im *Darknet* nicht allein aus dem Blickwinkel des Strafprozessrechts, sondern aufgrund ihrer Grundrechtsrelevanz auch im Lichte des Verfassungsrechts zu betrachten sind. Ein besonderes Augenmerk der Untersuchung liegt daher auf den einschlägigen verfassungsrechtlichen Prinzipien und Grundrechten, die bei der Strafverfolgung im *Darknet* zu beachten sind. Um den Rahmen der Untersuchung nicht zu sprengen, beschränkt sich die Arbeit auf inländische Ermittlungen und klammert unions und völkerrechtliche Aspekte dabei größtenteils aus.

---

8 Hierzu ausführlich die Dissertationen *Wüst*, Die Underground Economy des Darknets; *Wittmer*, Straftaten und Strafverfolgung im Darknet, 86 ff.

9 *Fiebig*, Wie der Staat im Netz nach Kriminellen fahndet, abrufbar unter: https://www.deutschlandfunk.de/strafverfolgung-im-darknet-wie-der-staat-im-netz-nach-100.html (abgerufen am 23.10.2022).

10 Beispielsweise *Bachmann/Arslan*, NZWiSt 2019, 241 (243 ff.); *Zöller*, KriPoZ 2019, 274 (279).

11 *Krause*, NJW 2018, 678 (681).

3. Gang der Untersuchung

Basis der Untersuchung bildet die Darstellung der wesentlichen Grundlagen des *Darknets*. Hierfür werden zunächst Terminologie und technische Besonderheiten des *Darknets* erläutert. Anschließend wird ein Überblick über die Kriminalität und deren Strukturen im *Darknet* gegeben. Der darauffolgende Schwerpunkt der Arbeit konzentriert sich auf die rechtliche Untersuchung strafprozessualer Ermittlungsbefugnisse im *Darknet*. Hierfür werden in einem ersten Schritt die verfassungsrechtlichen Rahmenbedingungen strafprozessualer Ermittlungsmaßahmen und der grundrechtliche Schutz von Anonymität im *Darknet* herausgearbeitet. Anschließend wird summarisch dargelegt, warum „klassische" Ermittlungsmaßnahmen im *Darknet* regelmäßig erfolglos verlaufen. Es folgt die rechtsdogmatische Prüfung der Zulässigkeit neuer Ermittlungsansätze, die in der Praxis als besonders erfolgsversprechend besprochen werden oder bereits zum Einsatz kommen. Zum Schluss werden die gewonnenen Erkenntnisse nochmal konturiert und rechtspolitisch bewertet.

Grundlagen zum Untersuchungsgegenstand

Dieses Kapitel vermittelt eine vorbereitende Wissensbasis zum Untersuchungsgegenstand, die zum Verständnis der sich anschließenden rechtlichen Untersuchung beitragen soll. Der Begriff des *Darknets* wird definiert, von kontextualen Begriffen abgegrenzt und seine Etymologie aufgezeigt. Anschließend werden technische Grundlagen erläutert. Hierfür wird neben einer allgemeinen Darstellung der Internetprotokoll-Adresse (IP-Adresse) und kryptographischer Verschlüsselungsverfahren die Technologie dreier ausgewählter Computernetzwerke, die man als *Darknet* bezeichnet, summarisch vorgestellt.

1. Definition des Darknets

Das Internet besteht aus einem weltweiten Verbund von Computernetzwerken.[12] Als *Darknet* bezeichnet man jenen Teil dieser Computernetzwerke, die nur mit einer speziellen Software zugänglich sind und sich aufgrund ihrer komplexen Verschlüsselungstechnologie durch Nutzeranonymität auszeichnen.[13] Es gibt folglich nicht nur ein, sondern eine Vielzahl von *Darknets*.[14] Der originäre Zweck dieser Computernetzwerke liegt im Schutz der Privatsphäre

---

[12] *Derksen*, NJW 1997, 1878 (1878); *Platzer/Landwirth/Wittmer/Yannikos*, Was ist das Darknet?, 5.

[13] *Platzer/Landwirth/Wittmer/Yannikos*, Was ist das Darknet?, 5; *Mey*, ApuZ 2017, 4 (4).

[14] *Ihwas*, WiJ 2018, 138 (139); *Schulze*, SWP-Aktuell 2019, 1 (4).

und Kommunikation vor staatlicher Kontrolle und Zensur.[15] Die übersetzte Bezeichnung als „dunkles Netz" erscheint insoweit trivial und suggeriert einen ausschließlich negativen Charakter des *Darknets*. Nicht nur aus technischer Sicht würden die Begriffe „Privates Netzwerk" oder „Anonymisierungsnetzwerk" die Bedeutung solcher Computernetzwerke wohl angemessener abbilden. Der Verständlichkeit halber wird jedoch im Rahmen dieser Arbeit der in der juristischen Wissenschaft gängige Begriff des *Darknets* als Oberbegriff für alle einschlägigen Computernetzwerke verwendet.

2. Abzugrenzende Terminologie

Der Begriff des *Darknets* wird im allgemeinen Sprachgebrauch oftmals im Kontext mit den Begriffen *Clearnet*, *Clear Web*, *Deep Web* und *Dark Web* verwendet. Mitunter wird zwischen den einzelnen Begriffen nicht streng getrennt. Aus technischer Sicht muss man jedoch zwischen diesen Begriffen differenzieren.

2.1. Clearnet

Das *Clearnet* stellt den öffentlichen Teilbereich des Internets dar.[16] Im Gegensatz zum *Darknet* setzt der Zugang hierzu keine spezielle Software voraus. Es bedarf lediglich eines Internetanschlusses. Zudem ist das Nutzerverhalten im *Clearnet* nicht standardmäßig anonymisiert. Die Identifizierung ist grundsätzlich über die IP-Adresse möglich.[17] Anders als im *Darknet* lässt sich hierüber folglich keine Anonymität gewährleisten, wenn man nicht auf technische Vorkehrungen, wie beispielsweise ein Virtual Private Network (VPN)[18], zurückgreift.[19] Staatliche Kontrolle und Überwachung unterliegen insoweit weniger erschwerten technischen Bedingungen.

---

15 Siehe beispielsweise *The Tor Project*, Verlauf, abrufbar unter: https://www.torproject.org/de/about/history/ (abgerufen am 14.07.2020); *I2P*, Intro, abrufbar unter: https://geti2p.net/de/about/intro (abgerufen am 14.07.2020); *Freenet*, Help, abrufbar unter: https://freenetproject.org/pages/help.html (abgerufen am 15.07.2020).

16 *Platzer/Landwirth/Wittmer/Yannikos*, Was ist das Darknet?, 6.

17 *Krause*, NStZ 2016, 139 (139); *Ihwas*, WiJ 2018, 138 (138).

18 Dienst, der eine geschützte Verbindung herstellt, indem die eigene IP-Adresse über einen speziell konfigurierten Server umgeleitet wird, sodass Dritte nicht nachvollziehen können, welche Webseiten aufgerufen werden.

19 *Wittmer*, Straftaten und Strafverfolgung im Darknet, 24 f.

2.2. Clear Web

Das *Clear Web*[20] beschreibt die Summe aller Webinhalte im *Clearnet*, die sich über Standardbrowser, wie beispielsweise Mozilla Firefox oder Internet Explorer, abrufen lassen und von gängigen Suchmaschinen, wie beispielsweise Google oder Bing, indexiert sind.[21]

2.3. Deep Web

Im Verhältnis zum *Deep Web* macht das *Clear Web* allerdings nur einen prozentual geringen Teil der Gesamtheit aller Webinhalte aus.[22] Als *Deep Web*[23] bezeichnet man Webinhalte im *Clearnet*, die zwar grundsätzlich mittels eines Standardbrowsers aufgerufen werden können, jedoch nicht von den gängigen Suchmaschinen indexiert sind.[24] Hierzu zählen insbesondere Intranets, Datenbanken und andere Webseiten, die eine Zugangsberechtigung voraussetzen.[25]

Die Grenzen zwischen *Deep Web* und *Clear Web* sind allerdings nicht immer trennscharf. Mitunter kann eine Webseite sowohl Inhalte aus dem *Clear Web* als auch dem *Deep Web* aufweisen.[26] Dies ist insbesondere dann der Fall, wenn bestimmte Inhalte einer Webseite nur über einen Login abrufbar sind, wie es zum Beispiel bei kostenpflichtigen sozialen Netzwerken oder Streamingdiensten vorkommt.[27]

---

20 Auch *Surface Web* oder *Visible Web* genannt.

21 *Platzer/Landwirth/Wittmer/Yannikos*, Was ist das Darknet?, 5; *BKA*, Informationen zum Darknet, Presseinformation v. 27.07.2016, 2.

22 *Platzer/Landwirth/Wittmer/Yannikos*, Was ist das Darknet?, 5.

23 Auch *Hidden Web* oder *Invisible Web* genannt.

24 *Platzer/Landwirth/Wittmer/Yannikos*, Was ist das Darknet?, 5; *BKA*, Informationen zum Darknet, Presseinformation v. 27.07.2016, 2.

25 *Platzer/Landwirth/Wittmer/Yannikos*, Was ist das Darknet?, 5; *Vogt*, Die Kriminalpolizei 2017, 4 (4).

26 *Platzer/Landwirth/Wittmer/Yannikos*, Was ist das Darknet?, 5; *Wittmer*, Straftaten und Strafverfolgung im Darknet, 28.

27 *Wittmer*, Straftaten und Strafverfolgung im Darknet, 28.

2.4. Dark Web

Das *Dark Web* wird vereinzelt als Teilbereich des *Deep Web* definiert.[28] Aufgrund seiner technischen Besonderheiten ist es jedoch terminologisch hiervon abzugrenzen. Es umfasst sämtliche Webinhalte, die ausschließlich über das *Darknet* abgerufen werden können und den herkömmlichen Internetnutzenden verborgen bleiben.[29] Die Webinhalte können aufgrund der zugrundeliegenden Technologie weder von Standardbrowsern aufgerufen noch von gängigen Suchmaschinen indexiert werden.[30]

Im allgemeinen Sprachgebrauch wird der Begriff des *Darknets* auch häufig als Synonym für das *Dark Web* verwendet. Dies entspricht keiner differenzierten Terminologie. Denn bei dem *Darknet* handelt es sich um die Computernetzwerke, über die man Zugang zum jeweiligen *Dark Web* erhält.[31]

2.5. Zusammenfassung

Zusammengefasst ist festzuhalten, dass es sich beim *Darknet* und *Clearnet* um Bezeichnungen von Computernetzwerken handelt, die Teile der Infrastruktur des Internets abbilden. Das *Clear Web*, das *Deep Web* und das *Dark Web* beschreiben dagegen Kategorien von Webinhalten, die über das Internet abrufbar sind.

3. Etymologie

Der Begriff des *Darknets* wurde Ende der 1960er Jahre erstmals belegt verwendet. Damals bezeichnete man Computernetzwerke, die neben dem

---

[28] Z. B. in *BKA*, Informationen zum Darknet, Presseinformation v. 27.07.2016, 1; *Ihwas*, WiJ 2018, 138 (138); *Rückert*, Politische Studien 2018, 12 (13); *Bachmann/Arslan*, NZWiSt 2019, 241 (242).

[29] *BKA*, Informationen zum Darknet, Presseinformation v. 27.07.2016, 1; *Bachmann/Arslan*, NZWiSt 2019, 241 (242).

[30] *Bachmann/Arslan*, NZWiSt 2019, 241 (242); *Kalpakis/Tsikrika/Cunningham/Iliou/Vrochidis/Middleton/Kompatsiaris*, in: Babak/Bayerl/Sampson, Open Source Intelligence Investigation, 111 (112).

[31] *Platzer/Landwirth/Wittmer/Yannikos*, Was ist das Darknet?, 5 f.; *Kalpakis/Tsikrika/Cunningham/Iliou/Vrochidis/Middleton/Kompatsiaris*, in: Babak/Bayerl/Sampson, Open Source Intelligence Investigation, 111 (112).

Internetvorläufer ARPANET isoliert betrieben wurden, als *Darknets*.[32] An Bedeutung gewann der Begriff jedoch erst Anfang der 2000er Jahre. Im Jahr 2002 veröffentlichten Mitarbeiter von Microsoft den wissenschaftlichen Artikel „The Darknet and the Future of Content Distribution", in dem sie den exponentiellen Anstieg der unautorisierten Verbreitung lizenzrechtlich geschützter Dateien untersuchten.[33] In diesem Kontext diente der Begriff des *Darknets* als Oberbegriff für Filesharing-Netzwerke.[34] Dazu zählten insbesondere Peer-to-Peer-Computernetzwerke[35] (P2P-Computernetzwerke) wie „Gnutella" oder „Napster".[36] Zum damaligen Zeitpunkt nutzten diese Filesharing-Netzwerke allerdings kaum Anonymisierungstechnologien.[37] Erst nachdem Strafverfolgungsbehörden vermehrt Ermittlungsverfahren gegen die die Computernetzwerke Nutzenden führten und Gerichtsurteile ergingen, stieg das Bedürfnis nach Anonymität.[38] Infolgedessen rückte die Anonymisierung der Nutzenden verstärkt in den Fokus der Betreibenden der Filesharing-Netzwerke.[39] Anonymisierungsvorrichtungen wurden entwickelt und stetig ausgebaut.[40] Diese neu gewonnene Bedeutung von *Darknets* als anonyme Filesharing-Netzwerke blieb bis zum Jahr 2011 erhalten. Ab 2011 erfolgte ein Umbruch in der Begriffsbedeutung. In Medienereignissen verwendete man den Begriff des *Darknets* nunmehr allgemein synonym für geschlossene Computernetzwerke mit Anonymisierungstechnologien.[41] Dabei

---

32 *Schulze*, SWP-Aktuell 2019, 1 (4); *Mccormick*, The Darknet: A Short History, abrufbar unter: https://foreignpolicy.com/2013/12/09/the-darknet-a-short-history/ (abgerufen am 21.11.2020).

33 *Biddle/England/Peinado/Willman*, The Darknet and the Future of Content Distribution.

34 *Biddle/England/Peinado/Willman*, The Darknet and the Future of Content Distribution, 1.

35 Unmittelbarer Zusammenschluss gleichberechtigter Rechner zu einem Netzwerk.

36 *Biddle/England/Peinado/Willman*, The Darknet and the Future of Content Distribution, 1; *Ihwas*, WiJ 2018, 138 (140); *Platzer/Landwirth/Wittmer/Yannikos*, Was ist das Darknet?, 3.

37 *Platzer/Landwirth/Wittmer/Yannikos*, Was ist das Darknet?, 3; *Ihwas*, WiJ 2018, 138 (140).

38 *Platzer/Landwirth/Wittmer/Yannikos*, Was ist das Darknet?, 4; *Ihwas*, WiJ 2018, 138 (140).

39 *Platzer/Landwirth/Wittmer/Yannikos*, Was ist das Darknet?, 4; *Ihwas*, WiJ 2018, 138 (140).

40 *Platzer/Landwirth/Wittmer/Yannikos*, Was ist das Darknet?, 4; *Ihwas*, WiJ 2018, 138 (140).

41 *Platzer/Landwirth/Wittmer/Yannikos*, Was ist das Darknet?, 4; *Gruber/Sickert*, Was ist eigentlich das Darknet?, abrufbar unter: https://www.spiegel.de/netzwelt/web/waffe-des-muenchen-amoklaeufers-was-ist-eigentlich-das-darknet-a-1104549.html (abgerufen am 18.08.2022).

thematisierten die Populärmedien das *Darknet* hauptsächlich im Zusammenhang mit kriminellen Handlungen. Weitaus weniger stand die Funktion als Tool für investigativen Journalismus, Oppositionelle und Whistleblower im Fokus der Berichterstattung. Dieses Begriffsverständnis besteht bis heute fort.

4. Technische Grundlagen

Sämtliche Computernetzwerke, die man als *Darknet* bezeichnet, verwenden Verschlüsselungstechnologien, die den Datenverkehr im Netzwerk anonymisieren. Dabei wird insbesondere die Übertragung der IP-Adresse unterbunden, die einen wichtigen Ansatzpunkt für die Strafverfolgungsbehörden zur Identifizierung von Personen im Internet bietet. Um ein konstitutives Verständnis der Funktionsweise des *Darknets* vermitteln zu können, werden aus diesem Grund zunächst die IP-Adresse und ihre Funktion sowie grundlegende kryptographische Verschlüsselungsverfahren skizziert. Anschließend werden die Technologien der als *Darknet* bezeichneten Computernetzwerke „Tor-Project", „Invisible Internet Project" (I2P) und „Freenet" im Überblick vorgestellt.

4.1. IP-Adresse

Die IP-Adresse dient der Adressierung von Netzwerkgeräten im Internet.[42] Beim Einwählen in das Internet wird jedem Netzwerkgerät eine eigene IP-Adresse in Form einer normierten Ziffernfolge zugewiesen.[43] Hiermit kann sich das Netzwerkgerät identifizieren und mit anderen Geräten im Netzwerk kommunizieren.[44] Die IP-Adresse ist insoweit vergleichbar mit einer Telefonnummer oder Postadresse.[45] Sie erlaubt jedoch nicht zwangsläufig die initiale Identifikation der Person, die sich in das Internet einwählt.[46]

---

42 BVerfGE 130, 151 (162); *Rückert*, in: MüKo-StPO, § 100a Rn. 82; *Krüger/Maucher*, MMR 2011, 433 (433).

43 *Rückert*, in: MüKo-StPO, § 100a Rn. 82; *Krüger/Maucher*, MMR 2011, 433 (433).

44 *Rückert*, in: MüKo-StPO, § 100a Rn. 82; *Krüger/Maucher*, MMR 2011, 433 (433); *Krause*, NStZ 2016, 139 (139).

45 BVerfGE 130, 151 (162); *Morgenstern/Spendel*, in: Albers/Katsivelas, Recht & Netz, 395 (398); *Rückert*, Politische Studien 2018, 12 (14).

46 *Morgenstern/Spendel*, in: Albers/Katsivelas, Recht & Netz, 395 (398).

Es lässt sich allenfalls die den Anschluss innehabende Person des eingewählten Netzwerkgeräts ermitteln.[47]

Man unterscheidet dabei zwischen statischen und dynamischen IP-Adressen. Statische IP-Adressen sind fest zugewiesen.[48] Sie werden vergeben, soweit ein Gerät ständig mit dem Internet verbunden ist und dauerhaft unter derselben Internetadresse erreichbar sein soll.[49] Dies ist insbesondere bei Webseiten der Fall.[50] Die Adresse einer Webseite ist im Grunde genommen nur eine Übersetzung der IP-Adresse, die bei Eingabe automatisch durch das sogenannte Domain Name System[51] ersetzt wird.[52] Eine dynamische IP-Adresse ordnet der jeweilige Internetprovider dagegen dem Netzwerkgerät einfacher Internetnutzenden bei jedem Einwählen neu zu.[53] Der Internetprovider hat insoweit alleinige Kenntnis darüber, welches Netzwerkgerät sich hinter der dynamischen IP-Adresse verbirgt.[54] Dritte können lediglich erkennen, dass das Netzwerkgerät eine IP-Adresse aus dem Pool eines bestimmten Internetproviders nutzt.[55]

4.2. Kryptographische Verschlüsselungsverfahren

Um die Vertraulichkeit von Kommunikation im Internet zu gewährleisten, implementiert man regelmäßig Verschlüsselungsverfahren, die man auch als Kryptosysteme bezeichnet.[56] Sie bieten ein hohes Maß an Sicherheit, denn sie sorgen für Vertraulichkeit, Authentizität und Integrität der

---

47 *Morgenstern/Spendel*, in: Albers/Katsivelas, Recht & Netz, 395 (398); *Schmitz*, in: Spindler/Schmitz, Telemediengesetz, § 11 Rn. 52; *Abdallah/Gercke*, ZUM 2005, 368 (370)

48 *Rückert*, in: MüKo-StPO, § 100a Rn. 82; *Krüger/Maucher*, MMR 2011, 433 (433).

49 *Rückert*, in: MüKo-StPO, § 100a Rn. 82; *Abdallah/Gercke*, ZUM 2005, 368 (369 f.).

50 *Morgenstern/Spendel*, in: Albers/Katsivelas, Recht & Netz, 395 (398).

51 Verzeichnisdienst im Internet, der Domänen-Namen (z. B. www.fu-berlin.de) in maschinenlesbare IP-Adressen umsetzt.

52 *Rückert*, in: MüKo-StPO, § 100a Rn. 82; *Jung-Weiser*, in: Fezer/Büscher/Obergfell, Lauterkeitsrecht: UWG, Domainrecht (S11), Rn. 3.

53 *Rückert*, in: MüKo-StPO, § 100a Rn. 82; *Krüger/Maucher*, MMR 2011, 433 (433).

54 *Schmitz*, in: Spindler/Schmitz, Telemediengesetz, § 11 Rn. 52; *Rückert*, in: MüKo-StPO, § 100a Rn. 82.

55 *Schmitz*, in: Spindler/Schmitz, Telemediengesetz, § 11 Rn. 52; *Abdallah/Gercke*, ZUM 2005, 368 (370); *Krause*, NStZ 2016, 139 (139).

56 *Jandt*, in: Kühling/Buchner, DS-GVO BDSG, Art. 32 DS-GVO Rn. 19.

Datenübertragung.[57] In modernen Computersystemen verwendet man konzeptionell symmetrische, asymmetrische oder hybride Verschlüsselungsverfahren.

4.2.1. Symmetrische Verschlüsselung

Bei der symmetrischen Verschlüsselung verwendet man lediglich einen kryptographischen Schlüssel, der zum Verschlüsseln und Entschlüsseln der Kommunikation dient.[58] Der kryptographische Schlüssel ist dabei beiden Kommunikationsbeteiligten bekannt.[59] Der Vorteil symmetrischer Verschlüsselungsverfahren liegt in der geringen Rechnerleistung, die der gesamte Verschlüsselungsprozess erfordert.[60] Nachteilig ist hingegen, dass man den symmetrischen Schlüssel zuvor über einen sicheren Informationskanal übermitteln muss, um ihn vor dem unberechtigten Zugriff Dritter zu schützen.[61] Denn wer Zugriff auf den Schlüssel hat, kann die verschlüsselte Kommunikation mitlesen.

4.2.2. Asymmetrische Verschlüsselung

Bei der asymmetrischen Verschlüsselung kommen hingegen zwei kryptographische Schlüssel zum Einsatz.[62] Hierfür generiert man ein Schlüsselpaar, das sich aus einem Public Key und einem Private Key zusammensetzt.[63] Beide Schlüssel stehen zwar in einem Konnex zueinander, sie lassen sich jedoch praktisch nicht aus dem jeweils anderen berechnen.[64] Jeder Schlüssel kann

---

57 *Illies/Lochter/Stein*, in: Taeger/Pohle, Computerrechts-Hdb, Teil 15, 152 Rn. 2.

58 *Illies/Lochter/Stein*, in: Taeger/Pohle, Computerrechts-Hdb, Teil 15, 152 Rn. 5; *Schwenk*, Sicherheit und Kryptographie im Internet, 7; *Martini*, in: DS-GVO BSDG, Art. 32 Rn. 34a.

59 *Illies/Lochter/Stein*, in: Taeger/Pohle, Computerrechts-Hdb, Teil 15, 152 Rn. 5; *Schwenk*, Sicherheit und Kryptographie im Internet, 7.

60 *Kuner*, in: Hoeren/Sieber/Holznagel, Hdb Multimedia-Recht, Teil 17 Rn. 4; *Scheffler*, in: Taeger/Pohle, Computerrechts-Hdb, Teil 10, 105 Rn. 6.

61 *Kuner*, in: Hoeren/Sieber/Holznagel, Hdb Multimedia-Recht, Teil 17 Rn. 5; *Scheffler*, in: Taeger/Pohle, Computerrechts-Hdb, Teil 10, 105 Rn. 6.

62 *Jandt*, in: Kühling/Buchner, DS-GVO BDSG, Art. 32 DS-GVO Rn. 19; *Scheffler*, in: Taeger/Pohle, Computerrechts-Hdb, Teil 10, 105 Rn. 7; *Martini*, in: DS-GVO BSDG, Art. 32 Rn. 34a.

63 *Scheffler*, in: Taeger/Pohle, Computerrechts-Hdb, Teil 10, 105 Rn. 7; *Rückert*, Politische Studien 2018, 12 (15).

64 *Scheffler*, in: Taeger/Pohle, Computerrechts-Hdb, Teil 10, 105 Rn. 7; *Kuner*, in: Hoeren/Sieber/Holznagel, Hdb Multimedia-Recht, Teil 17 Rn. 6.

ausschließlich die Nachrichten entschlüsseln, die mit dem anderen Schlüssel verschlüsselt wurden.[65] Eine Nachricht kann daher nicht mit ein und demselben Schlüssel verschlüsselt und entschlüsselt werden. Während der Public Key in aller Regel öffentlich verfügbar ist, wird der Private Key geheim gehalten.[66] Der Vorteil dieser Form von Verschlüsselung liegt darin, dass es keines zusätzlichen Schlüsselaustauschs auf einem anderen Kanal bedarf. Nachteil ist hingegen der hohe Rechenaufwand, den ein asymmetrisches Verschlüsselungsverfahren erfordert.[67]

4.2.3. Hybride Verschlüsselung

Die hybride Verschlüsselung kombiniert die Vorteile symmetrischer und asymmetrischer Verschlüsselungsverfahren.[68] Die Nachricht wird zunächst mittels symmetrischer Verschlüsselung verschlüsselt.[69] Der dazugehörige symmetrische Schlüssel wird anschließend über ein asymmetrisches Verschlüsselungsverfahren ausgetauscht.[70] Dafür wird der symmetrische Schlüssel mit dem Public Key verschlüsselt und zusammen mit der symmetrisch verschlüsselten Nachricht gesendet.[71] Der symmetrischen Schlüssel lässt sich anschließend mit dem Private Key entschlüsseln, um nachfolgend die symmetrisch verschlüsselte Nachricht zu entschlüsseln.[72]

---

65 *Scheffler*, in: Taeger/Pohle, Computerrechts-Hdb, Teil 10, 105 Rn. 7.

66 *Jandt*, in: Kühling/Buchner, DS-GVO BDSG, Art. 32 DS-GVO Rn. 19; *Scheffler*, in: Taeger/Pohle, Computerrechts-Hdb, Teil 10, 105 Rn. 7; *Polenz*, in: Taeger/Pohle, Computerrechts-Hdb, Teil 13, 135 Rn. 16.

67 *Kuner*, in: Hoeren/Sieber/Holznagel, Hdb Multimedia-Recht, Teil 17 Rn. 4; *Schmidt/Pruß*, in: Auer-Reinsdorff/Conrad, Hdb IT und Datenschutzrecht, § 2 Rn. 410.

68 *Kuner*, in: Hoeren/Sieber/Holznagel, Hdb Multimedia-Recht, Teil 17 Rn. 6; *Scheffler*, in: Taeger/Pohle, Computerrechts-Hdb, Teil 10, 105 Rn. 9; *Martini*, in: DS-GVO BSDG, Art. 32 Rn. 34a.

69 *Kuner*, in: Hoeren/Sieber/Holznagel, Hdb Multimedia-Recht, Teil 17 Rn. 6; *Scheffler*, in: Taeger/Pohle, Computerrechts-Hdb, Teil 10, 105 Rn. 9.

70 *Kuner*, in: Hoeren/Sieber/Holznagel, Hdb Multimedia-Recht, Teil 17 Rn. 6; *Scheffler*, in: Taeger/Pohle, Computerrechts-Hdb, Teil 10, 105 Rn. 9.

71 *Kuner*, in: Hoeren/Sieber/Holznagel, Hdb Multimedia-Recht, Teil 17 Rn. 6; *Scheffler*, in: Taeger/Pohle, Computerrechts-Hdb, Teil 10, 105 Rn. 9.

72 *Scheffler*, in: Taeger/Pohle, Computerrechts-Hdb, Teil 10, 105 Rn. 9.

4.3. Technologie des Darknets

In der öffentlichen Betrachtung gehören die Computernetzwerke Tor-Project, I2P und Freenet zu den bekannteren *Darknets*.[73] Obwohl sie alle den gleichen Zweck in Form von Nutzeranonymität verfolgen, unterscheiden sich ihre zugrundeliegenden Technologien zum Teil erheblich. Allen gemein ist jedoch, dass sie auf komplexen hybriden Verschlüsselungsverfahren aufbauen, die den Datenverkehr anonymisieren und die IP-Adresse verschleiern.

4.3.1. Tor-Project

Das Tor-Project ist das populärste *Darknet* unter den Anonymisierungsnetzwerken.[74] Es ermöglicht seinen Nutzenden zwei Funktionen: Sie können sowohl wie mit einer „digitalen Tarnkappe“[75] im Internet surfen (sogenanntes *Onion Routing*), als auch Webinhalte im *Dark Web* anbieten. Der Name des Computernetzwerks basiert auf dem Akronym für seine ursprüngliche Bezeichnung als „The Onion Router“ (übersetzt: „Der Zwiebel-Router“), die den zwiebelförmigen Aufbau der zugrundeliegenden Verschlüsselungstechnologie verbildlicht.[76] Zugang zum Tor-Netzwerk erlangt man durch Installation des Tor-Browsers, der kostenlos im *Clear Web* erhältlich ist.[77] Es handelt sich dabei um eine modifizierte Form des Mozilla-Firefox-Browsers, der über erweiterte Anonymisierungsfunktionen verfügt.[78]

Die technische Grundstruktur des Tor-Projects basiert auf einem P2P-Computernetzwerk.[79] Die Teilnehmenden des P2P-Computernetzwerks

---

73 *Kalpakis/Tsikrika/Cunningham/Iliou/Vrochidis/Middleton/Kompatsiaris*, in: Babak/Bayerl/Sampson, Open Source Intelligence Investigation, 111 (114); *Dreimann*, Die Polizei 2017, 135 (137).

74 *BKA*, Bundeslagebild Cybercrime 2019, 30; *Ihwas*, WiJ 2018, 138 (139).

75 *Mey*, ApuZ 2017, 4 (4); *Davies*, The Journal of Criminal Law 2020, Vol. 84, Iss. 5, 407 (408).

76 *The Tor Project*, Über Tor, abrufbar unter: https://support.torproject.org/de/about/ (abgerufen am 14.08.2020); *Bachmann/Arslan*, NZWiSt 2019, 241 (242).

77 Die Software ist beispielsweise auf https://www.torproject.org/download/ verfügbar.

78 *The Tor Project*, Warum basiert Tor Browser auf Firefox und nicht auf einem anderen Browser?, abrufbar unter: https://support.torproject.org/de/tbb/tbb-4/ (abgerufen am 14.08.2020), *Safferling/Rückert*, Konrad-Adenauer-Stiftung Analysen & Argumente 2018, 2.

79 *Wittmer/Platzer/Steinebach/Yannikos*, in: Friedewald/Kreutzer/Hansen, Selbstbestimmung, Privatheit und Datenschutz, 151 (152).

bezeichnet man als Tor-Knoten. Es handelt sich dabei um Server, die überwiegend unentgeltlich von universitären oder zivilgesellschaftlichen Projekten betrieben werden.[80] Die Tor-Knoten sind dabei maßgeblicher Bestandteil der Verschlüsselungsarchitektur des Tor-Projects. Beim Einwählen in das Internet verschlüsselt der Tor-Browser den Datenverkehr drei Mal hintereinander, um ihn anschließend über einen Datenpfad von mindestens drei Tor-Knoten zu leiten.[81] Jeder Tor-Knoten „schält" dabei eine der Verschlüsselungsschichten ab.[82] Die jeweilige Verschlüsselungsschicht enthält nur die Information darüber, an welchen Pfadpunkt das Datenpaket als nächstes weiterzuleiten ist.[83] Dem einzelnen Tor-Knoten ist somit lediglich die IP-Adresse des unmittelbar vor und nachgeschalteten Pfadpunktes bekannt.[84] Folglich erkennt nur der erste Tor-Knoten (sogenannter Entry Node), wer die Anfrage sendet und nur der dritte Tor-Knoten (sogenannter Exit Node), an welchen Server das Datenpaket gerichtet ist.[85] Der dritte Tor-Knoten kann außerdem den Inhalt des Datenpakets lesen, soweit keine weitere Transportverschlüsselung, wie beispielsweise das Hypertext Transfer Protocol Secure (HTTPS) verwendet wurde.[86] Für den Server der angesteuerten Webseite erscheint wiederum der Exit Node als Kommunikationspartner.[87] Um Rückschlusse auf Datenpfade

---

80 *Wittmer/Platzer/Steinebach/Yannikos*, in: Friedewald/Kreutzer/Hansen, Selbstbestimmung, Privatheit und Datenschutz, 151 (152); *Mey*, ApuZ 2017, 4 (5).

81 *The Tor Project*, Über Tor, abrufbar unter: https://support.torproject.org/de/about/ (abgerufen am 14.08.2020).

82 *Wittmer/Platzer/Steinebach/Yannikos*, in: Friedewald/Kreutzer/Hansen, Selbstbestimmung, Privatheit und Datenschutz, 151 (152).

83 *Dindledine/Mathewson/Syverson*, Tor: The Second-Generation Onion Router, 7; *Wittmer/Platzer/Steinebach/Yannikos*, in: Friedewald/Kreutzer/Hansen, Selbstbestimmung, Privatheit und Datenschutz, 151 (152).

84 *Safferling/Rückert*, Konrad-Adenauer-Stiftung Analysen & Argumente 2018, 2; *Mey*, ApuZ 2017, 4 (5).

85 *The Tor Project*, Über Tor, abrufbar unter: https://support.torproject.org/de/about/ (abgerufen am 14.08.2020); *Thiesen*, MMR 2014, 803 (803).

86 *The Tor Project*, Über Tor, abrufbar unter: https://support.torproject.org/de/about/ (abgerufen am 14.08.2020); *Thiesen*, MMR 2014, 803 (803); *Morgenstern/Spendel*, in: Albers/Katsivelas, Recht & Netz, 395 (403 f.).

87 *The Tor Project*, Über Tor, abrufbar unter: https://support.torproject.org/de/about/ (abgerufen am 14.08.2020); *Thiesen*, MMR 2014, 803 (803).

und frühere Verbindungen zu verhindern, wechselt die Tor-Software außerdem regelmäßig die Tor-Knoten während einer laufenden Verbindung.[88]

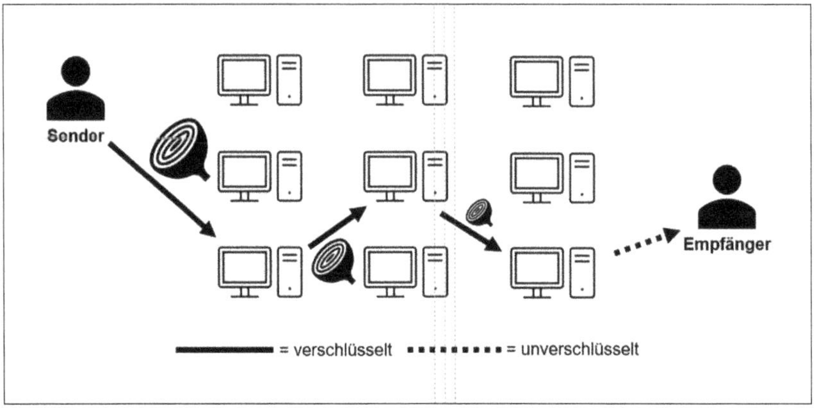

Abbildung 1: Grafische Darstellung des Onion Routing[89]

Das *Onion Routing* beschränkt sich dabei nicht nur auf das *Darknet*. Es schafft auch eine Verbindungsbrücke in das *Clearnet*. Es ist somit möglich, mit dem Tor-Browser sowohl im *Clear Web* als auch *Dark Web* anonym zu surfen.

Neben dem *Onion Routing* ermöglicht das Tor-Project die Konfiguration verschlüsselter Webinhalte.[90] Diese bezeichnet man als *Hidden Services*.[91] In diesem Fall bleibt nicht nur die Identität der die Webseite Besuchenden, sondern auch der Serverstandort verborgen.[92] Als Teil des *Dark Web* können *Hidden Services* nicht mit Standardbrowsern abgerufen oder im Index gängiger

---

88 *The Tor Project*, Über Tor, abrufbar unter: https://support.torproject.org/de/about/ (abgerufen am 14.08.2020); *Thiesen*, MMR 2014, 803 (803).

89 Nach *Antonatos/Anagnostakis/Markatos*, Honey@home: A New Approach to Large-Scale Threat Monitoring, 8.

90 *The Tor Project*, Tor: Onion Service Protocol, abrufbar unter: https://2019.www.torproject.org/docs/onion-services (abgerufen am 13.07.2020).

91 *Kalpakis/Tsikrika/Cunningham/Iliou/Vrochidis/Middleton/Kompatsiaris*, in: Babak/Bayerl/Sampson, Open Source Intelligence Investigation, 111 (115); *Safferling/Rückert*, Konrad-Adenauer-Stiftung Analysen & Argumente 2018, 2; *Bachmann/Arslan*, NZWiSt 2019, 241 (242).

92 *The Tor Project*, Onion-Dienste, abrufbar unter: https://support.torproject.org/de/onionservices/ (abgerufen am 14.07.2020); *Thiesen*, MMR 2014, 803 (803).

Suchmaschinen gelistet werden.[93] Sie sind daher ausschließlich über das Tor-Netzwerk erreichbar.[94] Die Adressen der *Hidden Services* bestehen aus einer zufällig generierten Abfolge von 16 Buchstaben und Ziffern und enden mit der fiktiven Endung „onion".[95] Da die *Hidden Services* aufgrund ihrer Ziffernkombination regelmäßig in der Handhabung gebrauchsuntauglich sind, dokumentieren zahlreiche Portale Linklisten mit Adressen verschiedenster *Hidden Services*.[96] Diese Linklisten bezeichnet man als sogenannte „Hidden Wikis".[97] Adressen können jedoch auch lediglich privat geteilt werden, um den Aufruf Dritter gezielt zu unterbinden.

Sobald man die Adresse eines *Hidden Service* in das Eingabefeld eingibt, übermittelt die Tor-Software die Anfrage über einen sogenannten Introduction Point an den Server des Webinhalts.[98] Bei dem Introduction Point handelt es sich um einen Tor-Knoten, den die Tor-Software bei Konfiguration des *Hidden Service* festlegt und öffentlich bei einem weiteren Tor-Knoten, dem sogenannten Directory Server, hinterlegt.[99] Die Funktion des Introduction Point ähnelt der eines toten Briefkastens.[100] In der Anfrage übermittelt der

---

93 *BKA*, Informationen zum Darknet, Presseinformation v. 27.07.2016, 1; *Rückert*, Politische Studien 2018, 12 (16); *Thiesen*, MMR 2014, 803 (803).

94 *The Tor Project*, Tor: Onion Service Protocol, abrufbar unter: https://2019.www.torproject.org/docs/onion-services (abgerufen am 13.07.2020); *The Tor Project*, Glossar, abrufbar unter: https://support.torproject.org/de/glossary/ (abgerufen am 13.07.2020).

95 *The Tor Project*, Onion-Dienste, abrufbar unter: https://support.torproject.org/de/onionservices/ (abgerufen am 14.07.2020); *Ihwas*, WiJ 2018, 138 (141); *Kalpakis/Tsikrika/Cunningham/Iliou/Vrochidis/Middleton/Kompatsiaris*, in: Babak/Bayerl/Sampson, Open Source Intelligence Investigation, 111 (115).

96 *BKA*, Bundeslagebild Cybercrime 2019, 33; *Ihwas*, WiJ 2018, 138 (141); Beispiele für solche *Hidden Wikis* sind die Webseiten https://darkweb.wtf/ und https://thehiddenwiki.org/ (abgerufen am 10.01.2022).

97 *Ihwas*, WiJ 2018, 138 (141); *Mey*, ApuZ 2017, 4 (7); *Rückert/Wüst*, KriPoZ 2018, 247 (248).

98 *The Tor Project*, How do Onion Services work?, abrufbar unter: https://community.torproject.org/onion-services/overview/ (abgerufen am 15.07.2020); *Dindledine/Mathewson/Syverson*, Tor: The Second-Generation Onion Router, 9 f.

99 *The Tor Project*, How do Onion Services work?, abrufbar unter: https://community.torproject.org/onion-services/overview/ (abgerufen am 15.07.2020); *Dindledine/Mathewson/Syverson*, Tor: The Second-Generation Onion Router, 9; *Mey*, Darknet, 92 f.

100 *The Tor Project*, How do Onion Services work?, abrufbar unter: https://community.torproject.org/onion-services/overview/ (abgerufen am 15.07.2020); *Rückert*, Politische Studien 2018, 12 (15).

Tor-Browser einen weiteren ausgewählten Tor-Knoten.[101] Dieser soll als Treffpunkt zum Datenaustausch dienen, weshalb man ihn auch als *Rendezvous Point* bezeichnet.[102] Sobald der Server der angesteuerten Webseite die Anfrage annimmt, wird die Verbindung über eben diesen Knoten aufgebaut.[103] Die Verbindung ist dabei doppelt anonymisiert, da sie durch das *Onion Routing* jeweils über einen Pfad von mindestens drei Tor-Knoten läuft.[104]

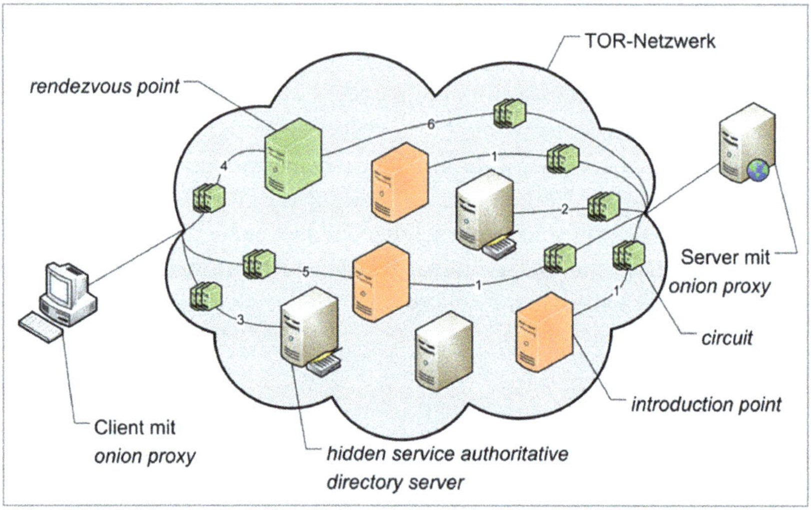

Abbildung 2: Darstellung des Aufrufens eines Hidden Service[105]

---

[101] *The Tor Project*, Tor: Onion Service Protocol, abrufbar unter: https://2019.www.torproject.org/docs/onion-services (abgerufen am 01.09.2020); *The Tor Project*, How do Onion Services work?, abrufbar unter: https://community.torproject.org/onion-services/overview/ (abgerufen am 15.07.2020).

[102] *The Tor Project*, Tor: Onion Service Protocol, abrufbar unter: https://2019.www.torproject.org/docs/onion-services (abgerufen am 01.09.2020); *The Tor Project*, How do Onion Services work?, abrufbar unter: https://community.torproject.org/onion-services/overview/ (abgerufen am 15.07.2020).

[103] *The Tor Project*, How do Onion Services work?, abrufbar unter: https://community.torproject.org/onion-services/overview/ (abgerufen am 15.07.2020); *Dindledine/Mathewson/Syverson*, Tor: The Second-Generation Onion Router, 10.

[104] *The Tor Project*, How do Onion Services work?, abrufbar unter: https://community.torproject.org/onion-services/overview/ (abgerufen am 15.07.2020); *Mey*, Darknet, 94.

[105] Die verwendete Abbildung stammt aus dem Beitrag von *Hitzemann*, <kes> 2007, 78.

4.3.2. Invisible Internet Project

Neben dem Tor-Project gewinnt auch das Anonymisierungsnetzwerk I2P als *Darknet* zunehmend an Bedeutung.[106] Es handelt sich gleichfalls um ein dezentral organisiertes P2P-Computernetzwerk, das anonymisierte Kommunikation über das Internet ermöglicht.[107] Sein Zugang setzt die Installation der I2P-Software voraus, die man im *Clear Web* kostenlos herunterladen kann.[108] Im Gegensatz zum Tor-Project finden jegliche Aktivitäten grundsätzlich im Computernetzwerk selbst statt.[109] Eine Verbindung ins *Clearnet* ist überdies zwar möglich, aber kein integraler Bestandteil der Software.[110] Die Entwickelnden von I2P empfehlen daher ausdrücklich die Tor-Software für anonymes Surfen im *Clearnet*.[111]

Ähnlich zum Tor-Project nutzt I2P das Tunneln von Datenströmen über sogenannte Knoten im Computernetzwerk. Allerdings betreiben alle Netzwerk-Teilnehmenden von I2P einen solchen Knoten, indem sie durch Installation der Software einen Teil der eigenen Rechnerkapazität und Bandbreite zur Verfügung stellen.[112] Jeder Rechner fungiert somit automatisch auch als Datenmittler innerhalb des I2P-Netzwerks.[113] Die eigenen Aktivitäten im Netzwerk bleiben hingegen verschlüsselt.[114] Niemand kann folglich nachvollziehen, welche Webinhalte die jeweilige Person im I2P-Netzwerk aufgerufen hat.[115]

Als Verschlüsselungstechnologie verwendet I2P das sogenannte *Garlic Routing*, was eine modifizierte Variante des *Onion Routing* darstellt.[116] Dabei

---

106 *Hendricks*, Dark Web Investigations and I2P, abrufbar unter: https://cybersocialhub.com/csh/dark-web-investigations-and-i2p/ (abgerufen am 10.02.2023).

107 *I2P*, FAQ, abrufbar unter: https://geti2p.net/de/faq (abgerufen am 01.09.2020).

108 Die Software lässt sich auf https://geti2p.net/de/ herunterladen.

109 *I2P*, Webbrowser-Konfiguration, abrufbar unter: https://geti2p.net/de/about/browser-config (abgerufen am 01.09.2020).

110 *I2P*, FAQ, abrufbar unter: https://geti2p.net/de/faq (abgerufen am 01.09.2020);

111 *I2P*, FAQ, abrufbar unter: https://geti2p.net/de/faq (abgerufen am 01.09.2020);

112 *I2P*, FAQ, abrufbar unter: https://geti2p.net/de/faq (abgerufen am 01.09.2020).

113 *I2P*, FAQ, abrufbar unter: https://geti2p.net/de/faq (abgerufen am 01.09.2020); *I2P*, Tunnel-Routing, abrufbar unter: https://geti2p.net/de/docs/how/tunnel-routing (abgerufen am 01.09.2020); *Mey*, Darknet, 210.

114 *I2P*, FAQ, abrufbar unter: https://geti2p.net/de/faq (abgerufen am 01.09.2020).

115 *I2P*, FAQ, abrufbar unter: https://geti2p.net/de/faq (abgerufen am 01.09.2020).

116 *I2P*, Garlic Routing and „Garlic" Terminology, abrufbar unter: https://geti2p.net/de/docs/how/garlic-routing (abgerufen am 01.09.2020); *Kalpakis/Tsikrika/Cunningham/*

erfolgt der Datenverkehr unidirektional über vier sogenannte Tunnel.[117] Diese Tunnel bestehen aus der Verbindung mehrerer Knoten.[118] Bei der Kommunikation über das I2P-Netzwerk eröffnet die Software jeweils einen Outbound-Tunnel für das Senden von Daten und einen Inbound-Tunnel für das Empfangen von Daten.[119] Die Länge der Tunnel ist frei wählbar, wodurch man Anonymität und Wartezeit eigenständig in Korrelation setzen kann.[120] Die maximale Tunnellänge beträgt sieben Knoten.[121] Beim Einwählen in das Computernetzwerk verschlüsselt die Software das Datenpaket ähnlich zum *Onion Routing* mehrlagig.[122] Jede Verschlüsselungsschicht enthält Informationen zu dem als nächstes anzusteuernden Knoten im Tunnel.[123] Die Knoten des jeweiligen Tunnels können dann jeweils eine dieser Schichten entschlüsseln und den weiteren, nunmehr entschlüsselten Anweisungen folgen.[124] Ähnlich zum *Onion Routing* erfährt somit ausschließlich der erste Knoten des Outbound-Tunnels, wer die Anfrage sendet und der letzte Knoten im Outbound-Tunnel, an welchen Server bzw. Eintrittsknoten des

---

Iliou/Vrochidis/Middleton/Kompatsiaris, in: Babak/Bayerl/Sampson, Open Source Intelligence Investigation, 111 (117); *Mey*, Darknet, 210.

117 *I2P*, FAQ, abrufbar unter: https://geti2p.net/de/faq (abgerufen am 01.09.2020); *I2P*, Tunnel-Routing, abrufbar unter: https://geti2p.net/de/docs/how/tunnel-routing (abgerufen am 01.09.2020); *Kalpakis/Tsikrika/Cunningham/Iliou/Vrochidis/Middleton/Kompatsiaris*, in: Babak/Bayerl/Sampson, Open Source Intelligence Investigation, 111 (116 f.).

118 *I2P*, FAQ, abrufbar unter: https://geti2p.net/de/faq (abgerufen am 01.09.2020); *I2P*, Garlic Routing and „Garlic" Terminology, abrufbar unter: https://geti2p.net/de/docs/how/garlic-routing (abgerufen am 01.09.2020).

119 *I2P*, Tunnel-Routing, abrufbar unter: https://geti2p.net/de/docs/how/tunnel-routing (abgerufen am 01.09.2020); *Kalpakis/Tsikrika/Cunningham/Iliou/Vrochidis/Middleton/Kompatsiaris*, in: Babak/Bayerl/Sampson, Open Source Intelligence Investigation, 111 (116).

120 *I2P*, FAQ, abrufbar unter: https://geti2p.net/de/faq (abgerufen am 01.09.2020).

121 *I2P*, Tunnel-Routing, abrufbar unter: https://geti2p.net/de/docs/how/tunnel-routing (abgerufen am 01.09.2020).

122 *I2P*, Garlic Routing and „Garlic" Terminology, abrufbar unter: https://geti2p.net/de/docs/how/garlic-routing (abgerufen am 01.09.2020).

123 *I2P*, Garlic Routing and „Garlic" Terminology, abrufbar unter: https://geti2p.net/de/docs/how/garlic-routing (abgerufen am 01.09.2020).

124 *I2P*, Garlic Routing and „Garlic" Terminology, abrufbar unter: https://geti2p.net/de/docs/how/garlic-routing (abgerufen am 01.09.2020).

Inbound-Tunnels eines Servers das Datenpaket gerichtet ist.[125] Darüber hinaus leitet die Software beim *Garlic Routing* nicht nur ein Datenpaket über die Tunnel. Vielmehr bündelt sie mehrere Datenpakete mit unterschiedlichen Zielen.[126] Das einzelne Datenpaket steht dabei bildlich für eine Knoblauchzehe, die an einer Knoblauchknolle hängt.[127] Sobald das Datenbündel den Ausgang des Outbound-Tunnels erreicht, werden die einzelnen Datenpakete dem Eingang des Inbound-Tunnels der jeweiligen Zieladresse zugewiesen.[128] Dies erschwert die Analyse potenzieller Wechselbeziehungen von Eintritts und Ausgangsknoten zusätzlich.[129]

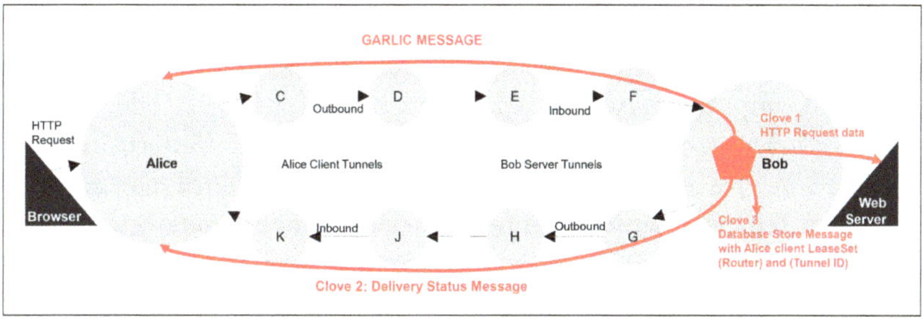

Abbildung 3: Grafische Darstellung des Garlic Routing[130]

Im Übrigen ermöglicht I2P seinen Nutzenden wie das Tor-Project die Konfiguration verschlüsselter Webinhalte. Die Webseiten im I2P-Computernetzwerk

---

125 *I2P*, Garlic Routing and „Garlic" Terminology, abrufbar unter: https://geti2p.net/de/docs/how/garlic-routing (abgerufen am 01.09.2020); *I2P*, Tunnel-Routing, abrufbar unter: https://geti2p.net/de/docs/how/tunnel-routing (abgerufen am 01.09.2020).

126 *I2P*, Garlic Routing and „Garlic" Terminology, abrufbar unter: https://geti2p.net/de/docs/how/garlic-routing (abgerufen am 01.09.2020); *Mey*, Darknet, 210.

127 *I2P*, Garlic Routing and „Garlic" Terminology, abrufbar unter: https://geti2p.net/de/docs/how/garlic-routing (abgerufen am 01.09.2020).

128 *I2P*, Garlic Routing and „Garlic" Terminology, abrufbar unter: https://geti2p.net/de/docs/how/garlic-routing (abgerufen am 01.09.2020).

129 *Kalpakis/Tsikrika/Cunningham/Iliou/Vrochidis/Middleton/Kompatsiaris*, in: Babak/Bayerl/Sampson, Open Source Intelligence Investigation, 111 (117); *Mey*, Darknet, 211.

130 Nach *I2P*, Garlic Routing and „Garlic" Terminology, abrufbar unter: https://geti2p.net/de/docs/how/garlic-routing (abgerufen am 01.09.2020).

werden dabei *Eepsites* genannt.[131] Anders als die Onion-Adressen im Tor-Netzwerk bestehen die Adressen in der Regel aus verständlichen Domänen-Namen und der Endung „.i2p".[132] Sie werden in einem öffentlichen Adressbuch registriert[133] oder privat geteilt.[134]

4.3.3. Freenet

Wie die zuvor beschriebenen *Darknets* handelt es sich bei Freenet ebenfalls um ein dezentral organisiertes P2P-Computernetzwerk, das die Grundlage für anonyme Kommunikation und versteckte Webinhalte bietet.[135] Die Software lässt sich auf dem Internetauftritt von Freenet im *Clear Web* kostenlos herunterladen.[136]

Charakteristisch ist das dezentrale, verschlüsselte Datenspeichersystem des Computernetzwerks. Anders als beim Tor-Project oder I2P liegen ihm keine zentralen Serverstrukturen zugrunde.[137] Sofern man die Freenet-Software auf dem eigenen Rechner installiert, wird man automatisch zum Teil der gesamten Infrastruktur des Computernetzwerks.[138] Alle Webinhalte werden bei ihrer Konfiguration in Datenpakete fragmentiert

---

131 *I2P*, FAQ, abrufbar unter: https://geti2p.net/de/faq (abgerufen am 01.09.2020); *Cilleruelo/de-Marcos/Sánchez/Martínez-Herráiz*, IEEE Internet Computing 2021, 61, 1; *Kalpakis/Tsikrika/Cunningham/Iliou/Vrochidis/Middleton/Kompatsiaris*, in: Babak/Bayerl/Sampson, Open Source Intelligence Investigation, 111 (117).

132 *I2P*, I2P Tunnel-Dienste, abrufbar unter: https://geti2p.net/de/misc/i2ptunnel-services (abgerufen am 01.09.2020); *Mey*, Darknet, 208.

133 *I2P*, FAQ, abrufbar unter: https://geti2p.net/de/faq (abgerufen am 01.09.2020).

134 *I2P*, I2P Tunnel-Dienste, abrufbar unter: https://geti2p.net/de/misc/i2ptunnel-services (abgerufen am 01.09.2020).

135 *Clarke/Sandberg/Toseland/Verendel*, Private Communication Through a Network of Trusted Connections: The Dark Freenet, 1; *Clarke/Miller/Hong/Sandberg/Wiley*, IEEE Internet Computing 2002, Vol. 6, Iss. 3, 40 (40).

136 *Freenet*, Help, abrufbar unter: https://freenetproject.org/pages/help.html (abgerufen am 15.07.2020).

137 *Freenet*, Help, abrufbar unter: https://freenetproject.org/pages/help.html (abgerufen am 15.07.2020); *Clarke/Sandberg/Toseland/Verendel*, Private Communication Through a Network of Trusted Connections: The Dark Freenet, 1; *Clarke/Miller/Hong/Sandberg/Wiley*, IEEE Internet Computing 2002, Vol. 6, Iss. 3, 40 (40).

138 *Freenet*, Help, abrufbar unter: https://freenetproject.org/pages/help.html (abgerufen am 15.07.2020); *Negi*, IRJET 2017, Vol. 4, Iss. 7, 2542 (2543); *Clarke/Miller/Hong/Sandberg/Wiley*, IEEE Internet Computing 2002, Vol. 6, Iss. 3, 40 (41).

und verschlüsselt auf mehrere Knoten im Computernetzwerk verteilt.[139] Als Netzwerk-Knoten hat man folglich nicht nur eine datenmittelnde Funktion inne. Man fungiert auch als Datenspeicher des Netzwerks.[140] Aufgrund der Verschlüsselung kann man allerdings nicht kontrollieren, ob und welche Inhalte die Freenet-Software auf dem eigenen Rechner ablegt.[141] Unter Umständen wird der eigene Rechner als Speicherort für illegales Datenmaterial missbraucht. Die Betreibenden von Freenet weisen sogar explizit auf diese Gefahr hin.[142]

Eine weitere Besonderheit des Computernetzwerks liegt darin, dass Freenet zwei unterschiedliche Modi anbietet. Man kann zwischen einem öffentlichen Netzwerk, dem sogenannten *Opennet*, und der Konfiguration eines Freund-zu-Freund-Netzwerks wählen, auf das nur ausgewählte Personen Zugriff haben.[143] Letzteres bezeichnen die Entwickelnden von I2P selbst ausdrücklich als *Darknet*.[144] Um sich mit dem *Opennet* zu verbinden, bedarf es keiner besonderen Nutzerinteraktion. Die Software baut die Verbindung in das Netzwerk über öffentlich bekanntgemachte Knoten auf.[145] Aufgrund der Öffentlichkeit der Knoten ist in diesem Modus nicht auszuschließen, dass sich die eigene IP-Adresse zurückverfolgen lässt.[146] Im Freund-zu-Freund-Modus bleibt man der Öffentlichkeit dagegen

---

139 *Freenet*, Help, abrufbar unter: https://freenetproject.org/pages/help.html (abgerufen am 15.07.2020); *Negi*, IRJET 2017, Vol. 4, Iss. 7, 2542 (2543); *Clarke/Miller/Hong/Sandberg/Wiley*, IEEE Internet Computing 2002, Vol. 6, Iss. 3, 40 (41).

140 *Freenet*, Help, abrufbar unter: https://freenetproject.org/pages/help.html (abgerufen am 15.07.2020); *Negi*, IRJET 2017, Vol. 4, Iss. 7, 2542 (2543); *Clarke/Miller/Hong/Sandberg/Wiley*, IEEE Internet Computing 2002, Vol. 6, Iss. 3, 40 (41).

141 *Freenet*, Help, abrufbar unter: https://freenetproject.org/pages/help.html (abgerufen am 15.07.2020); *Negi*, IRJET 2017, Vol. 4, Iss. 7, 2542 (2543).

142 *Freenet*, Help, abrufbar unter: https://freenetproject.org/pages/help.html (abgerufen am 15.07.2020).

143 *Freenet*, Help, abrufbar unter: https://freenetproject.org/pages/help.html (abgerufen am 15.07.2020).

144 *Freenet*, Help, abrufbar unter: https://freenetproject.org/pages/help.html (abgerufen am 15.07.2020).

145 *Freenet*, Help, abrufbar unter: https://freenetproject.org/pages/help.html (abgerufen am 15.07.2020).

146 *Freenet*, Help, abrufbar unter: https://freenetproject.org/pages/help.html (abgerufen am 15.07.2020).

verborgen.[147] Die Verbindung läuft ausschließlich über Knoten von ausgewählten Personen, die sich untereinander vertrauen.[148] In diesem Fall ließe sich die IP-Adresse der einzelnen Knoten grundsätzlich nur dann ermitteln, wenn es gelingt, eine direkte Verbindung zu einen dieser Knoten aufzubauen und die Interaktionen im Freund-zu-Freund-Netzwerk zu kompromittieren.[149]

Alle Aktivitäten finden im Computernetzwerk selbst statt. Dort steht den Nutzenden eine ganze Bandbreite von Webinhalte zur Verfügung. Die Webseiten bezeichnet man auch als *Freesites*.[150] *Freesites* lassen sich über gängige Webbrowser mittels eines zusätzlich installierten Programmmoduls ansteuern.[151] Ihre Adressen werden in der Regel auf Indexen, in Foren oder über private Kommunikation geteilt.[152] Eine standardisierte Endung wie „.onion" oder „.i2p" gibt es nicht.[153] Beim Ansteuern einer *Freesite* errechnet die Software auf welchen Knoten die verschlüsselten Inhalte abgelegt sein könnten.[154] Anschließend fragt sie jeden einzelnen dieser Knoten ab, bis ausreichend Fragmente gefunden sind, um den Webinhalt zu rekonstruieren.[155] Der Datenverkehr erfolgt dabei nicht unmittelbar zwischen Nutzenden

---

147 *Freenet*, Help, abrufbar unter: https://freenetproject.org/pages/help.html (abgerufen am 15.07.2020); *Thoma*, Freenet: Das anonyme Netzwerk mit der Schmuddelecke, abrufbar unter: https://www.golem.de/news/freenet-das-anonyme-netzwerk-mit-der-schmuddelecke-1502-112577.html (abgerufen am 15.07.2020).

148 *Freenet*, Help, abrufbar unter: https://freenetproject.org/pages/help.html (abgerufen am 15.07.2020).

149 *Freenet*, Help, abrufbar unter: https://freenetproject.org/pages/help.html (abgerufen am 15.07.2020).

150 *Freenet*, Help, abrufbar unter: https://freenetproject.org/pages/help.html (abgerufen am 15.07.2020); *Kalpakis/Tsikrika/Cunningham/Iliou/Vrochidis/Middleton/Kompatsiaris*, in: Babak/Bayerl/Sampson, Open Source Intelligence Investigation, 111 (117).

151 *Freenet*, Help, abrufbar unter: https://freenetproject.org/pages/help.html (abgerufen am 15.07.2020).

152 *Freenet*, Help, abrufbar unter: https://freenetproject.org/pages/help.html (abgerufen am 15.07.2020); *Mey*, Darknet, 211 f.

153 *Mey*, Darknet, 213.

154 *Clarke/Miller/Hong/Sandberg/Wiley*, IEEE Internet Computing 2002, Vol. 6, Iss. 3, 40 (43); *Mey*, Darknet, 213.

155 *Clarke/Miller/Hong/Sandberg/Wiley*, IEEE Internet Computing 2002, Vol. 6, Iss. 3, 40 (41); *Mey*, Darknet, 213.

und allen in Betracht kommenden Knoten.[156] Vielmehr durchläuft er einen Pfad, der sich über alle der errechneten Knoten erstreckt.[157] Dadurch ist nicht nachvollziehbar, welche der angefragten Knoten tatsächlich Fragmente der *Freesite* gespeichert und welche die Fragmente lediglich weitergeleitet haben.[158] Zudem kennt jeder Knoten nur den vor und nachgelagerten Knoten auf dem Pfad.[159] Durch diese technische Vorkehrung soll verhindert werden, dass sich Inhalte und Zugriffe konkreten Personen zuordnen lassen.[160] Sobald der gesamte Webinhalt zusammengetragen wurde, wird er von der Freenet-Software entschlüsselt und zur Verfügung gestellt.[161]

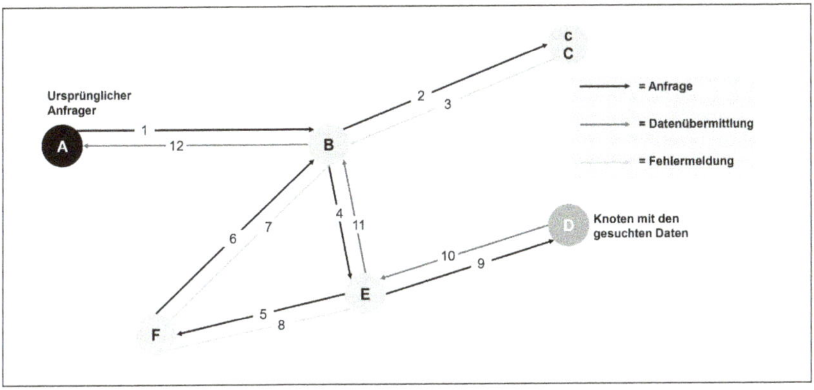

Abbildung 4: Grafische Darstellung des Aufrufens einer Freesite[162]

[156] *Clarke/Miller/Hong/Sandberg/Wiley*, IEEE Internet Computing 2002, Vol. 6, Iss. 3, 40 (43); *Negi*, IRJET 2017, Vol. 4, Iss. 7, 2542 (2543).

[157] *Clarke/Miller/Hong/Sandberg/Wiley*, IEEE Internet Computing 2002, Vol. 6, Iss. 3, 40 (43); *Negi*, IRJET 2017, Vol. 4, Iss. 7, 2542 (2543).

[158] *Clarke/Miller/Hong/Sandberg/Wiley*, IEEE Internet Computing 2002, Vol. 6, Iss. 3, 40 (43); *Negi*, IRJET 2017, Vol. 4, Iss. 7, 2542 (2543).

[159] *Clarke/Miller/Hong/Sandberg/Wiley*, IEEE Internet Computing 2002, Vol. 6, Iss. 3, 40 (43).

[160] *Clarke/Miller/Hong/Sandberg/Wiley*, IEEE Internet Computing 2002, Vol. 6, Iss. 3, 40 (43).

[161] *Clarke/Miller/Hong/Sandberg/Wiley*, IEEE Internet Computing 2002, Vol. 6, Iss. 3, 40 (43); *Mey*, Darknet, 213.

[162] Die verwendete Abbildung stammt von https://commons.wikimedia.org/wiki/File:Freenet_-_Ablauf_einer_Anfrage.png (abgerufen am 11.01.2023).

Rechtstatsächliche Untersuchung der Kriminalität im Darknet

Nachdem die technische Konzeption des *Darknets* in Grundzügen vorgestellt wurde, folgt in diesem Kapitel eine rechtstatsächliche Untersuchung der Kriminalität im *Darknet*. Hierfür werden typische Deliktsbereiche und die kriminelle Infrastruktur im *Darknet* erläutert sowie das aktuelle Kriminalitätsausmaß unter Berücksichtigung der Kriminalitätsentwicklung in den vergangenen Jahren bewertet.

1. Darknet-spezifische Deliktsbereiche

Die Kriminalität im *Darknet* ist äußerst heterogen. Sie erstreckt sich auf eine Vielzahl von Deliktsbereichen. Insbesondere der Handel mit Betäubungs und Arzneimitteln i. S. d. §§ 29 ff. BtMG, §§ 95 f. AMG, Verstöße gegen die §§ 51, 52 WaffG sowie die Verbreitung und der Erwerb von kinderpornographischen Inhalten nach § 184b StGB zählen zu den Deliktsarten, die Straftäter*innen im *Darknet* begehen.[163] Des Weiteren kann man auf einschlägigen Plattformen ausgespähte Daten i. S. v. § 202d StGB, gefälschte Urkunden i. S. d. §§ 267 ff. StGB und Falschgeld, dessen Herstellung und Verbreitung nach den §§ 146 f. StGB strafbar ist, erwerben.[164] Aufgrund der Corona-Krise verbreitete

---

[163] *BKA*, Bundeslagebild Rauschgiftkriminalität 2021, 12; *BKA*, Bundeslagebild Waffenkriminalität 2021, 12; *BKA*, Bundeslagebild Cybercrime 2019, 30; *Fünfsinn/Ungefuk/Krause*, Kriminalistik 2017, 440 (442); *Wittmer/Platzer*, in: Demmler/Krupka/Federrath, INFORMATIK 2022, 569 (574).

[164] *BKA*, Bundeslagebild Cybercrime 2019, 30; *Fünfsinn/Ungefuk/Krause*, Kriminalistik 2017, 440 (442); *Vogt*, Die Kriminalpolizei 2017, 4 (4).

sich zuletzt auch der Handel mit COVID-19-Impfstoffen und gefälschten Impfbescheinigungen, wobei letzteres seit Einführung des § 277 StGB einen eigenständigen Straftatbestand verwirklicht.[165] Neben der großen Auswahl an inkriminierten Waren gibt es auch ein breites Angebot krimineller Dienstleistungen („crime-as-a-service").[166] Hierzu zählen im Besonderen verschiedene Formen von Schadsoftware, wie beispielsweise klassische Hacking-Tools, die Vermietung von Botnets[167] und die Ausführung sogenannter DDoS-Angriffe[168],[169] deren Strafbarkeit sich hauptsächlich nach §§ 202a ff., 303a Abs. 3 StGB richtet. Bekannt sind außerdem Fälle von Menschenhandel und Auftragsmorden.[170] Hinter den Angeboten steht allerdings nicht immer die tatsächlich offerierte Dienstleistung. Zum Teil handelt es sich um Scheinangebote, denen eine betrügerische Absicht zu Grunde liegt.[171] Ansonsten nutzen auch verbotene extremistische Vereinigungen i. S. d. § 129a StGB sowie deren Sympathisanten das *Darknet* als Kommunikationsmedium, etwa zur Verbreitung von Terrorpropaganda oder für Aufrufe zur Terrorfinanzierung.[172]

---

165 *BKA*, Bundeslagebild Cybercrime 2020, 14; *Wittmer/Platzer*, in: Demmler/Krupka/Federrath, INFORMATIK 2022, 569 (574).

166 *BKA*, Bundeslagebild Cybercrime 2021, 8 f.; *Fünfsinn/Ungefuk/Krause*, Kriminalistik 2017, 440 (442); *Vogt*, Die Kriminalpolizei 2017, 4 (4); *Rückert*, Politische Studien 2018, 12 (18); *Morgenstern/Spendel*, in: Albers/Katsivelas, Recht & Netz, 395 (397).

167 Zusammenschluss mehrerer Geräte zu einem Netzwerk, die kompromittiert und zu konkreten Aktionen missbraucht werden, ohne dass die Geräteinhaber hiervon Kenntnis haben.

168 Cyberangriff, bei dem die Nichtverfügbarkeit eines Webdienstes oder Servers durch Überflutung mit künstlichen Anfragen herbeigeführt werden soll.

169 *BKA*, Bundeslagebild Cybercrime 2021, 8 f.; *Fünfsinn/Ungefuk/Krause*, Kriminalistik 2017, 440 (442); *Vogt*, Die Kriminalpolizei 2017, 4 (4); *Rückert*, Politische Studien 2018, 12 (18); *Morgenstern/Spendel*, in: Albers/Katsivelas, Recht & Netz, 395 (397); *Sinn*, in: Gesk/Sinn, Organisierte Kriminalität und Terrorismus im Rechtsvergleich, 143 f.

170 *BKA*, Bundeslagebild Menschenhandel und Ausbeutung 2019, 31; *Sinn*, in: Gesk/Sinn, Organisierte Kriminalität und Terrorismus im Rechtsvergleich, 143; *Rückert*, Politische Studien 2018, 12 (18); *Morgenstern/Spendel*, in: Albers/Katsivelas, Recht & Netz, 395 (397); *Buschmann/Höfner/Locker/Wess*, Bitcoin für den Killer, abrufbar unter: https://www.spiegel.de/panorama/justiz/mordauftraege-uebers-darknet-bitcoin-fuer-den-killer-a-716890df-7775-4244-bbdd-924b92b25a33 (abgerufen am 10.02.2022)

171 *BKA*, Bundeslagebild Cybercrime 2020, 14; BT-Drs. 18/9487, 2.

172 *BKA*, Bundeslagebild Cybercrime 2019, 28; *BND*, Spurensuche im Darknet, abrufbar unter: https://www.bnd.bund.de/DE/Die_Themen/Stories/Darknet/darknet_node.html (abgerufen am 10.02.2022); *Europol*, Disruptive efforts by industry and law

2. Kriminelle Infrastruktur

Die Gesamtheit der deliktisch ausgerichteten Plattformen, auf denen die oben dargestellten Straftaten begangen werden, bezeichnet man auch als „Underground Economy".[173] Aufgrund ihrer inhaltlichen Ausrichtung lassen sie sich größtenteils in drei Kategorien untergliedern: Handelsplattformen, Foren und pädokriminelle Tauschplattformen.[174]

2.1. Marktplätze

Handelsplattformen im *Darknet* bezeichnet man häufig auch als „Black Markets" oder „Kryptomärkte".[175] Es handelt es sich überwiegend um professionell gestaltete virtuelle Marktplätze.[176] Aufbau, Organisation und Funktionsweise ähneln meist denen bekannter Handelsplattformen des *Clear Web*, wie beispielsweise „Amazon" oder „eBay".[177] Die Angebote sind häufig in verschiedene Produktkategorien unterteilt, sodass man Produktangebote mittels Filterfunktionen gezielt suchen kann.[178] Zusätzlich bewerben die Händler*innen ihre Produkte in der Regel mit Bildern und detaillierten Beschreibungen.[179] Neben

---

enforcement force jihadist sympathisers to seek new platforms to disseminate terrorist propaganda, Pressemitteilung v. 15.09.2017, abrufbar unter: https://www.europol.europa.eu/newsroom/news/disruptive-efforts-industry-and-law-enforcement-force-jihadist-sympathisers-to-seek-new-platforms-to-disseminate-terrorist (abgerufen am 10.02.2022); *Morgenstern/Spendel*, in: Albers/Katsivelas, Recht & Netz, 395 (397).

173 *Fünfsinn/Ungefuk/Krause*, Kriminalistik 2017, 440 (441); *Vogt*, Die Kriminalpolizei 2017, 4 (5); *Safferling/Rückert*, Konrad-Adenauer-Stiftung Analysen & Argumente 2018, 2.

174 Kategorisierung nach *Wittmer/Platzer*, in: Demmler/Krupka/Federrath, INFORMATIK 2022, 569 (574).

175 *BKA*, Informationen zum Darknet, Presseinformation v. 27.07.2016, 2; *Tzanetakis*, in: Drogen, Darknet und Organisierte Kriminalität, 11 (12); *Wittmer/Platzer*, in: Demmler/Krupka/Federrath, INFORMATIK 2022, 569 (574).

176 *BKA*, Bundeslagebild Cybercrime 2019, 31; *Vogt*, Die Kriminalpolizei 2017, 4 (5); *Fünfsinn/Ungefuk/Krause*, Kriminalistik 2017, 440 (441).

177 *BKA*, Bundeslagebild Cybercrime 2019, 31; *Vogt*, Die Kriminalpolizei 2017, 4 (5); *Fünfsinn/Ungefuk/Krause*, Kriminalistik 2017, 440 (441); *Bachmann/Arslan*, NZWiSt 2019, 241 (242).

178 *Tzanetakis*, in: Tzanetakis/Stöver, Drogen, Darknet und Organisierte Kriminalität, 113 (116); *Mey*, Darknet, 17.

179 *Tzanetakis*, in: Tzanetakis/Stöver, Drogen, Darknet und Organisierte Kriminalität, 113 (116); *Safferling/Rückert*, Konrad-Adenauer-Stiftung Analysen & Argumente 2018,

Angaben zum Preis und zur Menge informieren sie über Lieferdauer, Lieferkonditionen und Rückerstattungsbedingungen.[180] Darüber hinaus verfügen einige der Handelsplattformen über weitere Funktionen, wie beispielsweise einen Kundensupport oder ein Bewertungssystem.[181] Letzteres ermöglicht den Kaufenden, ihre Erfahrungen zur Produktqualität, Lieferdauer sowie Verschleierungstaktiken beim Versand der illegalen Güter zu teilen.[182]

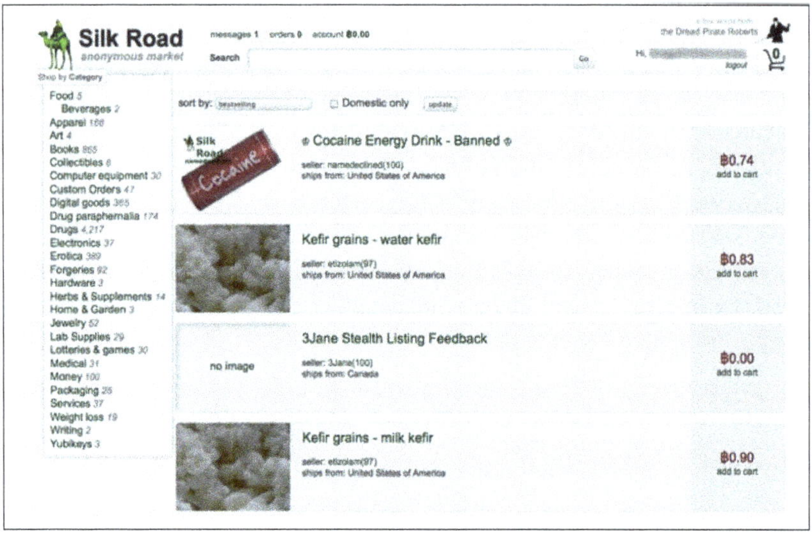

Abbildung 5: Aufritt der Handelsplattform „Silk Road“[183]

5; *Bachmann/Arslan*, NZWiSt 2019, 241 (242).

180 *BKA*, Bundeslagebild Cybercrime 2019, 32; *Tzanetakis*, in: Tzanetakis/Stöver, Drogen, Darknet und Organisierte Kriminalität, 113 (116).

181 *Tzanetakis*, in: Tzanetakis/Stöver, Drogen, Darknet und Organisierte Kriminalität, 113 (116); *Vogt*, Die Kriminalpolizei 2017, 4 (5); *Fünfsinn/Ungefuk/Krause*, Kriminalistik 2017, 440 (443).

182 *Tzanetakis*, in: Tzanetakis/Stöver, Drogen, Darknet und Organisierte Kriminalität, 113 (119).

183 Die verwendete Abbildung stammt aus dem Beitrag von *AFP*, FBI schließt mutmaßlichen Online-Drogenhandelplatz, abrufbar unter: https://www.faz.net/aktuell/wirtschaft/unternehmen/drogenportal-silk-road-fbi-schliesst-mutmasslichen-online-drogenhandelplatz-12601933.html#void (abgerufen am 12.02.2023).

Um auch bei der Zahlungsabwicklung unerkannt zu bleiben, wird nahezu ausschließlich mit Kryptowährungen bezahlt.[184] Da deren Transaktionen unter der Verwendung von Pseudonymen und ohne die Beteiligung zentraler Finanzinstitute abgewickelt werden, können Zahlungsströme nicht zu den Transaktionsbeteiligten zurückverfolgt werden.[185] Bislang gilt Bitcoin als Leitwährung für den Handel im *Darknet*.[186] Gleichwohl gewinnen auch alternative Kryptowährungen, wie beispielsweise Monero oder Dash, zunehmend an Bedeutung.[187] Die Betreibenden der Handelsplattformen sind hingegen oftmals über ein Provisionssystem am Umsatz eines jeden Verkaufs beteiligt.[188]

Darüber hinaus bieten die Handelsplattformen zum Teil zentralisierte Treuhandverfahren an.[189] Dabei erfolgen die Kaufpreiszahlungen zunächst an die Handelsplattform, die diese gegen eine Gebühr treuhänderisch verwahrt.[190] Die Zahlung wird erst dann weitergeleitet, wenn die kaufende Person die Ware wie vereinbart erhalten hat.[191] Im Konfliktfall besteht sogar die Möglichkeit, ein Schiedsverfahren mit einer neutralen dritten Person einzuleiten.[192] Der Nachteil solcher Treuhandverfahren

---

184 *Europol*, Internet organized Crime threat assessment 2019, 54; *BKA*, Bundeslagebild Cybercrime 2019, 31; *Fünfsinn/Ungefuk/Krause*, Kriminalistik 2017, 440 (443).

185 *BKA*, Bundeslagebild Cybercrime 2019, 31; *Vogt*, Die Kriminalpolizei 2017, 4 (6); *Krause*, NJW 2018, 678 (679); zur Funktionsweise der Blockchain und Rückverfolgung von Bitcoin-Transaktionen ausführlich s. Kap. 4 Abschn. 2.2.4.

186 *Europol*, Internet organized Crime threat assessment 2019, 54; *BKA*, Bundeslagebild Cybercrime 2019, 31; *Fünfsinn/Ungefuk/Krause*, Kriminalistik 2017, 440 (443).

187 *Europol*, Internet organized Crime threat assessment 2019, 54; *Tzanetakis*, in: Drogen, Darknet und Organisierte Kriminalität, 11 (12).

188 *Safferling/Rückert*, Konrad-Adenauer-Stiftung Analysen & Argumente 2018, 5; *Rückert/Wüst*, KriPoZ 2018, 247 (249); *Bachmann/Arslan*, NZWiSt 2019, 241 (242).

189 *BKA*, Bundeslagebild Cybercrime 2019, 31; *Tzanetakis*, in: Tzanetakis/Stöver, Drogen, Darknet und Organisierte Kriminalität, 113 (121); *Fünfsinn/Ungefuk/Krause*, Kriminalistik 2017, 440 (443).

190 *BKA*, Bundeslagebild Cybercrime 2019, 31; *Tzanetakis*, in: Tzanetakis/Stöver, Drogen, Darknet und Organisierte Kriminalität, 113 (121); *Fünfsinn/Ungefuk/Krause*, Kriminalistik 2017, 440 (443).

191 *Tzanetakis*, in: Tzanetakis/Stöver, Drogen, Darknet und Organisierte Kriminalität, 113 (121); *Rückert/Wüst*, KriPoZ 2018, 247 (249).

192 *Tzanetakis*, in: Tzanetakis/Stöver, Drogen, Darknet und Organisierte Kriminalität, 113 (121); *Fünfsinn/Ungefuk/Krause*, Kriminalistik 2017, 440 (443).

liegt allerdings in der Gefahr sogenannter „Exit Scams“[193]. Bei einem Exit Scam vereinnahmen die Betreibenden einer Plattform zunächst die eingezahlten Kundengelder und tauchen anschließend ab.[194] Solche Vorfälle waren in der Vergangenheit keine Seltenheit.[195] Den bislang größten Exit Scam lieferten sich die Betreibenden der Handelsplattform „Evolution“, bei dem sie Kundengelder in Höhe von schätzungsweise 12 Millionen US-Dollar erbeuteten, bevor sie die Plattform anschließend vom Netz nahmen.[196] Ein Fall aus jüngerer Vergangenheit mit Deutschlandbezug ist der Exit Scam der Handelsplattform „Wall Street Market“. Die aus Deutschland stammenden Betreibenden schalteten die Plattform zunächst in den Wartungsmodus, um anschließend die auf dem Marktplatz hinterlegten Geldbeträge an sich selbst zu transferieren.[197] Dieses Vorgehen wurde ihnen allerdings letzten Endes zum Verhängnis, da das BKA die Transaktionen zu ihnen zurückverfolgen konnte.[198]

2.2. Foren

Im Gegensatz zu Handelsplattformen dienen Foren hauptsächlich der Vernetzungs sowie Informationskultur im *Darknet*.[199] Es handelt sich insbesondere um Diskussionsplattformen, auf denen sich die Nutzer beispielsweise über die Vertrauenswürdigkeit von Handelsplattformen und die Qualität dort angebotener Waren sowie über Vorkehrungen zur Gewährleistung von

---

193 Übersetzt: Ausstiegsbetrug.

194 *BKA*, Bundeslagebild Cybercrime 2019, 31; *Europol*, Internet Organised Crime Threat Assessment 2020, 72.

195 *BKA*, Bundeslagebild Cybercrime 2019, 31.

196 *Woolf*, Bitcoin ‚exit scam‘: deep-web market operators disappear with $12m, abrufbar unter: https://www.theguardian.com/technology/2015/mar/18/bitcoin-deep-web-evolution-exit-scam-12-million-dollars (abgerufen am 19.04.2021).

197 *BKA*, Festnahme der mutmaßlichen Verantwortlichen des weltweit zweitgrößten illlegalen Online-Marktplatzes im Darknet „WALL STREET MARKET“, Presseeinladung v. 03.05.2019, abrufbar unter: https://www.bka.de/DE/Presse/Listenseite_Pressemitteilungen/2019/Presse2019/190503_WallStreetMarket.html (abgerufen am 19.04.2021).

198 *Wittmer*, Straftaten und Strafverfolgung im Darknet, 55; zur Rückverfolgung von Bitcoin-Transaktionen ausführlich s. Kap. 4 Abschn. 2.2.4.

199 *BKA*, Bundeslagebild Cybercrime 2019, 33; *Fünfsinn/Ungefuk/Krause*, Kriminalistik 2017, 440 (441); *Rückert/Wüst*, KriPoZ 2018, 247 (249).

Anonymität austauschen können.[200] Darüber hinaus dienen Foren aber auch als Treffpunkt, um inkriminierte Geschäfte anzubieten und abzuwickeln.[201] Einige der Foren stellen dafür sogar separate Marktplatzbereiche bereit.[202] Ein bekanntes Beispiel für diese Art von Forum ist die 2016 abgeschaltete Webseite „Deutschland im *Deep Web*“ (DiDW), über die der Amokläufer von München seine Waffe erwarb.

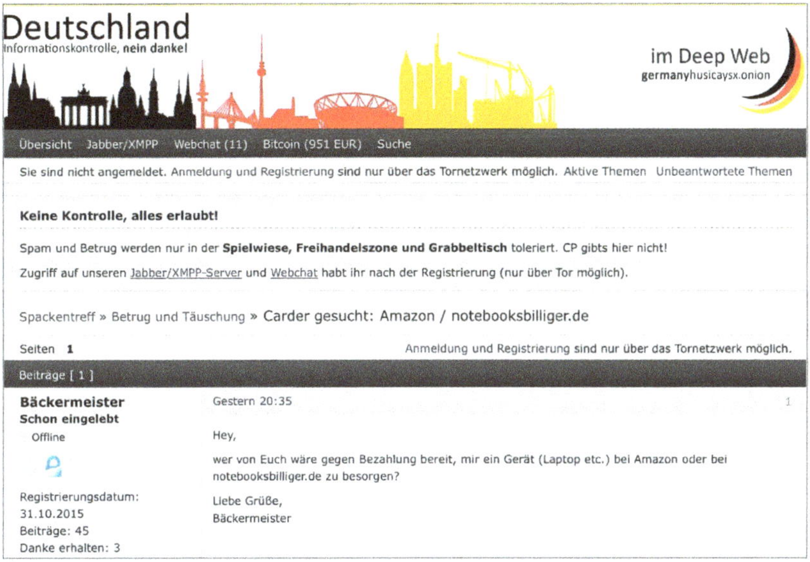

Abbildung 6: Forenbereich der Plattform „DiDW“[203]

Das Mitlesen von Beiträgen auf einem Forum ist in aller Regel ohne Registrierung möglich.[204] Lediglich spezielle Forenbereiche können durch das

---

200 *BKA*, Bundeslagebild Cybercrime 2019, 32; *Zaunseder/Bancroft*, in: Drogen, Darknet und Organisierte Kriminalität, 137 (143).

201 *BKA*, Bundeslagebild Cybercrime 2019, 33; *BKA*, Informationen zum Darknet, Presseinformation v. 27.07.2016, 2; *Fünfsinn/Ungefuk/Krause*, Kriminalistik 2017, 440 (441).

202 *BKA*, Bundeslagebild Cybercrime 2019, 33.

203 Die verwendete Abbildung stammt aus dem Beitrag von *Dölle*, Spur des Geldes, abrufbar unter: https://www.heise.de/select/ct/2018/25/1544254736623078 (abgerufen am 01.01.2023).

204 *BKA*, Bundeslagebild Cybercrime 2019, 32.

Erfordernis einer Zugangsberechtigung geschützt sein.[205] Das Verfassen von Beiträgen oder die Teilnahme am Chat ist dagegen grundsätzlich registrierten Personen vorbehalten.[206]

2.3. Pädokriminelle Tauschbörsen

Die pädokriminellen Tauschbörsen agieren weitestgehend isoliert von den übrigen Plattformen im *Darknet*.[207] Ihr Zweck liegt in der ungehinderten Verbreitung von kinderpornographischem Material.[208] Die Adressen zu den entsprechenden Webseiten werden regelmäßig innerhalb der gut vernetzten Szene geteilt.[209] Die Verbreitung der kinderpornographischen Dateien erfolgt dabei vorwiegend ohne kommerziellen Hintergrund in Form von Tauschgeschäften.[210] Die Mitglieder teilen über die Plattform passwortgeschützte Downloadlinks zu entsprechenden Bild und Videodateien inklusive der dazugehörigen Passwörter.[211] Darüber hinaus ist auf vielen der Tauschbörsen eine Chatfunktion integriert, über welche die Mitglieder in Kontakt treten, kinderpornographisches Material tauschen oder Missbrauchsanleitungen teilen können.[212]

---

205 *BKA*, Bundeslagebild Cybercrime 2019, 32.

206 *Wittmer*, Straftaten und Strafverfolgung im Darknet, 57.

207 *Rath*, DRiZ 2016, 292 (293); *Wittmer*, Straftaten und Strafverfolgung im Darknet, 59.

208 *Europol*, Internet Organised Crime Threat Assessment 2020, 38; *Rath*, DRiZ 2016, 292 (293).

209 *Günther*, So nutzen Kriminelle das Darknet, abrufbar unter: https://www.n-tv.de/panorama/So-nutzen-Kriminelle-das-Darknet-article20075295.html (abgerufen am 01.12.2020).

210 *BKA*, Informationen zum Darknet, Presseinformation v. 27.07.2016, 2; *Vogt*, Die Kriminalpolizei 2017, 4 (6).

211 LG Limburg, Urt. v. 07.03.2019 – 3 Js 7309/18 – 1 KLs, juris Rn. 115; *Bongen/Moßbrucker*, Das Netz vergisst nichts, solange es nicht vergessen soll, abrufbar unter: https://netzpolitik.org/2022/darstellungen-von-kindesmissbrauch-das-netz-vergisst-nichts-solange-es-nicht-vergessen-soll/ (abgerufen am 31.01.2022); *Bongen/Moßbrucker/Flade*, BKA gelingt Schlag gegen Plattformen, abrufbar unter: https://www.tagesschau.de/investigativ/ndr-wdr/paedokriminelle-darknet-101.html (abgerufen am 28.01.2023).

212 *Europol*, Internet Organised Crime Threat Assessment 2020, 38; LG Limburg, Urt. v. 07.03.2019 – 3 Js 7309/18 – 1 KLs, juris Rn. 112.

Die Tauschbörsen sind überwiegend zugangsbeschränkt. Ihr Zugang setzt das Bestehen einer sogenannten „Keuschheitsprobe" voraus.[213] Hierfür muss man zunächst selbst kinderpornographische Inhalte hochladen, um sich strafbar zu machen und somit als vertrauenswürdig zu erweisen.[214] Wenn die Betreibenden der Tauschbörse die hochgeladenen Dateien als geeignet befinden, wird man als neues Mitglied akzeptiert.[215] Dieses Vorgehen soll insbesondere den Strafverfolgungsbehörden den Zugang zu den Plattformen erschweren. Zwar dürfen Ermittler*innen im *Darknet* kursierende Bilder missbrauchter Kinder herunterladen, um sie als Beweise sicherzustellen und nach weiteren Hinweisen auf Täter*innen und Opfer zu suchen. Das Hochladen von echtem kinderpornographischem Material ist ihnen jedoch untersagt. In diesem Fall würden sie sich strafbar machen.[216] Als Reaktion hierauf hat der Gesetzgeber erst kürzlich regelungstechnisch neue Wege beschritten. Unter bestimmten Voraussetzungen ist es Strafverfolgungsbehörden nunmehr erlaubt, künstlich erzeugtes kinderpornographisches Material zu verwenden (§ 184b Abs. 6 StGB, § 110d StPO).[217] Da es den Strafverfolgungsbehörden in der Vergangenheit immer häufiger gelang, die Serverstrukturen pädokrimineller Tauschbörsen zu lokalisieren und abzuschalten, erfahren jedoch vermehrt kleinere, exklusive Plattformen Zulauf.[218] Ihr Aufnahmeverfahren unterliegt nochmals verschärfter Zugangsbestimmungen, um das Einschleusen verdeckter Ermittler*innen zu unterbinden.[219] Beispielsweise kann die Aufnahme neben der Keuschheitsprobe den Vorschlag bestehender

---

213 *Krause*, NJW 2018, 678 (680); *Zöller*, KriPoZ 2019, 274 (276); *Safferling/Rückert*, Konrad-Adenauer-Stiftung Analysen & Argumente 2018, 9.

214 *Safferling/Rückert*, Konrad-Adenauer-Stiftung Analysen & Argumente 2018, 9; *Zöller*, KriPoZ 2019, 274 (276); vgl. zur Darstellung einer Keuschheitsprobe z. B. BGH, Urt. v. 18.1.2012 – 2 StR 151/11.

215 *Wittmer*, Straftaten und Strafverfolgung im Darknet, 60.

216 § 184b Abs. 1 S. 1 Nr. 1 StGB.

217 Hierzu ausführlich *Rückert/Goger*, MMR 2020, 373; *Wittmer/Steinebach*, MMR 2019, 650.

218 *Bussweiler*, Schriftliche Stellungnahme u. a. zum Entwurf eines Gesetzes zur Bekämpfung sexualisierter Gewalt gegen Kinder v. 3.12.2020, 10.

219 *Bussweiler*, Schriftliche Stellungnahme u. a. zum Entwurf eines Gesetzes zur Bekämpfung sexualisierter Gewalt gegen Kinder v. 3.12.2020, 10.

Gruppenmitglieder sowie ein einstimmiges Votum aller Mitglieder voraussetzen.[220] In diesem Fall reicht die Verwendung von computergenerierten Material allein nicht, um in die hoch konspirative Gemeinschaft vorzudringen.

3. Kriminalitätsausmaß

Obwohl sich Europol im Herbst 2020 dahingehend äußerte, dass das „goldene Zeitalter" des illegalen Handels im *Darknet* vorüber sei,[221] herrscht weiterhin ein kontroverser Diskurs über das Ausmaß der Kriminalität im *Darknet*. Während Strafverfolgungsbehörden und in der Politik tätige Personen das *Darknet* weiterhin als Schauplatz von Kriminellen reklamieren und wenn auch wenige sogar ein Verbot der Verschlüsselungstechnologien fordern,[222] kritisieren Vertretende des investigativen Journalismus sowie Mitglieder der Computerszene, es werde oftmals ein überspitztes Bild der Kriminalität im *Darknet* vermittelt.[223]

3.1. Systematische Untersuchungen

Belastbare Zahlen zum Kriminalitätsausmaß im *Darknet* existieren nicht. Da es sich um geschlossene Netzwerke handelt, in denen kriminelle Plattformen mitunter einladungsbasiert operieren, lassen sich repräsentative Zahlen nur begrenzt erheben.[224] Systematische Untersuchungen zur Kriminalität im *Darknet* gibt es daher vergleichsweise wenig. Zudem beschränken sie sich

---

220 *Bussweiler*, Schriftliche Stellungnahme u. a. zum Entwurf eines Gesetzes zur Bekämpfung sexualisierter Gewalt gegen Kinder v. 3.12.2020, 10.

221 *Europol*, International sting against Dark Web vendors leads to 179 arrests, Pressemitteilung v. 22.09.2020, abrufbar unter: https://www.europol.europa.eu/media-press/newsroom/news/international-sting-against-dark-web-vendors-leads-to-179-arrests (abgerufen am 20.09.2021).

222 *Borchers*, Europäischer Polizeikongress: Weg mit dem Darknet, abrufbar unter: https://www.heise.de/newsticker/meldung/Europaeischer-Polizeikongress-Weg-mit-dem-Darknet-4313276.html (abgerufen am 01.02.2021).

223 *dpa/Reuters/TSP*, Chaos Computer Club und BKA über das Darknet: Hort für Verbrechen oder Schutzbereich für Oppositionelle, abrufbar unter: https://www.tagesspiegel.de/politik/hort-fur-verbrechen-oder-schutzbereich-fur-oppositionelle-3743896.html (abgerufen am 01.02.2021).

224 *Ihwas*, WiJ 2018, 138 (138).

überwiegend auf das Tor-Project; vermutlich weil ihm die größte Popularität in der Szene zukommt.

Beispielsweise untersuchten Wissenschaftler am King's College London im Jahr 2016 den Umfang illegaler *Hidden Services* im Tor-Netzwerk.[225] Hierfür identifizierten sie zunächst über 5.000 aktive *Hidden Services* und erstellten anschließend eine Taxonomie.[226] Die Auswertung ergab, dass ein erheblicher Teil der klassifizierten Webinhalte krimineller Natur waren.[227] Zu einem ähnlichen Ergebnis kam eine Studie des Sicherheitsunternehmen Intelliagg.[228] Danach wies knapp die Hälfte der ca. 30.000 untersuchten *Hidden Services* strafrechtlich relevante Inhalte auf.[229]

In weiteren Studien wurde das Umsatzvolumen krimineller Plattformen geschätzt. Anknüpfungspunkt der Umsatzschätzungen war unter anderem die Relation von Händlerangeboten und positiven Kundenbewertungen, die auf eine erfolgreiche Geschäftsabwicklung schließen ließen. Eine Studie der Carnegie Mellon University (USA) aus dem Jahr 2015 untersuchte zum Beispiel den Umsatz der einstigen Handelsplattform „Silk Road".[230] Darin kamen die Wissenschaftler zu dem Ergebnis, dass der jährliche Umsatz der Plattform über 100 Millionen US-Dollar betragen haben müsse.[231] Eine ähnlich angelegte Untersuchung schätzte den Jahresumsatz des virtuellen Marktplatzes „Alpha Bay" allein aus Drogenkäufen auf über 90 Millionen US-Dollar.[232]

Zuletzt sorgte eine Studie der Virginia Tech University (USA)[233] aus dem Jahr 2020 für enorme Kritik. Untersuchungsgegenstand der Studie war das

---

225 *Moore/Rid*, Survival 2016, Vol. 58, Iss. 1, 7.

226 *Moore/Rid*, Survival 2016, Vol. 58, Iss. 1, 7 (20 ff.).

227 *Moore/Rid*, Survival 2016, Vol. 58, Iss. 1, 7 (21).

228 *Intelliag*, Deeplight. Shining a light on the Dark Web.

229 *Intelliag*, Deeplight. Shining a light on the Dark Web, 11.

230 *Soska/Christin*, Measuring the Longitudinal Evolution of the Online Anonymous Marketplace Ecosystem, Proceedings of the 24th USENIX Security Symposium 2015, 33 ff.

231 *Soska/Christin*, Measuring the Longitudinal Evolution of the Online Anonymous Marketplace Ecosystem, Proceedings of the 24th USENIX Security Symposium 2015, 33 (40).

232 *Tzanetakis*, International Journal of Drug Policy 2018, Vol. 56, 176 (176).

233 *Jardine/Lindner/Owenson*, Proceedings of the National Academy of Sciences 2020, Vol. 117, No. 50, 31716.

Verhältnis von legaler und illegaler Nutzung des Tor-Projects. Hierfür betrieben die Wissenschaftler einen Exit-Knoten im Tor-Netzwerk, um zu ermitteln, welche Webinhalte die Nutzenden ansteuerten.[234] Zunächst kamen sie zu dem überraschenden Ergebnis, dass es sich bei ca. 93 Prozent der abgerufenen Webseiten um solche im *Clearnet* handelte.[235] Lediglich 6,7 Prozent der Personen besuchten Webseiten im *Dark Web*.[236] Die Wissenschaftler stellten außerdem fest, dass Personen aus Ländern autoritärer Regime, wie beispielsweise in Russland, China und Algerien, viel seltener *Hidden Services* aufrufen würden als Personen aus demokratischen Staaten.[237] Hieraus folgerten sie, dass Personen aus demokratischen Staaten das Tor-Project öfters zu illegalen Zwecken nutzen würden.[238] Dem lag allerdings die zweifelhafte Annahme zugrunde, dass *Hidden Services* überproportional oft einen illegalen Inhalt aufweisen würden.[239] Diese pauschale Einordnung ist mangels hinreichender Belege kritisch zu hinterfragen. Das Ergebnis steht zudem im Widerspruch zu den eingangs dargestellten Studienergebnissen, bei denen nur die Hälfte der taxierten *Hidden Services* eine illegale Ausrichtung vorwiesen. Allein die Tatsache, dass es eine Webseite im *Dark Web* betrifft, kann jedenfalls nicht zu dem Umkehrschluss führen, dass es sich zwangsläufig um kriminelle Inhalte handelt. Die Studie reproduziert damit die Animosität des *Darknets*, ohne belegbare Tatsachenforschung betrieben zu haben.

3.2. Medienwirksame Ereignisse und internationale Polizeioperationen

Ungeachtet der Frage nach der Aussagekraft der dargestellten Studienergebnisse lässt sich durch medienwirksame Ereignisse und international angelegte

---

[234] *Jardine/Lindner/Owenson*, Proceedings of the National Academy of Sciences 2020, Vol. 117, No. 50, 31716 (31716).

[235] *Jardine/Lindner/Owenson*, Proceedings of the National Academy of Sciences 2020, Vol. 117, No. 50, 31716 (31717).

[236] *Jardine/Lindner/Owenson*, Proceedings of the National Academy of Sciences 2020, Vol. 117, No. 50, 31716 (31717).

[237] *Jardine/Lindner/Owenson*, Proceedings of the National Academy of Sciences 2020, Vol. 117, No. 50, 31716 (31718).

[238] *Jardine/Lindner/Owenson*, Proceedings of the National Academy of Sciences 2020, Vol. 117, No. 50, 31716 (31721).

[239] *Jardine/Lindner/Owenson*, Proceedings of the National Academy of Sciences 2020, Vol. 117, No. 50, 31716 (31716).

Polizeioperationen zumindest ein schemenhaftes Bild von Umfang und Bedeutung der Kriminalität im *Darknet* zeichnen. Auch wenn detaillierte Einzelheiten zu den konkreten Vorgehensweisen der Strafverfolgungsbehörden überwiegend unveröffentlicht blieben, hat die Kriminalität im *Darknet* demnach insbesondere im letzten Jahrzehnt zunehmend an Bedeutung gewonnen.

„Lolita City" war eine der ersten kriminellen Plattformen im *Darknet*, der größere mediale Aufmerksamkeit zukam.[240] Es handelte sich um eine pädokriminelle Tauschbörse im Tor-Netzwerk, die im Jahr 2010 online ging.[241] Im Oktober 2011 gelang es einer hacktivistischen Gruppierung namens „Anonymous" die Plattform zu hacken und persönliche Informationen von mutmaßlich auf der Plattform registrierten Personen zu veröffentlichen.[242] Dieses Vorgehen löste nicht nur mediales Entsetzen aus, sondern führte letzten Endes auch zu Verhaftungen tatverdächtiger Personen.[243]

Im selben Jahr ging mit „Silk Road" die erste größere Plattform online, die sich auf den kommerziellen Handel mit illegalen Gütern konzentrierte.[244] Zum damaligen Zeitpunkt galt die Handelsplattform sogar als das „Amazon für Drogen"[245], deren Umsatzvolumen bis zu ihrer Abschaltung über eine

240 *Platzer/Landwirth/Wittmer/Yannikos*, Was ist das Darknet?, 4.

241 *Platzer/Landwirth/Wittmer/Yannikos*, Was ist das Darknet?, 4.

242 *Sawall*, Legale Erfolge gegen Pädophilen-Plattform kaum möglich, abrufbar unter: https://www.golem.de/1110/87275.html (abgerufen am 21.11.2020); *von Kittlitz*, In den dunklen Gassen von „Lolita City", abrufbar unter: https://www.faz.net/aktuell/feuilleton/medien/jagd-auf-kinderpornographie-in-den-dunklen-gassen-von-lolita-city-11499618.html (abgerufen am 21.11.2020); *Pany*, Kinderpornografie: Anonymous will Lolita-City unbewohnbar machen, abrufbar unter: https://www.heise.de/tp/features/Kinderpornografie-Anonymous-will-Lolita-City-unbewohnbar-machen-3391692.html (abgerufen am 21.11.2020).

243 *Sawall*, Legale Erfolge gegen Pädophilen-Plattform kaum möglich, abrufbar unter: https://www.golem.de/1110/87275.html (abgerufen am 21.11.2020).

244 *Platzer/Landwirth/Wittmer/Yannikos*, Was ist das Darknet?, 4; *Tzanetakis*, in: Hdb Drogen in sozial und kulturwissenschaftlicher Perspektive, 477 (478); *Tzanetakis*, ApuZ 2017, 41 (43).

245 *Tanriverdi*, Drogenhandel, Mordversuch – und den Klarnamen angeben, abrufbar unter: https://www.sueddeutsche.de/digital/mutmasslicher-betreiber-der-drogenplattform-silk-road-drogenhandel-mordversuch-und-den-klarnamen-angegeben-1.1786870 (abgerufen am 21.11.2020); *Hayon*, Das Amazon des Darknets: Illegaler Marktplatz nicht mehr zu stoppen, abrufbar unter: https://www.chip.de/news/Das-Amazon-des-Darknets-Illegaler-Marktplatz-waechst-und-waechst_112339369.html

Milliarde US-Dollar betragen haben soll.[246] In jenem Fall kam es auch zum ersten medienwirksamen Ermittlungserfolg. Im Rahmen der Operation „Marco Polo" gelang es US-amerikanischen Ermittlungsbehörden, den Betreiber von Silk Road zu identifizieren und den Serverstandort zu ermitteln.[247] Die Server wurden daraufhin beschlagnahmt und die Plattform abgeschaltet.[248]

In den darauffolgenden Jahren gelang es internationalen Ermittlungsgruppen, zahlreiche weitere illegale Plattformen im *Darknet* vom Netz zu nehmen.[249] Exemplarisch stehen hierfür die international aufgestellten Polizeioperationen „Onymous", „Pacifier" und „Elysium".

Im Rahmen der Operation „Onymous" konnten die Strafverfolgungsbehörden über 400 Onion-Adressen beschlagnahmen, die mit den Servern von

---

(abgerufen am 13.01.2021); *Schmeh*, Illegale Handelsplattform Silk Road: Wie das Amazon des Darknet aufflog, abrufbar unter: https://www.heise.de/hintergrund/Illegale-Handelsplattform-Silk-Road-Wie-das-Amazon-des-Darknet-aufflog-4954604.html (abgerufen am 01.02.2021).

246 *Sinn*, in: Gesk/Sinn, Organisierte Kriminalität und Terrorismus im Rechtsvergleich, 142; *Greenberg*, End Of The Silk Road: FBI Says It's Busted The Web's Biggest Anonymous Drug Black Market, abrufbar unter: https://www.forbes.com/sites/andygreenberg/2013/10/02/end-of-the-silk-road-fbi-busts-the-webs-biggest-anonymous-drug-black-market/?sh=df2838b5b4f9 (abgerufen am 12.01.2023); *Franceschi-Bicchierai*, The Silk Road Online Drug Marketplace by the Numbers, abrufbar unter: https://mashable.com/archive/silk-road-by-the-numbers (abgerufen am 12.01.2023).

247 *Hostettler*, ApuZ 2017, 10; *Jardine*, The Dark Web Dilemma: Tor, Anonymity and Online Policing, 3; *Greenberg*, The FBI Finally Says How It ‚Legally' Pinpointed Silk Road's Server, abrufbar unter: https://www.wired.com/2014/09/the-fbi-finally-says-how-it-legally-pinpointed-silk-roads-server/ (abgerufen am 14.11.2020); *Roy*, Feds Raid Online Drug Market Silk Road, abrufbar unter: https://nation.time.com/2013/10/02/alleged-silk-road-proprietor-ross-william-ulbricht-arrested-3-6m-in-bitcoin-seized/ (abgerufen am 14.11.2020).

248 *Greenberg*, The FBI Finally Says How It ‚Legally' Pinpointed Silk Road's Server, abrufbar unter: https://www.wired.com/2014/09/the-fbi-finally-says-how-it-legally-pinpointed-silk-roads-server/ (abgerufen am 14.11.2020); *Roy*, Feds Raid Online Drug Market Silk Road, abrufbar unter: https://nation.time.com/2013/10/02/alleged-silk-road-proprietor-ross-william-ulbricht-arrested-3-6m-in-bitcoin-seized/ (abgerufen am 14.11.2020).

249 *Tzanetakis*, in: Hdb Drogen in sozial- und kulturwissenschaftlicher Perspektive, 477 (478); *Platzer/Landwirth/Wittmer/Yannikos*, Was ist das Darknet?, 4; *Hostettler*, ApuZ 2017, 10 (11).

mindestens 27 illegalen Plattformen in Verbindungen standen.[250] Zu diesen Plattformen zählten unter anderen „Silk Road 2.0“, „Alpaca“ und „Black Market“.[251] In diesem Zusammenhang konnten die Strafverfolgungsbehörden außerdem Bitcoins im Wert von ca. einer Million US-Dollar sowie größere Mengen an Drogen und Edelmetallen sicherstellen.[252]

Die Operation „Pacifier“ richtete sich gegen die Plattform „Playpen“.[253] Diese zählte zum damaligen Zeitpunkt mit ihren mehr als 150.000 Nutzenden zu den größten kinderpornographischen Tauschbörsen im Tor-Netzwerk.[254] Dem Ermittlerkonsortium gelang es nicht nur, den Server der Plattform zu beschlagnahmen, sondern auch eine Vielzahl der dort angemeldeten Personen zu identifizieren.[255] Allein in Europa führte die Operation zu über

---

[250] *Europol*, Global action against dark markets on Tor network, Pressemitteilung v. 07.11.2014, abrufbar unter: https://www.europol.europa.eu/newsroom/news/global-action-against-dark-markets-tor-network (abgerufen am 14.11.2020); *Vinton*, So Far Feds Have Only Confirmed Seizing 27 „Dark Market“ Sites In Operation Onymous, abrufbar unter: https://www.forbes.com/sites/katevinton/2014/11/07/operation-onymous-dark-markets/?sh=1b83bd192fcf (abgerufen am 24.11.2020).

[251] *Jones*, Law enforcement techniques in Darknet Markets, 85; *Kannenberg*, Operation Onymous: 17 Verhaftungen bei Schlag gegen Darknet-Drogenplattformen, abrufbar unter: https://www.heise.de/newsticker/meldung/Operation-Onymous-17-Verhaftungen-bei-Schlag-gegen-Darknet-Drogenplattformen-2444615.html (abgerufen am 13.11.2020).

[252] *Europol*, Global action against dark markets on Tor network, Pressemitteilung v. 07.11.2014, abrufbar unter: https://www.europol.europa.eu/newsroom/news/global-action-against-dark-markets-tor-network (abgerufen am 01.01.2023).

[253] *Europol*, Major online child sexual abuse operation leads to 368 arrests in Europe, Pressemitteilung v. 05.05.2017, abrufbar unter: https://www.europol.europa.eu/media-press/newsroom/news/major-online-child-sexual-abuse-operation-leads-to-368-arrests-in-europe (abgerufen am 11.01.2023); *Mey*, Darknet, 43.

[254] *Europol*, Major online child sexual abuse operation leads to 368 arrests in Europe, Pressemitteilung v. 05.05.2017, abrufbar unter: https://www.europol.europa.eu/media-press/newsroom/news/major-online-child-sexual-abuse-operation-leads-to-368-arrests-in-europe (abgerufen am 11.01.2023); *Mey*, Darknet, 43.

[255] *Europol*, Major online child sexual abuse operation leads to 368 arrests in Europe, Pressemitteilung v. 05.05.2017, abrufbar unter: https://www.europol.europa.eu/media-press/newsroom/news/major-online-child-sexual-abuse-operation-leads-to-368-arrests-in-europe (abgerufen am 11.01.2023); *Sinn*, in: Gesk/Sinn, Organisierte Kriminalität und Terrorismus im Rechtsvergleich, 147; *Hoppenstedt/Mützel/Pfaffenzeller*, Das FBI hat Hunderte deutsche Tor-Nutzer gehackt, abrufbar unter: https://www.vice.com/de/article/59qpwz/das-fbi-hat-hunderte-deutsche-tor-nutzer-gehackt (abgerufen am 20.11.2020).

360 Festnahmen und zur Identifizierung von mindestens 259 sexuell missbrauchten Kindern.[256]

Unter Federführung des BKA gelang mit der Operation „Elysium" im Juni 2017 ein weiterer internationaler Ermittlungserfolg gegen die Verbreitung von kinderpornographischem Material.[257] Die Ermittlungen richteten sich gegen die gleichnamige Plattform „Elysium", die damals um die 90.000 Mitglieder fasste.[258] Aufgrund eines Programmierungsfehlers konnten Ermittler*innen die IP-Adresse und damit den Server der Plattform lokalisieren und ihre deutschen Betreibenden identifizieren.[259]

Zuletzt konnte das BKA im vergangenen Jahr zwei weitere beachtliche Ermittlungserfolge gegen die Kriminalität im *Darknet* verzeichnen. Zusammen mit anderen Strafverfolgungsbehörden gelang es ihm zunächst, die in Deutschland befindlichen Serverstrukturen des illegalen Marktplatzes „Hydra Market" zu beschlagnahmen und in diesem Zusammenhang Bitcoins

---

256 *Europol*, Major online child sexual abuse operation leads to 368 arrests in Europe, Pressemitteilung v. 05.05.2017, abrufbar unter: https://www.europol.europa.eu/media-press/newsroom/news/major-online-child-sexual-abuse-operation-leads-to-368-arrests-in-europe (abgerufen am 11.01.2023).

257 *BKA*, Festnahme von mutmaßlichen Verantwortlichen und Mitgliedern der kinderpornographischen Darknet-Plattform „ELYSIUM" und Abschaltung dieser Plattform, Pressemitteilung v. 07.07.2017, abrufbar unter: https://www.presseportal.de/blaulicht/pm/7/3678706, (abgerufen am 09.03.2020); *Mey*, Darknet, 43.

258 *BKA*, Festnahme von mutmaßlichen Verantwortlichen und Mitgliedern der kinderpornographischen Darknet-Plattform „ELYSIUM" und Abschaltung dieser Plattform, Pressemitteilung v. 07.07.2017, abrufbar unter: https://www.presseportal.de/blaulicht/pm/7/3678706, (abgerufen am 09.03.2020); *Raidl/Schiller*, Riesiges Netzwerk für Pädophile, abrufbar unter: https://www.sueddeutsche.de/panorama/vor-gericht-riesiges-netzwerk-fuer-paedophile-1.4078025 (abgerufen am 01.01.2023); *Mey*, Darknet, 43.

259 *BKA*, Festnahme von mutmaßlichen Verantwortlichen und Mitgliedern der kinderpornographischen Darknet-Plattform „ELYSIUM" und Abschaltung dieser Plattform, Pressemitteilung v. 07.07.2017, abrufbar unter: https://www.presseportal.de/blaulicht/pm/7/3678706, (abgerufen am 09.03.2020); *Raidl/Schiller*, Riesiges Netzwerk für Pädophile, abrufbar unter: https://www.sueddeutsche.de/panorama/vor-gericht-riesiges-netzwerk-fuer-paedophile-1.4078025 (abgerufen am 01.01.2023); *Fiebig*, DRiZ 2019, 50 (51).

in Höhe von ungefähr 23 Millionen Euro sicherzustellen.[260] Auf der Handelsplattform waren tausende Verkäufer und sogar 17 Millionen Kundenkonten registriert.[261] Des Weiteren konnte das BKA einen erheblichen Schlag gegen die Verbreitung von Kinderpornographie im *Darknet* erzielen. Es schaffte die zu diesem Zeitpunkt größten pädokriminellen Tauschbörsen „BoyVids 6.0", „Forbidden Love" und „Child Porn Market" vom Netz zu nehmen.[262] Hierbei wurden auch drei beschuldigte Personen in Deutschland festgenommen, darunter der mutmaßliche Hauptadministrator aller drei Plattformen.[263]

Auch dem Bayerischen Landeskriminalamt gelang es kürzlich, nach mehrjährigen und intensiven Ermittlungen drei kinderpornographische Plattformen im Tor-Netzwerk stillzulegen.[264] Während es sich bei zwei der Plattformen um Chatseiten handelte, auf die sehr unkompliziert und ohne Anmeldung oder Registrierung zugegriffen werden konnte, wurde die Plattform „TheAnnex" höchst konspirativ betrieben.[265] Dort waren mehrere

---

260 *BKA*, Ilegaler Darknet-Marktplatz „Hydra Market" abgeschaltet, Pressemitteilung v. 05.04.2022, abrufbar unter: https://www.bka.de/DE/Presse/Listenseite_Pressemitteilungen/2022/Presse2022/220405_PM_IllegalerDarknetMarktplatz.html (abgerufen am 01.10.2022).

261 *BKA*, Ilegaler Darknet-Marktplatz „Hydra Market" abgeschaltet, Pressemitteilung v. 05.04.2022, abrufbar unter: https://www.bka.de/DE/Presse/Listenseite_Pressemitteilungen/2022/Presse2022/220405_PM_IllegalerDarknetMarktplatz.html (abgerufen am 01.10.2022).

262 *BKA*, Schlag gegen Darknet-Plattformen wegen der Verbreitung von Abbildungen sexualisierter Gewalt an Kindern, Presseinformation v. 16.12.2022, abrufbar unter: https://www.bka.de/DE/Presse/Listenseite_Pressemitteilungen/2022/Presse2022/221216_SchlagGegenDarknetPlattformen.html (abgerufen am 01.01.2023).

263 *BKA*, Schlag gegen Darknet-Plattformen wegen der Verbreitung von Abbildungen sexualisierter Gewalt an Kindern, Presseinformation v. 16.12.2022, abrufbar unter: https://www.bka.de/DE/Presse/Listenseite_Pressemitteilungen/2022/Presse2022/221216_SchlagGegenDarknetPlattformen.html (abgerufen am 01.01.2023).

264 *BLKA*, Verbreitung von Kinderpornografie im Darknet – mehrere Plattformbetreiber festgenommen, Pressemitteilung v. 03.02.2023, abrufbar unter: https://www.polizei.bayern.de/aktuelles/pressemitteilungen/043303/index.html (abgerufen am 01.03.2023).

265 *BLKA*, Verbreitung von Kinderpornografie im Darknet – mehrere Plattformbetreiber festgenommen, Pressemitteilung v. 03.02.2023, abrufbar unter: https://www.polizei.bayern.de/aktuelles/pressemitteilungen/043303/index.html (abgerufen am 01.03.2023).

Chaträume für verschiedene sexuelle Vorlieben eingerichtet.[266] Beispielsweise gab es einen speziellen Bereich für Missbrauchsabbildungen von Kleinkindern und ein „No Limits" genannter Chat, in welchem Videos von getöteten und anschließend missbrauchten Kindern geteilt wurden. Zugang zu dieser Plattform erhielt man nur nach Bereitstellen großer Mengen kinderpornographischen Materials sowie anschließender Einladung durch die Administratoren.[267]

3.3. *Zwischenergebnis*

Die Evidenz der Kriminalität im *Darknet* lässt sich nicht von der Hand weisen. Die dargestellten Studien sowie internationalen Ermittlungserfolge belegen, dass das *Darknet* tatsächlich Handelsplatz für Straftaten und illegale Güter jedweder Art ist. Welches Ausmaß die Kriminalität im *Darknet* erreicht, lässt sich dagegen nur schwer abschätzen. Sie ist zumindest nicht bloß im unteren Bereich anzusiedeln. Vorhandene kriminelle Strukturen und die von ihnen ausgehende Bedrohungslage sollten insoweit weder bagatellisiert noch unterschätzt werden.

---

266 *BLKA*, Verbreitung von Kinderpornografie im Darknet – mehrere Plattformbetreiber festgenommen, Pressemitteilung v. 03.02.2023, abrufbar unter: https://www.polizei.bayern.de/aktuelles/pressemitteilungen/043303/index.html (abgerufen am 01.03.2023).

267 *BLKA*, Verbreitung von Kinderpornografie im Darknet – mehrere Plattformbetreiber festgenommen, Pressemitteilung v. 03.02.2023, abrufbar unter: https://www.polizei.bayern.de/aktuelles/pressemitteilungen/043303/index.html (abgerufen am 01.03.2023).

Rechtsdogmatische Untersuchung strafprozessualer Ermittlungsbefugnisse im Darknet

Den Erkenntnissen der rechtstatsächlichen Untersuchung folgend ist festzuhalten, dass Kriminelle im *Darknet* eine ganze Bandbreite teils schwerer Straftaten begehen, die es durch die Strafverfolgungsbehörden aufzuklären gilt. Während auf Ebene des Kern und Nebenstrafrechts die Frage nach weiterem Handlungsbedarf hinsichtlich der materiellen Strafbarkeit krimineller Handlungen im *Darknet* bereits ausgiebig diskutiert wurde,[268] bewegen sich die Maßnahmen zur Strafverfolgung im *Darknet* zum Teil im rechtlichen Graubereich. In diesem Kapitel soll daher der Frage nachgegangen werden, wie es den Strafverfolgungsbehörden trotz Anonymisierungstechnologien gelingen kann, tatverdächtige Personen im *Darknet* zu identifizieren und Straftaten aufzuklären. Ziel ist dabei, eine Diskussionsgrundlage für mögliche Ermittlungsansätze bei der Strafverfolgung im *Darknet* zu schaffen, ohne dabei die Legitimität der Anonymisierungstechnologien grundlegend in Frage zu stellen. Einleitend werden hierfür zunächst die verfassungsrechtlichen Rahmenbedingungen herausgearbeitet, die konkrete Anforderungen und Grenzen an Legitimation und Ausgestaltung strafprozessualer Maßnahmen stellen. Anschließend wird summarisch zusammengefasst, warum „klassische" Ermittlungsmaßnahmen, die insbesondere im *Clearnet* standardmäßig zur Anwendung kommen, aufgrund der technischen Konzeption des *Darknets* überwiegend wirkungslos bleiben. Hiernach folgt der Schwerpunkt der Arbeit, der eine rechtsdogmatische Untersuchung neuer

---

268 Hierzu ausführlich *Wüst*, Die Underground Economy des Darknets; *Wittmer*, Straftaten und Strafverfolgung im Darknet, 86 ff.; *Zöller*, KriPoZ 2019, 274 (277 ff.).

Ermittlungsansätze, die in der Strafverfolgungspraxis als besonders vielversprechend diskutiert werden, zum Gegenstand hat.

1. Verfassungsrechtliche Rahmenbedingungen

Bei der Entwicklung neuer Ermittlungsansätze für die Strafverfolgung im *Darknet* müssen Strafverfolgungsbehörden verfassungsrechtliche Anforderungen berücksichtigen. Denn das Strafprozessrecht ist in besonderem Maße vom Verfassungsrecht geprägt.[269] Nicht ohne Grund wird es als konkretisiertes oder angewandtes Verfassungsrecht bezeichnet.[270] Neben allgemeinen rechtsstaatlichen Anforderungen ist damit insbesondere die Grundrechtssensibilität strafprozessualer Ermittlungsmaßnahmen gemeint.[271] Hier wird das konfliktträchtige Verhältnis zwischen Staat und Grundrechtstragenden, das auf die Dichotomie zwischen staatlichem Strafverfolgungsanspruch und dem Schutz der individuellen Freiheitssphäre zurückzuführen ist, besonders deutlich.[272] Da die Grundrechte in ihrer Funktion als Abwehrrechte den Freiheitsraum Grundrechtstragender vor staatlichen Übergriffen schützen sollen,[273] bedarf jede strafprozessuale Zwangsmaßnahme einer verfassungskonformen Rechtfertigung. Die im Folgenden dargestellten verfassungsrechtlichen Rahmenbedingungen formen den hierfür anzulegenden Maßstab. Sie setzen sich zusammen aus den einschlägigen verfassungsrechtlichen Grundsätzen sowie dem Grundrechtsschutz im *Darknet*.

1.1. Verfassungsrechtliche Grundsätze

Zu den verfassungsrechtlichen Grundsätzen, die für strafprozessuale Ermittlungsmaßnahmen von wesentlicher Bedeutung sind, zählen der Vorbehalt des Gesetzes, der Grundsatz der Normenbestimmtheit und Normenklarheit, der Verhältnismäßigkeitsgrundsatz sowie das Analogieverbot.

---

269 *Jahn*, JuS 2006, 946 (946).

270 BVerfGE 32, 373 (393); BGHSt 19, 325 (330); *Jahn*, ZIS 2009, 511 (511); *Bauer*, Soziale Netzwerke und strafprozessuale Ermittlungen, 65.

271 *Kudlich*, GA 2011, 193 (194).

272 *Jahn*, JuS 2006, 946 (946); *Bauer*, Soziale Netzwerke und strafprozessuale Ermittlungen, 65.

273 *Dreier*, in: Dreier, GG, Vorbem. Art. 1 Rn. 84.

1.1.1. Grundsatz des Vorbehalts des Gesetzes

Der allgemeine Vorbehalt des Gesetzes gehört zu den bedeutendsten Grundsätzen der rechtsstaatlichen und demokratischen Ordnung.[274] Er bestimmt, dass hoheitliche Eingriffe in subjektive Rechte nur aufgrund einer gesetzlichen Grundlage ergehen dürfen.[275] Insbesondere Grundrechtseingriffe sollen durch ihn vorhersehbar und berechenbar werden.[276] Zwar ist der Grundsatz nicht ausdrücklich in der Verfassung normiert, sein Verfassungsrang ist jedoch unbestritten. Das Bundesverfassungsgericht leitet ihn aus dem Rechtsstaatsprinzip aus Art. 20 Abs. 3 GG sowie dem Demokratieprinzip gem. Art. 20 Abs. 2 GG ab.[277]

Die vom Bundesverfassungsgericht entwickelte Wesentlichkeitstheorie konkretisiert den Grundsatz des Vorbehalts des Gesetzes dahingehend, dass die Legislative wesentliche Entscheidungen in grundlegenden normativen Bereichen selbst regeln muss.[278] Insoweit besteht ein Delegationsverbot an die Exekutive.[279] Darunter fallen insbesondere Fragen, die die Verwirklichung von Grundrechten betreffen.[280] Die Wesentlichkeitstheorie zielt damit zwar primär auf die normsetzende Kompetenz ab. Für den Bereich der normausübenden Kompetenz lässt sich jedoch daraus schließen, dass Maßnahmen mit substanzieller Grundrechtrelevanz eines formellen Gesetzes bedürfen.[281] Für das strafrechtliche Ermittlungsverfahren bedeutet dies, dass grundrechtsrelevante Ermittlungsmaßnahmen nur auf Grundlage einer Ermächtigungsgrundlage in Form eines formellen Gesetzes ergehen dürfen.

---

[274] *Voßkuhle*, JuS 2007, 118 (118).

[275] *Sachs*, in: Sachs, GG, Art. 20 Rn. 113; *Sommermann*, in: v. Mangoldt/Klein/Starck, GG, Art. 20 Rn. 273; *Voßkuhle*, JuS 2007, 118 (118).

[276] *Huster/Rux*, in: Epping/Hillgruber, BeckOK GG, Art. 20 Rn. 173.

[277] BVerfGE 45, 400 (417 f.); BVerfGE 48, 210 (221); BVerfGE 58, 257 (268); BVerfGE 83, 130 (142).

[278] BVerfGE 61, 260 (275); BVerfGE 83, 130 (142); BVerfGE 95, 267 (307 f.); BVerfGE 134, 141 (184).

[279] BVerfGE 33, 125 (158); BVerfGE 34, 52 (60); BVerfGE 47, 46 (78 f.); BVerfGE 83, 130 (142); *Sommermann*, in: v. Mangoldt/Klein/Starck, GG, Art. 20 Rn. 273.

[280] BVerfGE 47, 46 (78 f.); BVerfGE 83, 130 (142); BVerfGE 95, 267 (308); *Jarass*, in: Jarass/Pieroth, GG, Art. 20 Rn. 72.

[281] BVerfGE 95, 267 (308); *Jarass*, in: Jarass/Pieroth, GG, Art. 20 Rn. 72.

1.1.2. Gebot der Normenbestimmtheit und Normenklarheit

Das Gebot der Normenbestimmtheit und Normenklarheit betrifft die Anforderungen an Tragweite und Verständlichkeit von Normen. Literatur und Rechtsprechung leiten es sowohl aus dem Rechtsstaatsprinzip (Art. 20 Abs. 3 GG) als auch den einzelnen Grundrechten ab.[282] Es besagt, dass Anlass, Zweck und Grenzen eines Grundrechtseingriffs in der gesetzlichen Ermächtigungsgrundlage festzulegen sind.[283] Die Legislative ist demnach gehalten, Regelungen so bestimmt zu fassen, wie dies nach der Eigenart des zu regelnden Lebenssachverhalts mit Rücksicht auf den Normzweck möglich ist.[284] Darüber hinaus muss der Gesetzeswortlaut sprachlich verständlich, redaktionell genau und in sich widerspruchsfrei sein.[285] Der Grundsatz sichert insoweit den Schutz vor staatlicher Willkür.[286] Er soll gewährleisten, dass sich die betroffene Person auf mögliche grundrechtseingreifende Maßnahmen einstellen bzw. ihr Verhalten danach ausrichten kann, die gesetzesausführende Exekutive steuernde sowie begrenzende Handlungsmaßstäbe vorfindet und die Judikative rechtliche Kontrolle durchführen kann.[287] Die konkreten Anforderungen an die Bestimmtheit und Klarheit einer Norm richten sich dabei nach der Schwere des Grundrechtseingriffs: Je mehr die Regelung in

---

282 BVerfGE 118, 168 (186); BVerfGE 120, 274 (315 f.); *Jarass*, in: Jarass/Pieroth, GG, Art. 20 Rn. 82; *Gersdorf*, in: BeckOK Informations- und Medienrecht, Art. 10 Rn. 36.

283 Letztlich sind im Grundsatz der Normenbestimmtheit und Normenklarheit die beiden rechtsstaatlichen Institute des Bestimmtheitsgrundsatzes sowie des Grundsatzes der Normenklarheit verankert. Zwar intendiert der Bestimmtheitsgrundsatz die inhaltliche Aussagekraft eines Gesetzes, während der Grundsatz der Normenklarheit auf die sprachliche Gestaltung eines Gesetzes abzielt. Beide Grundsätze lassen sich jedoch nicht immer eindeutig voneinander abgrenzen und werden daher regelmäßig unter dem Grundsatz der Normenbestimmtheit und Normenklarheit zusammengefasst, vgl. BVerfGE 110, 33 (53); BVerfGE 113, 348 (375 ff.); BVerfGE 128, 282 (317); eine differenzierende Darstellung findet sich in BVerfGE 59, 104 (114); BVerfGE 108, 52 (74); BVerfGE 154, 152 (237 f.); *Jarass*, in: Jarass/Pieroth, GG, Art. 20 Rn. 82 ff.

284 BVerfGE 47, 109 (121); BVerfGE 49, 168 (181); BVerfGE 59, 104 (114); BVerfGE 71, 108 (115); BVerfGE 134, 141 (184).

285 BVerfGE 38, 61 (82); BVerfGE 114, 196 (252); BVerfGE 127, 335 (344); BVerfGE 128, 282 (318).

286 BVerfGE 85, 69 (73); BVerfGE 113, 348 (376); BVerfGE 118, 168 (187); *Bauer*, Soziale Netzwerke und strafprozessuale Ermittlungen, 71.

287 BVerfGE 110, 33 (53); BVerfGE 113, 348 (375); BVerfGE 118, 168 (186); BVerfGE 120, 274 (315 f.).

die Grundrechtsstellung der betroffenen Person eingreift, desto höher sind die Anforderungen an die Normenbestimmtheit und -klarheit.[288]

Die Auslegungsbedürftigkeit einer Norm steht dem Gebot der Normenbestimmtheit und Normenklarheit dabei nicht entgegen.[289] Die Verwendung auslegungsbedürftiger Begriffe ist grundsätzlich zulässig.[290] Entscheidend ist, dass die Auslegung der Norm mit herkömmlichen juristischen Methoden gelingt.[291]

1.1.3. Verhältnismäßigkeitsgrundsatz

Eine weitere wichtige Begrenzung strafprozessualer Eingriffsbefugnisse bildet der Verhältnismäßigkeitsgrundsatz. Zwar ist auch dieser allgemeine verfassungsrechtliche Grundsatz nicht ausdrücklich im Grundgesetz normiert. Sein verfassungsrechtlicher Rang wird jedoch aus dem Rechtsstaatsprinzip (Art. 20 Abs. 3 GG) und dem Wesen der Grundrechte hergeleitet.[292]

Als Prüfprogramm gibt der Verhältnismäßigkeitsgrundsatz vor, dass jede hoheitliche Maßnahme einen legitimen Zweck verfolgen und hierfür geeignet, erforderlich und angemessen sein muss.[293] Ein legitimer Zweck lässt sich im Rahmen des Strafprozessrechts grundsätzlich bejahen. Schließlich handelt es sich bei der effektiven Strafverfolgung um ein legitimes Gemeinwohlziel.[294] Die eigentliche Verhältnismäßigkeitsprüfung beginnt im strafprozessualen Kontext daher mit der Frage nach der Geeignetheit des Mittels.[295] Geeignet ist ein Mittel dann, wenn es den gewünschten Erfolg zumindest

---

288 BVerfGE 58, 257 (278); BVerfGE 110, 33 (55); BVerfGE 113, 348 (375 f.); BVerfGE 128, 282 (318); *Gersdorf*, in: BeckOK Informations und Medienrecht, GG Art. 10 Rn. 36.

289 BVerfGE 17, 67 (82); BVerfGE 83, 130 (145); BVerfGE 85, 69 (73); BVerfGE 128, 282 (317).

290 BVerfGE 11, 234 (237); BVerfGE 28, 175 (183); BVerfGE 47, 109 (120 f.); BVerfGE 85, 69 (73).

291 BVerfGE 17, 67 (82); BVerfGE 83, 130 (145); BVerfGE 103, 332 (384).

292 BVerfGE 17, 306 (314); BVerfGE 19, 342 (348 f.); BVerfGE 23, 127 (133); BVerfGE 29, 312 (316); BVerfGE 61, 126 (134); BVerfGE 69, 1 (53); BVerfGE 111, 54 (82); *Kotzur*, in: Münch/Kunig, GG, Art. 20 Rn. 163.

293 BVerfGE 109, 279 (335 ff.); BVerfGE 120, 274 (318 f.); *Voßkuhle*, JuS 2007, 429 (430); *Kotzur*, in: Münch/Kunig, GG, Art. 20 Rn. 163.

294 BVerfGE 100, 313 (389); BVerfGE 115, 166 (192); BVerfGE 124, 43 (61 f.).

295 *Wienbracke*, ZJS 2013, 148 (150).

fördert.[296] Die abstrakte Möglichkeit der Zweckerreichung reicht hierfür aus.[297] Sofern sich das eingesetzte Mittel als geeignet erweist, folgt die Prüfung der Erforderlichkeit. Erforderlich ist nur das mildeste, also das am wenigsten grundrechtseinschränkende unter allen gleich geeigneten Mitteln.[298] Dieser Prüfungspunkt ist insbesondere bei heimlichen Maßnahmen, wie sie im Ermittlungsverfahren regelmäßig zur Anwendung kommen, richtungsweisend.[299] Dabei ist zu prüfen, ob die offene Ausforschung des Sachverhalts eine gleich geeignete, aber weniger grundrechtseinschränkende Maßnahme wäre.[300] Denn im Gegensatz zu präventiven polizeilichen Maßnahmen geht es bei repressiven Ermittlungsmaßnahmen gerade nicht um die Vereitelung des Untersuchungszwecks, sondern um die nachträgliche Sachverhaltsaufklärung.[301] Die Heimlichkeit einer Maßnahme ist daher nicht immer erforderlich.[302] Die Maßnahme muss überdies angemessen sein. Angemessen ist das Mittel, wenn die Schwere des Eingriffs bei einer Gesamtabwägung nicht außer Verhältnis zum Gewicht der ihn rechtfertigenden Gründe steht.[303] Dafür sind die sich gegenüberstehenden Positionen zu benennen und gegeneinander abzuwägen.[304] Im hiesigen Kontext ist insoweit das Interesse an der Funktionsfähigkeit der Strafrechtspflege unter Berücksichtigung der Schwere von Tatvorwurf und Verdachtsgrad sowie dem Sicherungs und Erkenntniswert der Maßnahme mit der Schwere des Grundrechtseingriffs für die betroffene Person abzuwägen.[305] Hierbei sind auch die Interessen Drittbetroffener zu berücksichtigen, soweit sich diese durch eine Ermittlungsmaßnahme

---

296 BVerfGE 30, 292 (316); BVerfGE 63, 88 (115); BVerfGE 67, 157 (175); BVerfGE 100, 313 (373).

297 BVerfGE 67, 157 (175); BVerfGE 100, 313 (373); BVerfGE 115, 276 (308).

298 BVerfGE 30, 292 (316); BVerfGE 63, 88 (115); BVerfGE 67, 157 (176); BVerfGE 100, 313 (375).

299 *Bauer*, Soziale Netzwerke und strafprozessuale Ermittlungen, 90.

300 BVerfGE 125, 260 (336); *Bauer*, Soziale Netzwerke und strafprozessuale Ermittlungen, 90.

301 *Bauer*, Soziale Netzwerke und strafprozessuale Ermittlungen, 90.

302 *Bauer*, Soziale Netzwerke und strafprozessuale Ermittlungen, 90.

303 BVerfGE 90, 145 (173); BVerfGE 100, 313 (375 f.); BVerfGE 113, 348 (382), BVerfGE 118, 168 (195); *Voßkuhle*, JuS 2007, 429 (430).

304 *Voßkuhle*, JuS 2007, 429 (430); *Wienbracke*, ZJS 2013, 148 (153).

305 BVerfGE 107, 299 (318 ff.); BVerfGE 109, 279 (351); *Bauer*, Soziale Netzwerke und strafprozessuale Ermittlungen, 87.

in ihrer Grundrechtsausübung gehemmt fühlen („chilling effects").[306] Strafprozessuale Eingriffsbefugnisse befinden sich insoweit regelmäßig im Spannungsfeld zwischen Strafverfolgungsinteresse und individueller Freiheitssphäre aller betroffenen Personen.[307]

1.1.4. Analogieverbot

Das Analogieverbot ist ein vornehmlich prozessualer Verfassungsgrundsatz, der eine grundrechtsgleiche Gewährleistung enthält. Aus diesem Grund bezeichnet man ihn auch als Prozess oder Justizgrundrecht.[308]

Dem Analogieverbot kommt vor allem im materiellen Strafrecht eine herausragende Bedeutung zu. Dies liegt in erster Linie an der Sonderstellung des materiellen Strafrechts.[309] Die strafrechtliche Verurteilung ist mit dem sozialethischen Vorwurf der Schädigung grundlegender gesellschaftlicher Interessen verbunden.[310] Aus diesem Grund darf eine Tat gem. Art. 103 Abs. 2 GG nur dann bestraft werden, wenn die Strafbarkeit gesetzlich bestimmt war, bevor die Tat begangen wurde (nulla poena sine lege stricta).

Im Strafverfahrensrecht kommt das Analogieverbot nur eingeschränkt zur Anwendung.[311] Denn anders als im materiellen Strafrecht ist die Einleitung eines Strafverfahrens bereits durch die Unschuldsvermutung und das Erfordernis eines Verdachtsgrades beschränkt.[312] Es entspricht daher dem verbreiteten Verständnis, dass eine Ermittlungsmaßnahme auf Grundlage einer gesetzlichen Ermächtigungsgrundlage auch dann ergehen darf, wenn der Normwortlaut zwar keinen unmittelbaren Bezug zur Beweiserhebungsmethode aufzeigt, die Rechtsgrundlage aber einer entsprechenden Auslegung

---

306 BVerfGE 100, 313 (376); BVerfGE 107, 299 (328); BVerfGE 120, 378 (402); *Bauer*, Soziale Netzwerke und strafprozessuale Ermittlungen, 92.

307 *Bauer*, Soziale Netzwerke und strafprozessuale Ermittlungen, 87.

308 *Schulze-Fielitz*, in: Dreier, GG, Art. 103 Abs. 2 Rn. 16; *Schroeder*, JA 2010, 167 (167).

309 *Kudlich*, in: MüKo-StPO, Einl. Rn. 97; *Bauer*, Soziale Netzwerke und strafprozessuale Ermittlungen, 80.

310 *Kudlich*, in: MüKo-StPO, Einl. Rn. 97; *Bauer*, Soziale Netzwerke und strafprozessuale Ermittlungen, 80.

311 *Roggan*, NJW 2015, 1995 (1995); *Kudlich*, in: MüKo-StPO, Einl. Rn. 602 ff.; *Beulke*, in: Satzger/Schluckebier/Widmaier, StPO, Einl. Rn. 29.

312 *Kudlich*, in: MüKo-StPO, Einl. Rn. 97; *Bauer*, Soziale Netzwerke und strafprozessuale Ermittlungen, 80.

zugeführt werden kann.[313] Die juristischen Auslegungsgrenzen dürfen indes nicht überschritten werden. Anderenfalls handelt es sich um eine unzulässige Analogie.[314] Insoweit korrespondiert das an die Exekutive und Judikative gerichtete Analogieverbot mit dem an die Legislative gerichteten Bestimmtheitsgebot.[315]

1.2. Grundrechtlicher Schutz von Anonymität und Verschlüsselung im Darknet

Neben der Einhaltung der dargestellten verfassungsrechtlichen Grundsätze ist die Grundrechtsrelevanz strafprozessualer Ermittlungsmaßnahmen von entscheidender Bedeutung für die rechtliche Zulässigkeit. Hiernach bestimmt sich, ob es einer gesetzlichen Ermächtigungsgrundlage bedarf und wenn ja, welche konkreten Anforderungen an diese zu stellen sind. Die speziellen grundrechtlichen Gesetzesvorbehalte konturieren insoweit den allgemeinen Vorbehalt des Gesetzes, da sie festlegen, ob und in welchem Umfang das betroffene Grundrecht durch staatliches Handeln eingeschränkt werden darf.[316]

Obwohl im weiteren Verlauf der Arbeit auf die konkrete Grundrechtsrelevanz einzelner Ermittlungsmaßnahmen nochmal gesondert eingegangen wird, sollen an dieser Stelle die grundrechtlichen Schutzbereiche, die im *Darknet* regelmäßig von Bedeutung sind, einführend skizziert werden. Auf diese Weise lässt sich ein erster Eindruck der grundrechtlichen Dimension für die Strafverfolgung im *Darknet* vermitteln.

Die Funktionsweise des *Darknets* zielt auf Nutzeranonymität und Vertraulichkeit des Informationsaustauschs über das Internet ab. Beide Aspekte sind im Grundgesetz durch das Zusammenwirken mehrere Grundrechte garantiert. Hierzu zählen vornehmlich das Telekommunikationsgeheimnis aus Art. 10 Abs. 1 Var. 3 GG sowie das allgemeine Persönlichkeitsrecht aus Art. 2 Abs. 1 i. V. m. Art. 1 Abs. 1 GG in seinen Ausprägungen als Recht auf

---

313 *Roggan*, NJW 2015, 1995 (1999); *Bell*, Strafverfolgung und die Cloud, 58.

314 BVerfGE 126, 170 (197); *Kunig/Saliger*, in: Münch/Kunig, GG, Art. 103 Rn. 41; *Honsell*, ZfPW 2016, 106 (122 f.).

315 BVerfGE 75, 329 (340); BVerfGE 126, 170 (194); *Kunig/Saliger*, in: Münch/Kunig, GG, Art. 103 Rn. 41.

316 *Sachs*, in: Sachs, GG, Art. 20 Rn. 113; *Jarass*, in: Jarass/Pieroth, GG, Art. 20 Rn. 70.

informationelle Selbstbestimmung und Gewährleistung der Vertraulichkeit und Integrität informationstechnischer Systeme.

1.2.1. Telekommunikationsgeheimnis, Art. 10 Abs. 1 Var. 3 GG

Allgemeines Schutzgut des Art. 10 Abs. 1 GG ist die freie Entfaltung der Persönlichkeit durch einen privaten, vor den Augen der Öffentlichkeit verborgenen Austausch von Informationen, wenn dieser wegen der räumlichen Distanz zwischen den Beteiligten auf eine Übermittlung durch andere angewiesen und deshalb in besonderer Weise dem Zugriff Dritter ausgesetzt ist.[317] Das als dritte Variante aufgeführte Telekommunikationsgeheimnis betrifft spezifisch die unkörperliche Übermittlung von vertraulichen Informationen im Telekommunikationsverkehr.[318] Es wird daher auch als „Fernmeldegeheimnis" oder „Telekommunikationsfreiheit" bezeichnet.[319]

1.2.1.1. Schutzbereich

Das Telekommunikationsgeheimnis schützt den vertraulichen Kommunikationsvorgang im Telekommunikationsverkehr.[320] Sein Schutzbereich umfasst dabei nicht nur den Kommunikationsinhalt, sondern auch Informationen über die näheren Umstände der zugrunde liegenden Kommunikationsbeziehung.[321] Hierunter fallen Informationen über die Identität der Kommunikationsbeteiligten, Ort, Zeit sowie Art und Weise des Kommunikationsvorgangs.[322] Bei der Internetkommunikation zählen beispielsweise IP-Adressen zu den näheren Umständen eines Telekommunikationsvorgangs, da sie bei jedem Kommunikationsvorgang mitübertragen werden.[323]

---

317 BVerfGE 67, 157 (171); BVerfGE 85, 386 (396).

318 BVerfGE 67, 157 (172); BVerfGE 106, 28 (36 f.); BVerfGE 115, 166 (182).

319 BVerfGE 122, 63 (87); BVerfGE 125, 260 (338); *Papier*, NVwZ 2016, 1057 (1057). *Papier*, NVwZ 2016, 1057 (1057); *Jarass*, in: Jarass/Pieroth, GG, Art 10 Rn. 5.

320 BVerfGE 67, 157 (172); BVerfGE 85, 386 (396).

321 BVerfGE 67, 157 (172); BVerfGE 85, 386 (396); BVerfGE 107, 299 (312 f.); BVerfGE 124, 43 (54); *Jarass*, in: Jarass/Pieroth, GG, Art 10 Rn. 8.

322 BVerfGE 67, 157 (172); BVerfGE 107, 299 (312 f.); BVerfGE 115, 166 (183); *Jarass*, in: Jarass/Pieroth, GG, Art 10 Rn. 8.

323 BVerfG, Beschl. v. 13.11.2010 – 2 BvR 1124/10, juris Rn. 12.

Das Telekommunikationsgeheimnis ist nicht auf bestimmte Technologien oder Telekommunikationsdienste begrenzt.[324] Es gilt vielmehr als entwicklungsoffen.[325] Der sachliche Schutzbereich erstreckt sich daher auf sämtliche Übertragungstechniken, die die unkörperliche Übermittlung von Informationen über eine räumliche Distanz ermöglichen.[326] Hierzu gehört auch das *Darknet*.[327]

Ob Informationen über einen Telekommunikationsvorgang im *Darknet* grundrechtlichen Schutz genießen, lässt sich indes nicht pauschal beantworten. Dies hängt maßgeblich davon ab, inwieweit die betroffenen Informationen vertraulich sind. Vertraulich ist eine Kommunikation nur dann, wenn sie sich an einen individualisierbaren Adressatenkreis richtet und die Informationen vor der ungewollten Kenntnisnahme Dritter geschützt sind.[328] Anderenfalls ist das Vertrauen in ihre Vertraulichkeit nicht schutzwürdig.[329] Im *Darknet* sind all jene Informationen zu einem Kommunikationsvorgang als vertraulich zu bewerten, die die Software verschlüsselt und somit die Kenntnisnahme Dritter unterbindet. Hierzu zählen vornehmlich die die Kommunikationsbeteiligen identifizierenden Informationen, wie beispielsweise die IP-Adresse.[330] Bezüglich des Kommunikationsinhalts ist dagegen zu differenzieren: Von einem grundsätzlich schutzwürdigen Vertrauen in die Vertraulichkeit des Kommunikationsinhalts ist nur dann auszugehen, wenn die Kommunikation in kleineren, privaten *Darknets* stattfindet, zu denen nur ein ausgewählter individualisierbarer Nutzerkreis Zugang hat.[331] Hier dient

---

324 BVerfGE 67, 157 (172); BVerfGE 106, 28 (35); BVerfGE 115, 166 (182 f.); BVerfGE 124, 43 (54).

325 BVerfGE 67, 157 (172); BVerfGE 106, 28 (35); BVerfGE 115, 166 (182 f.); BVerfGE 124, 43 (54).

326 BVerfGE 67, 157 (172); BVerfGE 106, 28 (35); BVerfGE 115, 166 (182f.); BVerfGE 124, 43 (54);*Jarass*, in: Jarass/Pieroth, GG, Art 10 Rn. 5.

327 *Martini*, in: Münch/Kunig, GG, Art. 10 Rn. 213 ff.; wohl auch *Thiesen*, MMR 2014, 803 (805 f.); *Safferling/Rückert*, Konrad-Adenauer-Stiftung Analysen & Argumente 2018, 5.

328 *Gusy*, in: v. Mangoldt/Klein/Starck, GG, Art. 10 Rn. 62;*Jarass*, in: Jarass/Pieroth, GG, Art. 10 Rn. 6.

329 *Gusy*, in: v. Mangoldt/Klein/Starck, GG, Art. 10 Rn. 62

330 BVerfG, Beschl. v. 13.11.2010 – 2 BvR 11241/10, juris Rn. 12.

331 Wie beispielsweise das Freenet-Darknet im Freund-zu-Freund-Modus; *Rückert*, ZStW 2017, 302 (311 f.).

das *Darknet* als echte Zugangsbeschränkung, die die Vertraulichkeit des Kommunikationsinhalts sicherstellen und vor ungewollter Kenntnisnahme Dritter schützen soll. Die Nutzung des *Darknets* ist in diesem Fall vergleichbar mit der Verwendung eines Briefumschlags, der den Inhalt vor der unbefugten Kenntnisnahme Dritter schützt.[332] Eine differenziertere Betrachtung bedarf es hingegen bei einem *Darknet*, das der allgemeinen Öffentlichkeit zugänglich ist.[333] In diesem Fall unterfällt das *Darknet* nicht zwangsläufig in seiner Gesamtheit dem grundrechtlichen Schutzbereich des Telekommunikationsgeheimnisses. Zwar verringert es faktisch den Adressatenkreis, dass sich nur ein kleiner Teil der Internetnutzenden mit der *Darknet*-Software durch das Netz bewegt und Adressen im *Dark Web* nicht allgemein bekannt sind.[334] Ein schutzwürdiges Vertrauen in die Vertraulichkeit der Kommunikation wird dadurch jedoch nicht geschaffen.[335] Ähnlich wie das *Clearnet*[336] können öffentlich zugängliche *Darknets* Träger von Massen-, aber auch Individualkommunikation sein. Es ist folglich danach zu unterscheiden, ob der Kommunikationsinhalt durch weitere Vorkehrungen vor der ungewollten Kenntnisnahme Dritter geschützt ist oder nicht. Ersteres ist beispielsweise dann anzunehmen, wenn es sich um einen passwortgeschützten Chatbereich handelt oder ein Einladungslink erforderlich ist. Anderenfalls handelt es sich lediglich um eine Teilhabe an der Netzwerköffentlichkeit, an der auch staatliche Stellen beteiligt sein können. Denn staatlichen Stellen ist die Nutzung des *Darknets* nicht per se verwehrt.[337] Sie können die betreffenden Informationen daher auf dem technisch dafür vorgesehenen Weg wahrnehmen, ohne in den Kommunikationsvorgang von außen einzugreifen. Mangels Vertraulichkeit des Kommunikationsinhalts ist der Schutzbereich in diesem Fall nicht eröffnet.[338]

Im Übrigen deckt der sachliche Schutzbereich auch keine Risiken ab, die allein im Einfluss und Verantwortungsbereich der Kommunikationsbeteiligten

---

332 *Dietrich*, GSZ 2021, 1 (2).

333 Wie beispielsweise das Tor-Project, I2P oder das *Opennet* von Freenet.

334 *Rückert*, ZStW 2017, 302 (312).

335 *Rückert*, ZStW 2017, 302 (312).

336 Zur Abgrenzung von Massen- und Individualkommunikation im *Clearnet* vgl. *Dreier*, in: Dreier, GG, Art. 10 Rn. 39 f.; *Gusy*, in: v. Mangoldt/Klein/Starck, GG, Art. 10 Rn. 63 f.

337 *Ihwas*, WiJ 2018, 138 (142).

338 *Ihwas*, WiJ 2018, 138 (142).

liegen.[339] Insbesondere das personengebundene Vertrauen der Kommunikationsbeteiligten zueinander genießt keinen grundrechtlichen Schutz durch das Telekommunikationsgeheimnis.[340] Denn das Vertrauen in Identität und Motivation der anderen Kommunikationsbeteiligten betrifft nicht die spezifische Gefährdungslage des Kommunikationsvorgangs.[341]

Zeitlich ist der Schutz des Telekommunikationsgeheimnisses auf die spezifische Gefährdungslage der räumlich distanzierten Kommunikation begrenzt.[342] Diese endet grundsätzlich dann, sobald sich die geschützten Informationen nach Abschluss des Kommunikationsvorgangs im Herrschaftsbereich der Kommunikationsbeteiligten befinden und diese Schutzvorkehrungen gegen den unberechtigten Datenzugriff treffen können.[343] Einen Sonderfall bilden elektronische Daten, die zumindest auch außerhalb des Herrschaftsbereichs gespeichert sind. Dort hält die übermittlungsspezifische Gefährdungslage auch nach Abschluss des Übertragungsvorgangs an.[344] Denn die Daten sind in diesem Fall weiterhin dem Risiko eines unautorisierten Zugriffs ausgesetzt.[345]

1.2.1.2. Einschränkbarkeit

Das Telekommunikationsgeheimnis unterliegt gem. Art. 10 Abs. 2 S. 1 GG einem einfachen Gesetzesvorbehalt. Ein unter einfachem Gesetzesvorbehalt stehendes Grundrecht kann grundsätzlich durch jedes formell und materiell verfassungsmäßige Gesetz eingeschränkt werden. Wegen der hohen Eingriffsintensität, die zumindest von heimlichen Informationseingriffen ausgeht, hält das Bundesverfassungsgericht darüber hinaus verfahrensrechtliche Vorkehrungen für unabdingbar, um die Interessen der Betroffenen

339 BVerfGE 85, 386 (399); BVerfGE 106, 28 (37 f.).

340 BVerfGE 85, 386 (399); BVerfGE 106, 28 (37); BVerfGE 120, 274, (341); *Gusy*, in: v. Mangoldt/Klein/Starck, GG, Art. 10 Rn. 70.

341 BVerfGE 106, 28 (38); BVerfG 120, 274 (341); *Martini*, in: Münch/Kunig, GG, Art. 10 Rn. 29.

342 *Durner*, in: Maunz/Dürig, GG, Art. 10 GG Rn. 124; *Martini*, in: Münch/Kunig, GG, Art. 10 Rn. 75.

343 BVerfGE 115, 166 (184); BVerfGE 120, 274 (307 f.); *Durner*, in: Maunz/Dürig, GG, Art. 10 GG Rn. 124; *Martini*, in: Münch/Kunig, GG, Art. 10 Rn. 39.

344 *Martini*, in: Münch/Kunig, GG, Art. 10 Rn. 41; *Schwabenbauer*, AöR 2012, 1 (15);.); *Durner*, in: Maunz/Dürig, GG, Art. 10 GG Rn. 124.

345 *Martini*, in: Münch/Kunig, GG, Art. 10 Rn. 41; *Schwabenbauer*, AöR 2012, 1 (15).

hinreichend zu sichern. Hierzu zählt die Pflicht zur nachträglichen Unterrichtung der betroffenen Person und dass die staatliche Maßnahme unter Richtervorbehalt steht.[346]

1.2.2. Allgemeines Persönlichkeitsrecht, Art. 2 Abs. 1 i. V. m. Art. 1 Abs. 1 GG

Das allgemeine Persönlichkeitsrecht schützt die freie Entfaltung der eigenen Persönlichkeit vor staatlichen Eingriffen.[347] Es wurde vom Bundesverfassungsgericht als eigenständiges Grundrecht entwickelt und fortwährend geprägt.[348] Abgeleitet wird es aus Art. 2 Abs. 1 i. V. m. Art. 1 Abs. 1 GG.[349]

1.2.2.1. Schutzbereich

Der Schutzbereich des allgemeinen Persönlichkeitsrechts umfasst den autonomen Bereich privater Lebensgestaltung, in dem der Einzelne seine Individualität entwickeln und wahren kann.[350] Geschützt wird insoweit die engere Lebenssphäre und die Erhaltung ihrer Grundbedingungen, die nicht durch die anderen grundrechtlichen Freiheitsrechte abschließend erfasst sind.[351] Die einzelnen Ausprägungen des allgemeinen Persönlichkeitsrechts lassen sich dabei nicht letztgültig bestimmen.[352] Es handelt sich insoweit um ein komplexes und facettenreiches Grundrecht. Zwar hat das Bundverfassungsgericht in seiner Rechtsprechung bereits vielfältige Ausprägungen des Schutzbereichs herausgearbeitet. Gleichwohl gilt das allgemeine Persönlichkeitsrecht als entwicklungsoffen, um den gesellschaftlichen Wertvorstellungen und

---

346 BVerfGE 100, 313 (361); BVerfGE 120, 274 (331 f.); zur Ausnahme nach der „Staatschutzklausel in Art. 10 Abs. 2 S. 2 GG siehe *Ogorek*, in: Epping/Hillgruber, BeckOK GG, Art. 10 Rn. 72.

347 BVerfGE 27, 344 (350 f.); BVerfGE 35, 35 (39); BVerfGE 90, 255 (260); BVerfGE 120, 274 (335); *Martini*, JA 2009, 839 (839).

348 BVerfGE 6, 32; BVerfGE 27, 344; BVerfGE 35, 35; BVerfGE 65, 1; BVerfGE 120, 274.

349 BVerfGE 35, 35 (39); BVerfGE 54, 148 (153); BVerfGE 75, 201 (217); BVerfGE 90, 255 (260).

350 BVerfGE 79, 256 (268); *Kunig/Kämmerer*, in: Münch/Kunig, GG, Art. 2 Rn. 58; *Martini*, JA 2009, 839 (840).

351 BVerfGE 54, 148 (153); BVerfGE 79, 256 (268); BVerfGE 96, 56 (61); BVerfGE 121, 69 (90).

352 BVerfGE 54, 148 (153 f.); BVerfGE 79, 256 (268); *Martini*, JA 2009, 839 (840).

Anforderungen der sich stetig fortentwickelnden Informationsgesellschaft zu entsprechen.[353]

Für die Strafverfolgung im *Darknet* weisen vor allem die Ausprägungen des allgemeinen Persönlichkeitsrechts als Recht auf informationelle Selbstbestimmung und als Recht auf Gewährleistung der Vertraulichkeit und Integrität informationstechnischer Systeme eine besonders hohe Relevanz auf. Beide Grundrechte betreffen den Schutz persönlicher Daten. Aus diesem Grund wird im Folgenden nochmal genauer auf sie eingegangen.

1.2.2.1.1. Recht auf informationelle Selbstbestimmung

Das Bundesverfassungsgericht hat das Recht auf informationelle Selbstbestimmung als Ausfluss des allgemeinen Persönlichkeitsrechts erstmals in seinem Volkzählungsurteil anerkannt.[354] Es führt darin aus, dass die freie Entfaltung der Persönlichkeit unter den Bedingungen der modernen Datenverarbeitung den Schutz der einzelnen Person gegen unbegrenzte Erhebung, Speicherung, Verwendung und Weitergabe ihrer persönlichen Daten voraussetzt.[355] Das Recht auf informationelle Selbstbestimmung gewährleistet daher die Befugnis, selbst über die Preisgabe und Verwendung der eigenen personenbezogenen Daten zu bestimmen.[356]

Der Definition des personenbezogenen Datums kommt dabei eine Schlüsselrolle zu, da sie den grundrechtlichen Schutzbereich des Rechts auf informationelle Selbstbestimmung eröffnet. Unter personenbezogenen Daten versteht man Informationen, die sich auf eine identifizierte oder identifizierbare natürliche Person beziehen.[357] Hierunter fallen alle Daten, die Einzelangaben über persönliche oder sachliche Verhältnisse einer bestimmten oder bestimmbaren Person enthalten.[358] Hierzu kann auch die IP-Adresse zählen.[359] Dabei kommt

---

353 BVerfGE 54, 148 (153 f.); BVerfGE 79, 256 (268); *Roßnagel/Schnabel*, NJW 2008, 3534 (3534); *Martini*, JA 2009, 839 (840).

354 BVerfGE 65, 1.

355 BVerfGE 65, 1 (43); so auch in BVerfGE 67, 100 (143); BVerfGE 84, 239 (279); BVerfGE 103, 21 (33).

356 BVerfGE 65, 1 (43); BVerfGE 78, 77 (84); BVerfGE 84, 192 (194); BVerfGE 103, 21 (33).

357 In Anlehnung an § 46 Nr. 1 BDSG, vgl. *Kunig/Kämmerer*, in: Münch/Kunig, GG, Art. 2 Rn. 76.

358 BVerfGE 65, 1 (42); *Kunig/Kämmerer*, in: Münch/Kunig, GG, Art. 2 Rn. 76.

359 BGH, Urteil vom 16.5.2017 – VI ZR 135/13, juris Rn. 26; Schmitz, in: Schmitz, Hdb Multimedia-Recht, Teil 16.2 Rn. 356 ff.

es jedoch nicht auf einen eindeutig personalen Bezug der Daten an.[360] Für die persönlichkeitsrechtliche Bedeutung von Daten ist vielmehr entscheidend, ob sich daraus eine grundrechtsspezifische Gefahrenlage für die Persönlichkeit der betroffenen Person ergibt.[361] Aufgrund der modernen Möglichkeiten der Datenverknüpfung und -auswertung können daher auch anonymisierte oder pseudonymisierte Daten, wie sie im *Darknet* vornehmlich zu finden sind, jedenfalls dann vom grundrechtlichen Schutzbereich erfasst sein, soweit sie sich ggf. unter Hinzuziehung anderer Datensätze einer bestimmten Person oder Personengruppe zuordnen lassen können.[362]

Darüber hinaus schützt das Recht auf informationelle Selbstbestimmung auch das Vertrauen in die Identität und Motivation der anderen Kommunizierenden.[363] Jeder Person ist es grundsätzlich selbst überlassen, darüber zu entscheiden, ob und innerhalb welcher Grenzen sie persönliche Lebenssachverhalte offenbart.[364] Hierfür ist es unabdingbar, dass ihr die Kontrolle obliegt, mit wem sie die Informationen teilt.[365] Das personenbezogene Vertrauen muss allerdings auch schutzwürdig sein.[366] Hierfür ist ausschlaggebend, ob die betroffene Person darauf vertrauen darf, dass ihre Vorstellung von der Identität und Motivation der anderen Kommunikationsbeteiligten mit der Wirklichkeit übereinstimmt.[367] Die Frage nach einem schutzwürdigen personengebundenen Vertrauen ist insbesondere bei verdeckten personalen Ermittlungen, bei denen die Ermittlungsperson mit der Zielperson in eine aktive Kommunikationsbeziehung tritt, von hoher Relevanz, bedarf jedoch einer Einzelfallentscheidung.[368]

---

360 BVerfGE 120, 274 (312).

361 BVerfGE 65, 1 (45); BVerfGE 120, 274, (345); *Kunig/Kämmerer*, in: Münch/Kunig, GG, Art. 2 Rn. 77; *Johannes*, in: Roßnagel/Friedewald/Hansen, Die Fortentwicklung des Datenschutzes, 151 (159).

362 *Rückert*, ZStW 2017, 302 (314); *Pesch/Böhme*, DuD 2017, 93 (95); wohl auch BVerfGE 130,151 (187 f.); a. A. *Soiné*, NStZ 2014, 248 (248 f.).

363 BVerfGE 120, 274 (345); *Singelnstein*, NStZ 2012, 593 (600); *Derin/Golla*, NJW 2019, 1111 (1114).

364 BVerfGE 65, 1 (42); BVerfGE 56, 37 (41 ff.); BVerfGE 63, 131 (142 f.).

365 *Eifert*, NVwZ 2008, 521 (522).

366 BVerfGE 120, 274 (345); *Singelnstein*, NStZ 2012, 593 (600).

367 BVerfGE 120, 274 (345); *Bönisch/Bretschneider*, Die Polizei 2013, 99 (100).

368 Zur Schutzwürdigkeit des personengebundenen Vertrauens im *Darknet* ausführlich s. Kap. 4 Abschn. 2.2.1.3.1.2.

1.2.2.1.2. Recht auf Gewährleistung der Vertraulichkeit und Integrität informationstechnischer Systeme

Das Recht auf Gewährleistung der Vertraulichkeit und Integrität informationstechnischer Systeme als jüngste Ausprägung des Allgemeinen Persönlichkeitsrechts statuierte das Bundesverfassungsgericht erstmals im Jahr 2008 in seiner Entscheidung zur „Online-Durchsuchung“[369]. Das Grundrecht gilt als richterrechtliche Reaktion auf die neuartigen Gefährdungen durch die Informationstechnik und ihre Bedeutung für die freie Entfaltung der Persönlichkeit des Einzelnen.[370] Man bezeichnet es daher auch als „IT-Grundrecht“[371] oder „Computergrundrecht“[372] Zwar handelt es sich um ein „Auffanggrundrecht“, das insbesondere gegenüber dem Telekommunikationsgeheimnis und dem Recht auf informationelle Selbstbestimmung subsidiär zurücktritt.[373] Im Unterschied hierzu schützt es den persönlichen Lebensbereich vor staatlichen Zugriff allerdings auch dann, wenn staatliche Stellen auf ein informationstechnisches System als Ganzes zugreifen.[374]

Wie sich unmittelbar aus seinem Namen ergibt, verbürgt das Recht auf Gewährleistung der Vertraulichkeit und Integrität informationstechnischer Systeme, dass die von einem informationstechnischen System erzeugten, verarbeiteten und gespeicherten Daten vertraulich bleiben und die Integrität des informationstechnischen Systems vor staatlichen – insbesondere heimlichen – Zugriffen auf dessen Leistungen, Funktionen und Speicherinhalte gewährleistet ist.[375] Zum Schutzobjekt zählen ausschließlich Systeme, die aufgrund ihrer technischen Konstruktion personenbezogene Daten in einem Umfang und in einer Vielfalt enthalten, die es ermöglichen, einen Einblick in wesentliche Teile der Lebensgestaltung einer Person zu gewinnen oder gar ein aussagekräftiges Bild ihrer Persönlichkeit zu erhalten.[376]

---

369 BVerfGE 120, 274.

370 BVerfGE 120, 274 (303).

371 *Bauer*, Soziale Netzwerke und strafprozessuale Ermittlungen, 108; *Schmidl*, in: Hauschka/Moosmayer/Lösler, Corporate Compliance, § 28 Rn. 383; *Albrecht*, in: Hoeren/Sieber/Holznagel, Hdb Multimedia-Recht, Teil 28 Rn. 44.

372 *Martini*, JA 2009, 839 (840); *Kutscha*, NJW 2008, 1042 (1044).

373 *Dreier*, in: Dreier, GG, Art. 10 Rn. 45.

374 BVerfGE 120, 274 (314 ff.).

375 BVerfGE 120, 274 (314).

376 BVerfGE 120, 274 (314).

Hierzu zählen nicht nur Computernetzwerke, Rechner und Smartphones.[377] Auch soziale Netzwerke[378] oder andere Speichermedien im Internet, die über entsprechende Datenmengen verfügen, sind vom grundrechtlichen Schutzbereich erfasst.[379] Allerdings ist die Vertraulichkeits und Integritätserwartung nur dann grundrechtlich geschützt, soweit die betroffene Person das informationstechnische System als eigenes nutzt und deshalb davon ausgehen darf, dass sie selbstbestimmt darüber verfügt.[380] Daraus folgt nicht, dass das informationstechnische System in ihrem Eigentum stehen muss.[381] Entscheidend ist vielmehr, dass die Daten nur für die betroffene Person oder andere zur Nutzung berechtigte Personen, nicht aber für Dritte zugänglich sind.[382] Eine entsprechende Vertraulichkeits und Integritätserwartung bei externen Speichermedien lässt sich beispielsweise durch den Einsatz von Passwörtern oder Verschlüsselungsverfahren erreichen, da sie den Zugriff Dritter unterbinden.[383]

Als Computernetzwerk, das eine Vielzahl personenbezogener Daten enthält und übermittelt, die mittels Verschlüsselung vor dem Zugriff Dritter geschützt sind, fällt das *Darknet* bereits in seiner Gesamtheit in den grundrechtlichen Schutzbereich des Rechts auf Gewährleistung der Vertraulichkeit und Integrität informationstechnischer Systeme. Darüber hinaus können aber auch Plattformen im *Dark Web* als ein entsprechend grundrechtlich geschütztes Speichermedium angesehen werden. Ähnlich zu sozialen Medien im *Clear Web* können dort errichtete Accounts persönlichkeitsrechtlich relevante Datenmengen enthalten, bei denen sich der Zugriff Dritter durch die oben genannten Schutzvorkehrungen unterbinden lässt.

---

377 BVerfGE 120, 274 (314); *Roßnagel/Schnabel*, NJW 2008, 3534 (3535); *Kutscha*, NJW 2008, 1042 (1043); *Ihwas*, Strafverfolgung in Sozialen Netzwerken, 92 f.; *Bell*, Strafverfolgung und die Cloud, 74.

378 *Ihwas*, Strafverfolgung in Sozialen Netzwerken, 92 ff.; *Bauer*, Soziale Netzwerke und strafprozessuale Ermittlungen, 245.

379 *Ihwas*, Strafverfolgung in Sozialen Netzwerken, 92; *Bell*, Strafverfolgung und die Cloud, 74.

380 BVerfGE 120, 274 (315).

381 BVerfGE 120, 274 (315); *Ihwas*, Strafverfolgung in Sozialen Netzwerken, 92 f.; *Ambrock*, in: Jandt/Steidle, Datenschutz im Internet, A. II. Rn. 41.

382 BVerfGE 120, 274 (315); *Rückert*, ZStW 2017, 302 (313).

383 *Pagenkopf*, in: Sachs, GG, Art. 10 Rn. 10a; *Dietrich*, GSZ 2021, 1 (2).

1.2.2.2. *Einschränkbarkeit*

Wie das Telekommunikationsgeheimnis aus Art. 10 Abs. 1 Var. 3 GG gewährleistet die Verfassung das allgemeine Persönlichkeitsrecht mit seinen unterschiedlichen Ausprägungen nicht schrankenlos. Es steht unter dem Vorbehalt der Schrankentrias aus Art. 2 Abs. 1 GG. Demnach unterliegen die unterschiedlichen Ausprägungen des allgemeinen Persönlichkeitsrechts den Einschränkungen, die sich aus der verfassungsmäßigen Ordnung, den Rechten anderer und dem Sittengesetz ergeben.[384] Von besonderer Bedeutung ist dabei die Schranke der verfassungsmäßigen Ordnung, die die Gesamtheit aller Normen abbildet, die formell und materiell verfassungsgemäß sind.[385]

1.2.3. Grundrechtlicher Kernbereichsschutz

Jedes der dargestellten Grundrechte dient dem Schutz der freien Entfaltung der Persönlichkeit, die eine enge Nähe zur Unantastbarkeit der Menschenwürde aus Art. 1 Abs. 1 GG aufweist.[386] Nach ständiger Rechtsprechung des Bundesverfassungsgerichts folgt hieraus, dass allen Grundrechtstragenden ein Kernbereich an privater Lebensgestaltung zusteht, die der Einwirkung der öffentlichen Gewalt absolut entzogen und keiner Abwägung zugänglich ist.[387] Dies ist gerade im Bereich der Strafverfolgung, bei der oftmals sensible Lebensbereiche betroffen sind, entsprechend zu berücksichtigen.

Ob eine Information dem unantastbaren Kernbereich zuzuordnen ist, hängt davon ab, ob ihr Inhalt höchstpersönlichen Charakter hat und in welcher Art und Intensität sie die Belange anderer Personen oder der Gemeinschaft berührt.[388] Zu den kernbereichsrelevanten Informationen gehören beispielsweise Ausdrucksformen der Sexualität oder Äußerungen innerster Gefühle.[389] Informationen, die Angaben über die Planung bevorstehender oder Berichte über begangene Straftaten enthalten, sind hingegen nicht dem unantastbaren Kernbereich zuzuordnen.[390]

---

384 BVerfGE 120, 180 (201); *Martini*, JA 2009, 839 (842 f.).

385 BVerfGE 80, 137 (153).

386 *Becker*, NVwZ 2015, 1335 (1337); BVerfGE 27, 1 (6).

387 BVerfGE 27, 1 (6); BVerfGE 34, 238 (245); BVerfGE 109, 279 (313); BVerfGE 113, 348 (391 f.); BVerfGE 120, 274 (335).

388 *Becker*, NVwZ 2015, 1335 (1337); BVerfGE 124, 43 (69 f.).

389 BVerfGE 109, 279 (313); BVerfGE 119, 1 (29 f.); BVerfGE 130, 1 (22).

390 BVerfGE 80, 367 (375); BVerfGE 109, 279 (319); BVerfGE 130, 1 (22).

Um den Kernbereich privater Lebensgestaltung im Rahmen der Strafverfolgung hinreichend zu schützen, bemüht sich das Bundesverfassungsgericht in seiner Rechtsprechung regelmäßig um Indikatoren für kernbereichsrelevante Sachverhalte, die Ermittlungsbehörden und Strafgerichte vor Beginn einer Maßnahme bei Erstellung ihrer Prognose, inwieweit kernbereichsrelevante Informationen betroffen sein werden, zu beachten haben.[391] Hierzu zählen beispielsweise die Art der Räumlichkeit sowie die Anwesenheit von Personen höchstpersönlichen Vertrauens.[392] Da sich aber oftmals erst im Rahmen der Auswertung erhobener Daten feststellen lässt, ob kernbereichsrelevante Informationen enthalten sind, lässt das Bundesverfassungsgericht die Einhaltung eines zweistufigen Schutzkonzepts genügen.[393] Danach müssen gesetzliche Eingriffsnormen zunächst darauf hinwirken, dass die Verarbeitung kernbereichsrelevanter Daten unterbleibt.[394] Soweit dennoch Daten mit Bezug zum Kernbereich privater Lebensgestaltung verarbeitet wurden, ist durch die staatliche Stelle sicherzustellen, dass die Intensität der Kernbereichsverletzung und ihre Auswirkungen für die Persönlichkeit und Entfaltung der betroffenen Person so gering wie möglich bleiben.[395]

1.2.4. Zwischenergebnis

Trotz kritischer Stimmen steht das *Darknet* repräsentativ für die Freiheits und Persönlichkeitsrechte der Internetgemeinde. Die Entscheidung darüber, im Internet anonym zu bleiben, wird insbesondere vom allgemeinen Persönlichkeitsrecht gem. Art. 2 Abs. 1 i. V. m. Art. 1 Abs. 1 GG in seinen Ausprägungen als Recht auf informationelle Selbstbestimmung und Recht auf Gewährleistung der Vertraulichkeit und Integrität informationstechnischer Systeme geschützt. Darüber hinaus gewährleistet das Telekommunikationsgeheimnis aus Art. 10 Abs. 1 Var. 3 GG die Vertraulichkeit von Telekommunikationsvorgängen im *Darknet*. Neben dem Kommunikationsinhalt sind hiervon auch die näheren Umstände erfasst, also ob, wann und vor allem wer mit wem kommuniziert hat. Das *Darknet* ist daher primär als Privileg freiheitlich-demokratischer Gesellschaften anzusehen. Dies muss sich auch

---

391 *Hermes*, in: Dreier, GG, Art. 13 Rn. 68; BVerfGE 109, 279 (329).

392 *Hermes*, in: Dreier, GG, Art. 13 Rn. 68; BVerfGE 109, 279 (329).

393 BVerfGE 120, 274 (338); *Hoffmann-Riem*, JZ 2008, 1009 (1020).

394 BVerfGE 120, 274 (338); *Petri*, DuD 2008, 443 (447).

395 BVerfGE 120, 274 (338); *Petri*, DuD 2008, 443 (447).

bei der Auswahl geeigneter Ermittlungsansätze für die Strafverfolgung im *Darknet* und ihrer rechtlichen Zulässigkeit hinreichend widerspiegeln.

2. Strafprozessuale Eingriffsbefugnisse

Trotz des legitimen Nutzens des *Darknets* ist nicht von der Hand zu weisen, dass auch Kriminelle die dort herrschende Anonymität zur Begehung von Straftaten nutzen. In diesem Fall sind die Strafverfolgungsbehörden durch das in § 152 Abs. 2 StPO normierte Legalitätsprinzip verpflichtet, ein Ermittlungsverfahren einzuleiten, soweit zureichende tatsächliche Anhaltspunkte vorliegen, die auf die Begehung einer Straftat hinweisen. Die Eigenschaften des *Darknets* haben dabei bedeutende Auswirkungen auf die Ermittlungsarbeit der Behörden. Die staatliche Verpflichtung, strafbare Aktivitäten effektiv zu verfolgen, wird durch die Verschlüsselung des Netzwerkverkehrs, die Verwendung von Kryptowährungen und die ausgeprägte Konspiration der Szene erheblich erschwert. Dadurch sind Ermittlungen im *Darknet* ungleich aufwändiger als im *Clearnet*.[396]

2.1. Unergiebigkeit „klassischer" Ermittlungsmaßnahmen

Dieser Umstand ist hauptsächlich darauf zurückzuführen, dass „klassische" Ermittlungsmaßnahmen bei der Aufklärung von Straftaten im *Darknet* zu Beginn oftmals aussichtslos sind.[397] Dies liegt unter anderen daran, dass sich die überwiegende Anzahl strafprozessualer Eingriffsbefugnisse an körperlichen Beweisgegenständen orientiert.[398] Wenn man jedoch nicht weiß, wo sich beweisrelevante Speichermedien und Gegenstände befinden, kann man sie auch nicht zu Beweiszwecken heranziehen.[399] Daher scheiden Ermittlungsmaßnahmen, wie die Beschlagnahme gem. §§ 94, 98 StPO und die Durchsuchung nach §§ 102 ff. StPO,[400] aber auch daktyloskopische und serologische Untersuchungen bereits von vorhinein aus.

---

396 *Krause*, NJW 2018, 678 (679).

397 *BKA*, Informationen zum Darknet, Presseinformation v. 27.07.2016, 2; *Krause*, NJW 2018, 678 (679 f.)

398 So auch für Ermittlungen im Internet allgemein *Sieber*, NJW-Beilage 2012, 86 (90).

399 *Zöller*, KriPoZ 2019, 274 (276); *Rückert*, Politische Studien 2018, 12 (18).

400 *Zöller*, KriPoZ 2019, 274 (276); *Göpper*, Kriminalistik 2018, 623 (625).

Aber auch Datenabfragen und technische Standardermittlungsmaßnahmen stoßen im *Darknet* an ihre Grenzen. Aufgrund der Verschlüsselung des Netzwerkverkehrs kommt insbesondere die Erhebung von Verkehrsdaten gem. § 100g StPO, wie beispielsweise der IP-Adresse beim Internetprovider, nicht in Betracht.[401] Aufgrund der Verschlüsselungskonzeption des *Darknets* und der damit einhergehenden Anonymisierung von IP-Adressen können diese bei der Strafverfolgung nicht als Anknüpfungspunkte für die Identifizierung von tatverdächtigen Personen herangezogen werden. Strafverfolgungsbehörden können insoweit keine Verbindung zwischen einer IP-Adresse und der Nutzung illegaler Angebote im *Darknet* herstellen.

Auch die Abfrage über Bestands und Nutzungsdaten nach den Vorschriften der §§ 100j, 100k StPO kommt allenfalls hypothetisch in Betracht.[402] Die Betreibenden der illegalen Plattformen sind weder namentlich bekannt noch infolge der Verschlüsselung des Datenverkehrs ermittelbar.[403] Überdies würden sie im Zweifel jegliche Kooperation mit den Strafverfolgungsbehörden verweigern, da sie sich ansonsten selbst der Strafverfolgung aussetzen würden.[404]

Mittels Überwachung der Telekommunikation nach § 100a Abs. 1 StPO kann man die gesendeten Datenpakete hingegen nur in verschlüsselter und damit unlesbarer Form ausleiten.[405] Ähnliches gilt für die Quellen-Telekommunikationsüberwachung nach § 100a Abs. 1 S. 2 StPO und die Online-Durchsuchung gem. § 100b StPO. Zwar erlauben beide Maßnahmen den Strafverfolgungsbehörden Zugriff auf die Telekommunikation bzw. den Datenbestand einer Zielperson vor Verschlüsselung oder nach Entschlüsselung der Daten. Dies setzt jedoch die vorherige Infizierung des betroffenen informationstechnischen Systems mit einer entsprechende Schadsoftware („Staatstrojaner“) voraus. Dies wird nur in Ausnahmefällen gelingen, da der Standort des zu infizierenden Rechners oder Servers unbekannt ist.[406] Eine

---

401 *Krause*, NJW 2018, 678 (679); *Göpper*, Kriminalistik 2018, 623 (625).
402 *Krause*, NJW 2018, 678 (679); *Zöller*, KriPoZ 2019, 274 (276).
403 *Krause*, NJW 2018, 678 (679); *Zöller*, KriPoZ 2019, 274 (276).
404 *Krause*, NJW 2018, 678 (679); *Rückert*, Politische Studien 2018, 12 (18).
405 *Safferling/Rückert*, Konrad-Adenauer-Stiftung Analysen & Argumente 2018, 3.
406 *Krause*, NJW 2018, 678 (679); *Rückert*, Politische Studien 2018, 12 (18).

initiale Identifizierung über die Vorschriften der §§ 100a, 100b StPO gelingt daher in aller Regel nicht.[407]

Im Übrigen werden Finanzermittlungen durch die Verwendung von Kryptowährungen erschwert.[408] Aufgrund der Dezentralität sowie Pseudonymität der kryptographischen Währungseinheiten stoßen die Strafverfolgungsbehörden bei der der Nachverfolgung von Zahlungsströmen im *Darknet* oftmals an die Grenzen bestehender Ermittlungsbefugnisse.[409] Mangels eines zentralen, verwaltenden Finanzinstituts kommen gängige Ermittlungsmethoden, wie ein Auskunftsersuchen gem. §§ 161, 95 StPO, die Sicherstellung und Beschlagnahme von Bankunterlagen nach §§ 94, 98 StPO oder eine Zeugenbefragung von Bankmitarbeitern gem. § 161a StPO nicht in Betracht.[410]

2.2. Zulässigkeit neuer Ermittlungsansätze de lege lata

Obwohl sich der Einsatz klassischer Ermittlungsmaßnahmen unergiebig zeigt, machen die im Kapitel zuvor dargestellten polizeilichen Ermittlungserfolge deutlich, dass das *Darknet* kein ermittlungsfreier Raum ist.[411] Dies ist hauptsächlich auf die Innovativität der Strafverfolgungsbehörden zurückzuführen.[412] Da sich für die Ermittlungen oftmals nur die anonymen Benutzerkennungen oder hinterlassenen Datenspuren als Anhaltspunkte heranziehen lassen, sind die Strafverfolgungsbehörden gezwungen, neue Ermittlungsansätze zu entwickeln.[413] Angesichts der antagonistischen Beziehung zwischen Recht und technischen Innovationen stellt sich dabei die Frage nach der rechtlichen Zulässigkeit neuer Ermittlungsansätze. Jede strafprozessuale Zwangsmaßnahme geht grundsätzlich auch mit einem Grundrechtseingriff einher. Nach dem verfassungsrechtlichen Vorbehalt des Gesetzes bedarf es dementsprechend einer hinreichenden gesetzlichen Ermächtigungsgrundlage, aufgrund derer die Maßnahme ergehen kann.

---

407 *Krause*, NJW 2018, 678 (679); *Wittmer*, Straftaten und Strafverfolgung im Darknet, 197.

408 *Krause*, NJW 2018, 678 (679); *Rückert*, Politische Studien 2018, 12 (18).

409 *Safferling/Rückert*, MMR 2015, 788 (789); *Rückert*, Politische Studien 2018, 12 (18).

410 *Grzywotz/Köhler/Rückert*, StV 2016, 753 (758); *Rückert*, Politische Studien 2018, 12 (18); *Bachmann/Arslan*, NZWiSt 2019, 241 (244).

411 S. Kap. 3 Abschn. 3.2.

412 *Krause*, NJW 2018, 678 (678); *Fünfsinn/Ungefuk/Krause*, Kriminalistik 2017, 440 (444).

413 *Krause*, NJW 2018, 678 (681).

Im Folgenden soll daher untersucht werden, ob neue Ermittlungsansätze, die in der Praxis als besonders vielversprechend für die Strafverfolgung im *Darknet* diskutiert werden,[414] de lege lata zulässig sind. Hierfür bedarf es einer mehrschichtigen Betrachtung. Ausgangspunkt der rechtlichen Würdigung eines Ermittlungsansatzes ist zunächst seine Grundrechtrelevanz. Hiernach bestimmt sich nicht nur, ob es einer Ermächtigungsgrundlage bedarf. Es ergeben sich hieraus auch konkrete Anforderungen an die Rechtsgrundlage. Während sich geringfügige Grundrechtseingriffe noch auf die allgemeine Ermittlungsgeneralklausel der §§ 161 Abs. 1 S. 1, 163 Abs. 1 S. 2 StPO stützen lassen, bedürfen eingriffsintensive Maßnahmen einer speziellen Eingriffsbefugnis. Auf einfachgesetzlicher Ebene ist anschließend zu untersuchen, ob und inwieweit sich der Ermittlungsansatz durch einen Rückgriff auf den bestehenden Regelungsrahmen legitimieren lässt. Dabei müssen gesetzliche Ermächtigungsgrundlagen unter Umständen einer verfassungskonformen Auslegung zugeführt werden, um den Gegebenheiten im *Darknet* zu entsprechen. Eine Auslegung praeter legem ist indes unzulässig.[415]

2.2.1. Virtuelle verdeckte Ermittlungsperson

Verdeckte personale Ermittlungen erleben im virtuellen Raum des *Darknets* eine rechtliche Renaissance.[416] Sie sind von zentraler Bedeutung bei der Aufklärung von Straftaten im *Darknet* und oftmals entscheidender Faktor, um tatbeteiligte Personen zu identifizieren.[417] Die Verwendung von fiktiven Accounts eröffnet den Strafverfolgungsbehörden die Möglichkeit, die hohe Konspiration der Szene zu überwinden und sich Zugang zu den geschützten Bereichen des *Darknets* zu verschaffen. In Anlehnung an die Vorgehensweise in der analogen Welt spricht man in diesem Zusammenhang auch von einer „virtuellen verdeckten Ermittlungsperson" oder „Cyber-VE".[418]

---

414 Nach *Fünfsinn/Ungefuk/Krause*, Kriminalistik 2017, 440 (444); *Krause*, NJW 2018, 678 (679 f.); *Keller/Braun/Roggenkamp*, Cybercrime, 87 ff.

415 Hierzu ausführlich s. Kap. 4 Abschn. 1.1.4.

416 *Zöller*, KriPoZ 2019, 274 (276).

417 *Fünfsinn/Ungefuk/Krause*, Kriminalistik 2017, 440 (444); *Vogt*, Die Kriminalpolizei 2017, 4 (6); *Göpper*, Kriminalistik 2018, 623 (625); *Ihwas*, WiJ 2018, 138 (142); *Fiebig*, DRiZ 2019, 50 (51); *Bachmann/Arslan*, NZWiSt 2019, 241 (244).

418 *Rosengarten/Römer*, NJW 2012, 1764; BT-Drs. 17/6587, 5; *Bauer*, Soziale Netzwerke und strafprozessuale Ermittlungen, 190; *Rückert*, in: Maume/Maute, Rechtshdb Kryptowerte, Rn. 18; *Bär*, in: Wabnitz/Janovsky/Schmitt, Hdb Wirtschafts- und

2.2.1.1. Beschreibung

Wie sich bereits aus dem Wortlaut ergibt, handelt es sich beim Einsatz einer virtuellen verdeckten Ermittlungsperson um eine verdeckte Ermittlungsmaßnahme. Hierunter sind alle Ermittlungsmaßnahmen zu verstehen, bei denen die von der Maßnahme betroffene Person Informationen preisgibt, die mögliche Beweisrelevanz ihr jedoch aufgrund der Täuschung in ihr Gegenüber verborgen bleibt.[419] Anders als bei einer heimlichen Ermittlungsmaßnahme steht folglich nicht die fehlende Kenntnis über das Vorgehen, sondern die Täuschung über die Motivation und Identität der Ermittlungsperson im Vordergrund.[420]

Als virtuelle verdeckte Ermittlungsperson ermitteln Polizeibedienstete grundsätzlich unter einem eigens hierfür angelegten Account im Netz. Dessen Detailtiefe hängt vom konkreten Sachverhalt und den spezifischen Anforderungen der Webseite ab. Während teilweise bereits die Angabe eines fiktiven Nutzernamens für das Anlegen eines Accounts genügt, bedarf es in anderen Fällen weiterer persönlicher Informationen oder sogar der Hinterlegung von Ausweispapieren, die letztlich der Identifizierung der anmeldenden Person dienen.

2.2.1.2. Einsatzmöglichkeiten im Darknet

Im *Darknet* bietet sich ein breites Einsatzspektrum für virtuelle verdeckte Ermittlungen. Strafverfolgungsbehörden können beispielsweise auf „Online-Streife" gehen, um einen Eindruck der üblichen Abläufe und typischen Kommunikation in der Szene zu gewinnen oder um nach Hinweisen auf tatbeteiligte Personen zu suchen.[421] Unter Umständen lassen sich somit Informationen gewinnen, die als Grundlage für die Einleitung weiterführender Ermittlungsmaßnahmen dienen. Darüber hinaus können Ermittler*innen auf Handelsplattformen, in Foren oder Chats unter einem fiktiven Account agieren. Hierüber können sie nicht nur in eine aktive

---

Steuerstrafrecht, 28. Kap. Rn. 130; hiervon abzugrenzen ist dagegen die „verdeckte Identitätsübernahme", die im nächsten Abschnitt behandelt wird, s. Kap. 4 Abschn. 2.2.2.

419 *Zöller*, ZStW 2012, 411 (419 f.).

420 *Zöller*, ZStW 2012, 411 (420); *Makrutzki*, Verdeckte Ermittlungen im Strafprozeß, 51.

421 *Krause*, NJW 2018, 678 (679 f.); *Safferling/Rückert*, Konrad-Adenauer-Stiftung Analysen & Argumente 2018, 9.

Kommunikationsbeziehung mit einer tatverdächtigen Person treten, sondern auch Schein und Vertrauenskäufe anbahnen.[422] Alternativ kann man die Zielperson auch zum Umstieg auf IP-basierte Kommunikationskanäle außerhalb des *Darknets* bewegen, die ihre Identifizierung erleichtern.[423]

Der fiktive Account im *Darknet* kann dabei auf sehr unterschiedliche Art und Weise ausgestaltet sein. Da sich das *Darknet* durch Anonymität auszeichnet, sind echte Identitäten grundsätzlich nicht preiszugeben.[424] Die Angabe eines Pseudonyms reicht daher meist aus, um sich beispielsweise auf einer illegalen Handelsplattform zu registrieren.[425] Weitere persönliche Merkmale, wie Wohnort, Adresse oder Geburtstag sind nicht erforderlich.[426] Eine aktive Kommunikation bedarf dagegen oftmals einer tieferen Ausgestaltung der Legendenbildung, um das nötige Vertrauen der Zielperson zu gewinnen und den Ermittlungserfolg nicht frühzeitig zu gefährden. Dies gilt insbesondere dann, wenn die Ermittlungsperson sich Zugang zu geschlossenen Benutzergruppen verschaffen will oder bei intermediären Täuschungen, bei der ein Teil der Ermittlungsarbeit in der analogen Welt stattfindet.[427]

2.2.1.3. Rechtliche Bewertung

Fraglich ist, ob die Vornahme verdeckter Ermittlungshandlungen unter der Verwendung einer Legende im *Darknet* rechtlich zulässig ist. Für diese Frage ist insbesondere die Grundrechtsrelevanz der Maßnahme von entscheidender Bedeutung. Wie bereits dargestellt, bestimmt sich hiernach, ob es einer Rechtsgrundlage bedarf und welche konkreten Anforderungen an diese zu stellen sind. Anschließend ist zu untersuchen, ob sich eine bestehende Rechtsgrundlage zur Legitimierung der virtuellen verdeckten Ermittlungsperson heranziehen lässt. Anderenfalls ist ihr Einsatz nach geltender Rechtslage unzulässig.

---

422 *Krause*, NJW 2018, 678 (680); *Göpper*, Kriminalistik 2018, 623 (625); *Safferling*, DRiZ 2018, 206 (206); *Zöller*, KriPoZ 2019, 274 (276); BT-Drs. 18/9487, 3; *Bachmann/Arslan*, NZWiSt 2019, 241 (244 f.).

423 *Morgenstern/Spendel*, in: Albers/Katsivelas, Recht & Netz, 395 (409).

424 *von der Grün*, Verdeckte Ermittlungen, 144; *Fünfsinn/Ungefuk/Krause*, Kriminalistik 2017, 440 (443); *Ihwas*, WiJ 2018, 138 (143).

425 *Krause*, NJW 2018, 678 (680); *von der Grün*, Verdeckte Ermittlungen, 144; *Ihwas*, WiJ 2018, 138 (143).

426 *Ihwas*, WiJ 2018, 138 (143).

427 *Soiné*, NStZ 2014, 248 (249); *Henrichs*, Kriminalistik 2012, 632 (634).

2.2.1.3.1. Grundrechtsrelevanz

Es ist folglich zunächst zu prüfen, ob der Einsatz einer virtuellen verdeckten Ermittlungsperson im *Darknet* grundrechtliche Schutzbereiche berührt. Die Kernfrage ist hierbei, ob das Vertrauen in die Identität und Motivation der virtuell Kommunizierenden schutzwürdig ist, wenn man bewusst den anonymen Kommunikationsweg über das *Darknet* wählt.

2.2.1.3.1.1. Telekommunikationsgeheimnis

Die Schutzwirkung des Telekommunikationsgeheimnisses besteht darin, die Geheimhaltung der Kommunikation zu gewährleisten und die Privatsphäre der Kommunikationsbeteiligten nach außen hin abzuschirmen.[428] Ein Eingriff in das Grundrecht liegt demnach vor, wenn eine staatliche Stelle zugangsgesicherte Kommunikationsvorgänge und deren nähere Umstände ohne oder gegen den Willen der Kommunikationsbeteiligten überwacht. Geschützt wird jedoch nur der technische Vorgang als solcher. Der Schutzbereich umfasst nicht die Enttäuschung des personengebundenen Vertrauens.[429] Er ist somit nur dann eröffnet, wenn eine staatliche Stelle von außen in die Kommunikation eindringt, ohne selbst Kommunikationsadressatin zu sein.[430] Die Fernkommunikation mit einer staatlichen Stelle wird hingegen nicht vom Telekommunikationsgeheimnis geschützt.[431] In diesem Fall nimmt die staatliche Stelle autorisiert an der Kommunikation teil, auch wenn sie ihre hoheitliche Funktion nicht offenlegt.[432] Ein Eingriff in das Telekommunikationsgeheimnis liegt somit nicht vor, wenn eine Ermittlungsperson unter einer Legende im *Darknet* kommuniziert und ihre wahre Identität dabei nicht offenlegt.

2.2.1.3.1.2. Recht auf informationelle Selbstbestimmung

Der Einsatz einer virtuellen verdeckten Ermittlungsperson im *Darknet* könnte jedoch in das Recht auf informationelle Selbstbestimmung eingreifen. Im Gegensatz zum Telekommunikationsgeheimnis schützt dieses Recht als

---

428 Hierzu ausführlich s. Kap. 4 Abschn. 1.2.1.

429 BVerfGE 106, 28 (38); BVerfGE 120, 274 (340).

430 BVerfGE 120, 274 (341); BGHSt 39, 335 (339 f.).

431 BVerfGE 120, 274 (341); *Drackert*, eucrim 2011, 122 (123); *Bauer*, Soziale Netzwerke und strafprozessuale Ermittlungen, 149.

432 *Bauer*, Soziale Netzwerke und strafprozessuale Ermittlungen, 149.

Ausprägung des allgemeinen Persönlichkeitsrechts das personengebundene Vertrauen in Identität und Motivation der Kommunizierenden.[433] Das Vertrauen muss allerdings auch schutzwürdig sein.[434] Die kommunizierende Person muss folglich darauf vertrauen dürfen, dass die Vorstellung von der Identität und Motivation ihres Gegenübers mit der Wirklichkeit übereinstimmt und es sich nicht etwa um eine virtuelle verdeckte Ermittlungsperson handelt. Fraglich ist, ob ein solches schutzwürdiges Vertrauen im *Darknet*, das von Anonymität geprägt ist, überhaupt entstehen kann. Ausgehend von der Rechtsprechung des Bundesverfassungsgerichts zur Kommunikation im Internet wird dies nachfolgend erörtert.

2.2.1.3.1.2.1. Restriktive Rechtsprechung des Bundesverfassungsgerichts zu Kommunikationsbeziehungen im Internet

Das Bundesverfassungsgericht vertritt ein restriktives Schutzbereichsverständnis für Kommunikationsbeziehungen im Internet. Nach seiner Auffassung liegt in aller Regel kein rechtfertigungsbedürftiger Eingriff in das Recht auf informationelle Selbstbestimmung vor, wenn sich eine staatliche Stelle im Internet unter einer Legende in eine Kommunikationsbeziehung begibt.[435] Zwar ließen sich in den Diensten des Internets Kommunikationsbeziehungen realisieren.[436] Der Aspekt der täuschungsbedingten Vertrauenseinbuße möge insoweit noch erfüllt sein. Das Vertrauen darauf, nicht mit einer staatlichen Stelle zu kommunizieren, sei jedoch nicht schutzwürdig.[437] Es sei jeder Person bewusst, dass sie die Identität ihres Gegenübers im Internet nicht überprüfen könne.[438] Dies gelte selbst dann, wenn bestimmte Personen über einen längeren Zeitraum an einer Kommunikation teilnähmen und sich auf diese Weise eine Art „elektronische Gemeinschaft“ gebildet habe.[439]

Die Formulierung des Bundesverfassungsgerichts, wonach „in aller Regel“ kein schutzwürdiges personengebundenes Vertrauen bestehe, legt nahe, dass Ausnahmen von dieser Regel möglich sind. Das Bundesverfassungsgericht

---

433 Hierzu bereits Kap. 4 Abschn. 1.2.2.1.1.

434 BVerfGE 120, 274 (345); *Singelnstein*, NStZ 2012, 593 (600).

435 BVerfGE 120, 274 (345); so auch explizit für das Darknet *Krause*, NJW 2018, 678 (680).

436 BVerfGE 120, 274 (345).

437 BVerfGE 120, 274 (346).

438 BVerfGE 120, 274 (346).

439 BVerfGE 120, 274 (345 f.).

benennt jedoch keine Kriterien, wann personengebundenes Vertrauen im Internet ausnahmsweise schutzwürdig sein soll. Darüber hinaus nimmt es keine Stellung dazu, welche Rechtsgrundlage in diesem Fall einschlägig wäre.

2.2.1.3.1.2.2. Übertragbarkeit auf das Darknet

Die Ausführungen des Bundesverfassungsgerichts beziehen sich zwar exemplarisch auf Diskussionsforen im *Clearnet*. Sie lassen sich jedoch sinngemäß auf das *Darknet* übertragen. Kommunikationsbeziehungen im *Darknet* geben in der Regel keine analogen Verbindungen wieder. Die Nutzenden agieren und kommunizieren über frei gewählte Pseudonyme, die keine Rückschlüsse auf dahinterstehende Identitäten zulassen. Die Erstellung der Accounts bedarf meist keiner genaueren Angaben. Häufig reicht die Auswahl eines fiktiven Namens aus, ohne dass es weiterer persönlicher Informationen bedarf. Darüber hinaus fehlt es an Mechanismen, durch die sich die hinter den Pseudonymen stehenden Identitäten überprüfen lassen.[440] Gemessen an den Vorgaben des Bundesverfassungsgerichts greift ein legendiertes Vorgehen im *Darknet* somit nicht in das Recht auf informationelle Selbstbestimmung ein, da es an einem schutzwürdigen Vertrauen fehlt.[441]

2.2.1.3.1.2.3. Kritische Auseinandersetzung

Die Ansicht des Bundesverfassungsgerichts zur fehlenden Schutzwürdigkeit des personengebundenen Vertrauens im Internet überzeugt jedoch nicht.[442] Sie fußt allein auf der faktischen Möglichkeit zur Identitätstäuschung im Internet.[443] Das Bundesverfassungsgericht statuiert damit eine Allgemeinregel, ohne die Eigenheiten und Gegebenheiten virtueller Kommunikationsbeziehungen hinreichend zu würdigen.[444] Ungeachtet der Zweifel, ob die

---

440 *Krause*, NJW 2018, 678 (680).

441 So auch *Rath*, DRiZ 2016, 292 (293); *Krause*, NJW 2018, 678 (680).

442 Ebenfalls kritisch *Gercke/Brunst*, Praxishdb Internetstrafrecht, S. Rn. 788; *Eifert*, NVwZ 2008, 521; *Hornung*, CR 2008, 299 (305); *Singelnstein*, NStZ 2012, 593 (600); *Rosengarten/Römer*, NJW 2012, 1764 (1766 f.); *Schulz/Hoffmann*, DuD 2012, 7 (12); *Soiné*, NStZ 2014, 248 (249); *Martini*, VerwArch 2016, 307 (323); *Ihwas*, WiJ 2018, 138 (146); *Bauer*, Soziale Netzwerke und strafprozessuale Ermittlungen, 164 f.

443 *Eifert*, NVwZ 2008, 521 (522); *Bauer*, Soziale Netzwerke und strafprozessuale Ermittlungen, 165.

444 *Eifert*, NVwZ 2008, 521 (522); *Bauer*, Soziale Netzwerke und strafprozessuale Ermittlungen, 165.

unterschiedliche Behandlung von virtuellen Kommunikationsbeziehungen zu denen in der analogen Welt die Realität überhaupt angemessen abbildet,[445] mag es allgemein im Internet zwar deutlich leichter sein, Kommunikationsbeteiligte über die eigene Identität und Motivation zu täuschen. Dies kann jedoch nicht zu der Annahme führen, dass in der virtuellen Welt in aller Regel kein Vertrauen in Kommunikationsbeziehungen entstehen kann.[446] Es können durchaus interpersonale Besonderheiten vorliegen, die ein schutzwürdiges Vertrauen zwischen den Kommunikationsbeteiligten im Internet begründen.[447] Es hängt letzten Endes vom konkreten Einzelfall ab, der eine kritische Gesamtbetrachtung erfordert.[448] Anderenfalls liefe man Gefahr, den grundrechtlichen Schutzbereich des Rechts auf informationelle Selbstbestimmung auszuhöhlen.

Bei der Frage, ob schutzwürdiges Vertrauen in die Motivation und Identität der Kommunizierenden vorliegt, ist zwischen der Bildung von Vertrauen und seiner Schutzwürdigkeit zu differenzieren. Die Schaffung eines Vertrauenstatbestandes bildet die Grundbedingung. Er stellt den Ausgangspunkt der Täuschung dar.[449] Das Vorliegen von Vertrauen ist in aller Regel dann zu bejahen, wenn die Kommunikationsbeteiligten über personenbezogenes Zusatzwissen verfügen, das ein schlüssiges Bild über die Identität ihres

---

445 *Gercke/Brunst*, Praxishdb Internetstrafrecht Rn. 788; *Hornung*, CR 2008, 299 (305); *Singelnstein*, NStZ 2012, 593 (600); *Rosengarten/Römer*, NJW 2012, 1764 (1766 f.); *Oehmichen/Weißenberger*, KriPoZ 2019, 174 (181).

446 *Gercke/Brunst*, Praxishdb Internetstrafrecht Rn. 788; *Eifert*, NVwZ 2008, 521 (522); *Hornung*, CR 2008, 299 (305); *Singelnstein*, NStZ 2012, 593 (600); *Rosengarten/Römer*, NJW 2012, 1764 (1766 f.); *Schulz/Hoffmann*, DuD 2012, 7 (12); *Soiné*, NStZ 2014, 248 (249); *Martini*, VerwArch 2016, 307 (323); *Ihwas*, WiJ 2018, 138 (144); *Bauer*, Soziale Netzwerke und strafprozessuale Ermittlungen, 164 f.

447 *Eifert*, NVwZ 2008, 521 (522); *Hornung*, CR 2008, 299 (305); *Singelnstein*, NStZ 2012, 593 (600); *Rosengarten/Römer*, NJW 2012, 1764 (1766 f.); *Schulz/Hoffmann*, DuD 2012, 7 (12); *Brenneisen/Staack*, Kriminalistik 2012, 627 (629); *Soiné*, NStZ 2014, 248 (249); *Martini*, VerwArch 2016, 307 (323); *Bauer*, Soziale Netzwerke und strafprozessuale Ermittlungen, 164 f.

448 *Ihwas*, WiJ 2018, 138 (144); *Brunst* ist sogar der Auffassung, dass jede staatliche Identitätstäuschung im Internet einen Eingriff in Art. 2 Abs. 1 i. V. m. Art. 1 Abs. 1 GG darstellt, vgl. *Gercke/Brunst*, Praxishdb Internetstrafrecht, Rn. 788.

449 *Henrichs*, Kriminalistik 2012, 632 (633).

virtuellen Gegenübers gibt.[450] Hierunter fallen vor allem Konstellationen, bei denen sich die Kommunizierenden unter Klar und Nicknamen kennen, in der analogen Welt bereits getroffen oder persönliches, sie abbildendes Bildmaterial ausgetauscht haben.[451] Weitere indizielle Kriterien für einen Vertrauenstatbestand sind Dauer sowie Art und Weise der Kommunikationsbeziehung.[452] Im Internet erfordert die Vertrauensbildung in aller Regel eine aktive, nicht bloß kurzfristige Kommunikationsbeziehung. Die bloß passive Beobachtung von Plattformen, Foren oder Chatbereichen durch eine virtuelle verdeckte Ermittlungsperson schafft daher noch kein personengebundenes Vertrauen.[453] Dasselbe gilt für einen bloß flüchtigen oder kurzzeitigen Kontakt.[454] In diesem Fall ist im Zweifel davon auszugehen, dass die Kommunikationsbeteiligten kein Interesse an der Identität ihres Gegenübers haben.[455] Mangels Verbindlichkeit des Kontakts kann folglich auch kein Vertrauen zwischen ihnen entstehen.[456] Kommuniziert die Ermittlungsperson dagegen über Wochen und Monate hinweg verdeckt mit der Zielperson, ist in aller Regel davon auszugehen, dass sich personengebundenes Vertrauen gebildet hat.[457] Dabei muss es sich nicht zwangsläufig um eine Individualkommunikation handeln. Eine persönliche Vertrauensbeziehung kann sich auch bei einer größeren Personengruppe, wie beispielsweise einer geschlossenen Chatgruppe, einstellen, wenn hauptsächlich vertrauliche Informationen geteilt werden.[458] Darüber hinaus ist auch auf die Detailtiefe der verwendeten Legende bzw. des genutzten Accounts abzustellen. Wenn seine Erstellung beispielsweise die Angabe persönlicher Daten voraussetzt oder die

---

450 *Soiné*, NStZ 2014, 248 (249); *Henrichs*, Kriminalistik 2012, 632 (634); *Ihwas*, WiJ 2018, 138 (144).

451 *Ihwas*, WiJ 2018, 138 (146); *Oehmichen/Weißenberger*, KriPoZ 2019, 174 (181).

452 *Rosengarten/Römer*, NJW 2012, 1764 (1766 f.).

453 *Rosengarten/Römer*, NJW 2012, 1764 (1766 f.); *Henrichs*, Kriminalistik 2012, 632 (633 f.); *Keller/Braun/Roggenkamp*, Cybercrime, 83.

454 *Henrichs*, Kriminalistik 2012, 632 (633); *Rosengarten/Römer*, NJW 2012, 1764 (1767).

455 So zumindest für das Internet: *Henrichs*, Kriminalistik 2012, 632 (633); *Rosengarten/Römer*, NJW 2012, 1764 (1767).

456 So zumindest für das Internet: *Henrichs*, Kriminalistik 2012, 632 (633); *Rosengarten/Römer*, NJW 2012, 1764 (1767).

457 *Rückert*, in: Maume/Maute, 6. Kap. § 23 Rn. 25; so im Ergebnis auch *Wittmer*, Straftaten und Strafverfolgung im Darknet, 143.

458 *Martini*, VerwArch 2016, 307 (324).

Ermittlungsperson persönliche Informationen mitteilt, die erkennbar Rückschlüsse auf die vermeintliche Identität zulassen, ist ein personengebundenes Vertrauen eher zu bejahen.[459] Im Übrigen ist von einem personengebundenen Vertrauen auch dann auszugehen, wenn sich eine Ermittlungsperson unter einer falschen Identität Zugriff auf einem zugangsbeschränkten Bereich im Netz verschafft.[460] Denn in diesem Fall muss sie zuvor vertrauensbegründende Bezüge zur Zielperson herstellen oder über eine aufwändigere Legendenbildung deren Vertrauen gewinnen.

Soweit personengebundenes Vertrauen vorliegt, ist in aller Regel auch von dessen Schutzwürdigkeit auszugehen.[461] Die betroffene Person darf insoweit darauf vertrauen, dass ihr Gegenüber im Internet nicht im Auftrag einer Strafverfolgungsbehörde handelt und ihre Vertrauenserwartung, mit einer Privatperson zu kommunizieren, nicht enttäuscht wird.[462] Der verdeckte Charakter der Maßnahme indiziert somit die Schutzwürdigkeit des Vertrauens in Identität und Motivation der Kommunikationsbeteiligten.[463] Anderenfalls müsste man im *Darknet* stets damit rechnen, dass sich hinter einem Pseudonym eine Ermittlungsperson verbirgt.[464] Dies widerspräche einerseits der verfassungsrechtlichen Neutralitätspflicht des Staates, in gesellschaftlichen Kommunikationssphären grundsätzlich offen zu kommunizieren.[465] Andererseits ginge hiervon auch eine nachhaltig abschreckende Wirkung für die Ausübung der Meinungsfreiheit sowie Persönlichkeitsentfaltung einer Vielzahl von Personen aus, die nicht vom strafrechtlichen Ermittlungsverfahren originär betroffen sind.[466] Zwar mag die Schutzwürdigkeit insbesondere bei pseudonymisierter Kommunikation im Internet, wie es

---

459 *Ihwas*, WiJ 2018, 138 (143).

460 *Rosengarten/Römer*, NJW 2012, 1764 (1767); *Rückert*, in: Maume/Maute, 6. Kap. § 23 Rn. 25; *Brenneisen/Staack*, Kriminalistik 2012, 627 (629).

461 So im Ergebnis wohl auch *Martini*, VerwArch 2016, 307 (324 f.); *Gercke/Brunst*, Praxishdb Internetstrafrecht Rn. 788.

462 *Martini*, VerwArch 2016, 307 (323); in diese Richtung auch *Eifert*, NVwZ 2008, 521 (522); *Hornung*, CR 2008, 299 (305); *Bauer*, Soziale Netzwerke und strafprozessuale Ermittlungen, 166 f.

463 *Martini*, VerwArch 2016, 307 (324); *Bauer*, Soziale Netzwerke und strafprozessuale Ermittlungen, 167.

464 *Martini*, VerwArch 2016, 307 (323).

465 *Eifert*, NVwZ 2008, 521 (522); *Martini*, VerwArch 2016, 307 (323 f.).

466 *Eifert*, NVwZ 2008, 521 (522); *Martini*, VerwArch 2016, 307 (323 f.).

insbesondere im *Darknet* häufig der Fall ist, gemindert sein. Denn wie das Bundesverfassungsgericht richtigerweise ausführt, stehen in aller Regel keine Überprüfungsmechanismen bereit. Dieser Umstand wirkt sich jedoch erst auf die Frage nach der Eingriffsintensität, nicht aber der Eingriffsqualität der Ermittlungsmaßnahme aus.

2.2.1.3.1.2.4. Zwischenergebnis

Entgegen der Auffassung des Bundesverfassungsgerichts lässt sich nicht als Allgemeinregel statuieren, dass im Internet und somit auch im *Darknet* in aller Regel kein schutzwürdiges Vertrauen in die Identität und Motivation der Kommunizierenden entstehen könne. Nach dem konzeptionellen Zuschnitt des Rechts auf informationelle Selbstbestimmung können virtuelle Beziehungen durchaus ein schutzwürdiges personengebundenes Vertrauen begründen. Dies bedarf einer Betrachtung im konkreten Einzelfall. Als indizielle Kriterien sind hierbei insbesondere die Dauer sowie Art und Weise der Kommunikationsbeziehung, aber auch auf die Detailtiefe der Legende und das Ausmaß einer potenziellen Zugangskontrolle heranzuziehen. Soweit dagegen kein personengebundenes Vertrauen in Anspruch genommen wird, liegt kein Eingriff in das Recht auf informationelle Selbstbestimmung vor, der einer verfassungsrechtlichen Rechtfertigung bedarf.

2.2.1.3.1.3. Recht auf Gewährleistung der Vertraulichkeit und Integrität informationstechnischer Systeme

Der Einsatz einer virtuellen verdeckten Ermittlungsperson im *Darknet* kann überdies in das Recht auf Gewährleistung der Vertraulichkeit und Integrität informationstechnischer Systeme eingreifen. Während das Recht auf informationelle Selbstbestimmung das schutzwürdige personengebundene Vertrauen schützt, umfasst der Schutzbereich des IT-Grundrechts die Kontrolle über ein informationstechnisches System. Ähnlich zum Telekommunikationsgeheimnis ist dessen Schutzausrichtung nicht betroffen, wenn Strafverfolgungsbehörden unter einer Legende in eine Kommunikationsbeziehung mit der Zielperson treten. Einerseits fehlt es bereits an der technischen Infiltration eines informationstechnischen Systems.[467] Andererseits schützt das

---

[467] *Hoffmann-Riem*, JZ 2008, 1009 (1019); *Bauer*, Soziale Netzwerke und strafprozessuale Ermittlungen, 154.

Grundrecht vor staatlichen Datenzugriffen, die der Grundrechtstragenden in seiner Reichweite nicht beschränken kann.[468] Bei verdeckten Ermittlungen im *Darknet* steht es der betroffenen Person trotz Täuschung dagegen frei, ob und in welchem Umfang sie personenbezogene Daten freigibt. Der Schutzbereich des IT-Grundrechts ist daher nicht eröffnet, wenn eine Ermittlungsperson verdeckt im *Darknet* ermittelt.

2.2.1.3.1.4. Sonstige Grundrechte

Je nach Inhalt der erhobenen Daten ist nicht auszuschließen, dass durch ein legendiertes Vorgehen im *Darknet* auch andere Grundrechte betroffen sind. Insbesondere das informationelle Selbstbestimmungsrecht versteht sich in seiner Schutzfunktion insoweit auch als Vorfeldgrundrecht für die Ausübung anderer grundrechtlicher Freiheitsrechte.[469] Hierzu zählt beispielsweise die Religionsfreiheit aus Art. 4 Abs. 1 GG sowie die Meinungsfreiheit aus Art. 5 Abs. 1 GG. Dies lässt sich jedoch nur im konkreten Einzelfall feststellen und bleibt daher an dieser Stelle unausgeführt.

2.2.1.3.2. Gesetzliche Ermächtigungsgrundlage

Soweit der Einsatz einer virtuellen verdeckten Ermittlungsperson in Grundrechte eingreift, bedarf es aufgrund des Vorbehalts des Gesetzes einer gesetzlichen Ermächtigungsgrundlage. Liegt hingegen kein Grundrechtseingriff vor, handelt es sich um ein schlicht-hoheitliches Handeln, das keiner verfassungsrechtlichen Rechtfertigung bedarf. In diesem Fall muss lediglich der staatsanwaltschaftliche bzw. polizeiliche Aufgabenbereich eröffnet sein (§§ 160, 163 StPO).[470]

Zur Rechtfertigung des grundrechtsrelevanten Einsatzes einer virtuellen verdeckten Ermittlungsperson kommt sowohl ein Rückgriff auf die Vorschriften zum verdeckten Ermittler (§§ 110a ff. StPO) als auch das Tätigkeitsfeld eines nicht offen ermittelnden Polizeibeamten (NoeP) in Betracht. Stellt man die virtuelle verdeckte Ermittlungsperson einer verdeckten Ermittlungsperson in der analogen Welt gleich, so muss ihr Einsatz den restriktiven

---

468 Hierzu ausführlich s. Kap. 4 Abschn. 1.2.2.1.2.

469 *Martini*, VerwArch 2016, 307 (324).

470 *Hertel*, Kriminalistik 2019, 162 (163); *Biemann*, „Streifenfahrten" im Internet, S. 175; *Bär*, MMR 1998, 463 (464).

Anforderungen der §§ 110a ff. StPO genügen. Sieht man die virtuelle verdeckte Ermittlungsperson hingegen als NoeP an, so muss ihr Einsatz lediglich die Voraussetzungen der Ermittlungsgeneralklausel gem. §§ 161 Abs. 1, 163 Abs. 1 S. 2 StPO erfüllen. Hält man beide Ermächtigungsgrundlagen für nicht anwendbar, fehlt es de lege lata an einer rechtlichen Grundlage.

2.2.1.3.2.1. Verdeckter Ermittler, §§ 110a ff. StPO

Verdeckte Ermittler*innen sind nach der Legaldefinition des § 110a Abs. 2 S. 1 StPO Polizeibedienstete, die unter einer ihnen verliehenen, auf Dauer angelegten, veränderten Identität (Legende) Straftaten ermitteln. Aufgrund der restriktiven Einsatzvoraussetzungen der §§ 110a ff. StPO und der längeren Planungs und Vorbereitungsphase kommen sie hauptsächlich im Bereich der Bekämpfung organisierter Kriminalität zum Einsatz.[471]

2.2.1.3.2.1.1. Einsatzvoraussetzungen und Befugnisse

Voraussetzung für den Einsatz verdeckter Ermittler*innen ist zunächst ein Anfangsverdacht für das Vorliegen einer Straftat von erheblicher Bedeutung aus einem der in § 110a Abs. 1 S. 1 Nr. 1 bis 4 StPO genannten Deliktsbereiche. Darüber hinaus ist der Einsatz nur dann zulässig, wenn er der Aufklärung eines Verbrechens dient, soweit aufgrund bestimmter Tatsachen eine Wiederholungsgefahr besteht (§ 110a Abs. 1 S. 2 StPO). Dabei ist stets der Subsidiaritätsgrundsatz zu beachten, wonach die Aufklärung auf andere Weise zumindest wesentlich erschwert sein muss (§ 110a Abs. 1 S. 3 StPO). Ausnahmsweise kann der Einsatz zur Aufklärung von Verbrechen auch dann erfolgen, wenn die besondere Bedeutung der Straftat dies gebietet (§ 110a Abs. 1 S. 4 StPO). In diesem Fall müssen andere Maßnahmen allerdings aussichtslos erscheinen. Von einer besonderen Bedeutung der Straftat ist in der Regel dann auszugehen, wenn eine Anklage beim Landgericht gerechtfertigt wäre.[472] Die Anordnung des Einsatzes bedarf grundsätzlich der Zustimmung der Staatsanwaltschaft (§ 110b Abs. 1 S. 1 StPO), es sei denn, es liegt Gefahr im Verzug vor (§ 110b Abs. 1 S. 2 StPO). Unter bestimmten

---

471 *Hegmann*, in: Graf, BeckOK StPO, § 110a Rn. 1.

472 *Hauschild*, in: MüKo-StPO, § 110a Rn. 13; *Ihwas*, Strafverfolgung in Sozialen Netzwerken, 138.

Voraussetzungen bedarf der Einsatz sogar der Zustimmung des Gerichts (§ 110b Abs. 2 S. 1 StPO).

Die Befugnisse verdeckter Ermittler*innen ergeben sich aus der StPO, den Polizeigesetzen und aus sonstigen Rechtsvorschriften (§ 110c S. 3 StPO). Sie dürfen unter anderem unter Verwendung der Legende am Rechtsverkehr teilnehmen (§ 110a Abs. 2 S. 2 StPO) sowie Wohnungen mit dem Einverständnis der betroffenen Person betreten (§ 110c S. 1 StPO). Im Übrigen bieten sich aus ermittlungstaktischer Sicht vornehmlich solche Maßnahmen an, die darauf angelegt sind, ein Vertrauensverhältnis zu begründen.[473] Eine Tatprovokation oder eine mit der Ermittlungshandlung einhergehende täuschungsbedingte Selbstbelastung sind dabei nur in engen Grenzen zulässig.[474] Es darf jedenfalls kein Druck auf die tatverdächtige Person ausgeübt, sondern nur eine bereits bestehende Bereitschaft zur Begehung von Straftaten ausgenutzt werden.[475] Ähnliches gilt für die Begehung einsatzbedingter Straftaten. Während insbesondere beim Handel mit Betäubungsmitteln, Waffen und auch Daten die Problematik von Scheinkäufen bereits durch die Ausnahmeregelungen der § 4 Abs. 2 BtMG, § 55 Abs. 1 WaffG, § 202d Abs. 3 S. 2 Nr. 1 StGB gelöst wird,[476] ist den Strafverfolgungsbehörden im Kampf gegen die Verbreitung von Kinderpornographie gem. § 184b Abs. 6 StGB, § 110d StPO allenfalls erlaubt, künstlich erzeugtes kinderpornographisches Material zu verwenden, um Keuschheitsproben zu überwinden.[477] Ansonsten sind dahingehende einsatzbedingte Straftaten grundsätzlich unzulässig.[478] Nur in Ausnahmefällen kann zur Wahrung der Legende und zur Erfüllung des strafprozessualen

---

473 *Soiné*, NStZ 2003, 225 (227).

474 BGHSt 45, 321 (337); BGHSt 60, 238 (240); *Henrichs/Weingast*, in: KK-StPO, § 110c Rn. 10 ff.; *Hauschild*, in: MüKo-StPO, § 110c Rn. 41 ff.

475 *Hauschild*, in: MüKo-StPO, § 110c Rn. 41; *Lohse/Jakobs*, in: KK-StPO, Art. 6 EMRK Rn. 60; bei der Frage, wann eine unzulässige Tatprovokation vorliegt, sind teilweise unterschiedliche Abstufungen zwischen EGMR und BGH erkennbar. Hierzu ausführlich *Ruppert*, StraFO 2020, 445; *Hauschild*, in: MüKo-StPO, § 110c Rn. 42 f.

476 § 4 Abs. 2 BtMG, § 55 Abs. 1 WaffG, § 202d Abs. 3 S. 2 Nr. 1 StGB.

477 Hierzu ausführlich *Rückert/Goger*, MMR 2020, 373; *Wittmer/Steinebach*, MMR 2019, 650.

478 RiStBV, Anlage D, Punkt II.2.2; *Krause*, NJW 2018, 678 (680).

Ermittlungsauftrags ein strafbares Verhalten unter den Voraussetzungen der §§ 32 ff. StGB gerechtfertigt bzw. entschuldigt sein.[479]

2.2.1.3.2.1.2. Abgrenzung zum NoeP

Von verdeckten Ermittler*innen i. S. d. §§ 110a ff. StPO zu unterscheiden, ist der sogenannte NoeP. Hierunter versteht man Polizeibedienstete, die im Rahmen ihrer Ermittlungstätigkeit ihre wahre Identität und staatliche Funktion nicht offenbaren.[480] Sie agieren hauptsächlich als Scheinkaufende zur Aufklärung von Straftaten nach dem BtMG sowie bei Waffen und Falschgelddelikten.[481] Der Einsatz von NoePs ist zwar nicht ausdrücklich in der StPO normiert. Aufgrund der geringfügigen Grundrechteingriffsqualität lässt sich der Einsatz jedoch an den niedrigschwelligen Voraussetzungen der allgemeinen Ermittlungsgeneralklausel gem. §§ 161 Abs. 1 S. 1, § 163 Abs. 1 S. 2 StPO messen.[482] Er bedarf demnach weder der Zustimmung der Staatsanwaltschaft, noch unterliegt er einem Richtervorbehalt.[483] Er ist lediglich durch den Anfangsverdacht i. S. d. § 152 Abs. 2 StPO sowie den Verhältnismäßigkeitsgrundsatz begrenzt.

Wie die beiden Einsatzarten verdeckter Ermittlungspersonen voneinander abzugrenzen sind, ist in Rechtsprechung und Literatur umstritten. Die Rechtsprechung nimmt die Abgrenzung an der Dauer des Einsatzes im Wege einer Gesamtbetrachtung vor.[484] Danach gelten die erhöhten Eingriffsvoraussetzungen der §§ 110a ff. StPO in der Regel nur dann, wenn der Einsatz auf Dauer angelegt sei.[485] Maßgeblich sei, ob der Ermittlungsauftrag über einzelne wenige, konkret bestimmte Ermittlungshandlungen hinausgeht, ob es erforderlich werden wird, eine unbestimmte Vielzahl von Personen über die wahre

---

479 RiStBV, Anlage D, Punkt II.2.2; *Krause*, NJW 2018, 678 (680); *Schwarzburg*, NStZ 1995, 469 (472).

480 BVerfGE 129, 208 (257); BGHSt 41, 64 (65); *Hauschild*, in: MüKo-StPO, § 110a Rn. 19; *Henrichs*, Kriminalistik 2012, 632 (633); *Rosengarten/Römer*, NJW 2012, 1764 (1764); *Soiné*, NStZ 2014, 248 (250); *Weisser*, NZWiSt 2018, 59 (59).

481 BGHSt 41, 64 (65); *Hauschild*, in: MüKo-StPO, § 110a Rn. 19.

482 BVerfGE 129, 208 (250); *Hegmann*, in: Graf, BeckOK StPO, § 110a Rn. 5; *Henrichs/Weingast*, in: KK-StPO, § 110a Rn. 6; *Rosengarten/Römer*, NJW 2012, 1764 (1764 f.); *Weisser*, NZWiSt 2018, 59 (60 f.).

483 BVerfGE 129, 208 (257); RiStBV, Anlage D, Punkt II.2.9.

484 BVerfGE 129, 208 (257); BGHSt 41, 64 (65); so auch *Weisser*, NZWiSt 2018, 59 (60).

485 BGHSt 41, 64 (65); BGH, NStZ 1996, 450 (450); *Weisser*, NZWiSt 2018, 59 (60).

Identität der verdeckt operierenden Ermittlungsperson zu täuschen und ob wegen der Art und des Umfanges des Auftrags von vornherein abzusehen ist, dass die echte Identität des Ermittlungsperson in künftigen Strafverfahren auf Dauer geheim gehalten werden muss.[486] Entscheidend sei darüber hinaus, ob die Beeinträchtigung des allgemeinen Rechtsverkehrs oder der Beschuldigtenrechte in künftigen Strafverfahren mehr als nur unerheblich ist.[487] Eine konkrete Mindestdauer für den Einsatz fordert die Rechtsprechung dabei nicht.[488] Vielmehr sei auf die Gesamtwürdigung aller Umstände abzustellen.[489] Bei NoePs handele es sich demnach um Polizeibedienstete, die lediglich gelegentlich verdeckt aufträten und nicht vertieft in die konkrete polizeiliche Ermittlung eingebunden seien.[490] Dies sei insbesondere beim Einsatz als Scheinkaufende regelmäßig der Fall.[491]

Ein großer Teil der Literatur kritisiert die Auffassung der Rechtsprechung und stellt nicht auf die Dauer des Einsatzes ab, sondern darauf, ob die Legende auf Dauer angelegt ist.[492] Dem ist zuzustimmen. Die Kriterien der Rechtsprechung lassen im Zweifelsfall keine trennscharfe Abgrenzung zwischen beiden Maßnahmen zu.[493] Sie führen dazu, dass selbst bei einer aufwendig angelegten Legende die Maßnahme als NoeP eingestuft werden kann und somit die hohen Eingriffsschwellen der §§ 110a ff. StPO umgangen werden.[494] Zudem ist zu Beginn eines legendierten Vorgehens häufig noch nicht abschätzbar, wie lange der Einsatz im konkreten Fall währt.[495] Es bleibt unklar, wann ein

486 BGHSt 41, 64 (65); BGH, NStZ 1996, 450 (450).

487 BGHSt 41, 64 (65); BGH, NStZ 1996, 450 (450).

488 BGHSt 41, 64 (65); anders hingegen *Kraushaar*, Kriminalistik 1994, 481 (482 f.), welcher eine Mindestdauer von sechs Monaten verlangt.

489 BGHSt 41, 64 (65); BGH, NStZ 1996, 450 (450).

490 BVerfGE 129, 208 (257); BGHSt 41, 64 (65).

491 BGHSt 41, 64 (65); BGH, NStZ 1996, 450 (450).

492 *Hauschild*, in: MüKo-StPO, § 110a Rn. 31; *Hund*, StV 1993, 379 (381); *Rogall*, NStZ 1996, 451 (451); *Schneider*, NStZ 2004, 359 (361); *Bauer*, Soziale Netzwerke und strafprozessuale Ermittlungen, 189 f. m. w. N.

493 *Hauschild*, in: MüKo-StPO, § 110a Rn. 33; *Hund*, StV 1993, 379 (381); *Schneider*, NStZ 2004, 359 (361); *Bauer*, Soziale Netzwerke und strafprozessuale Ermittlungen, 189.

494 *Hauschild*, in: MüKo-StPO, § 110a Rn. 33; *Bauer*, Soziale Netzwerke und strafprozessuale Ermittlungen, 189.

495 *Hauschild*, in: MüKo-StPO, § 110a Rn. 33; *Schneider*, NStZ 2004, 359 (361); *Bauer*, Soziale Netzwerke und strafprozessuale Ermittlungen, 189 f.

Ermittlungsauftrag über einzelne wenige, konkret bestimmte Ermittlungshandlungen hinausgehen soll.[496]

Der Auffassung der Rechtsprechung mangelt es indes nicht nur an Praktikabilität. Sie findet auch in der Legaldefinition des § 110a Abs. 2 S. 1 StPO keine Stütze.[497] Darin wird weder auf die Dauer noch auf Art und Umfang des Einsatzes abgestellt.[498] Vielmehr bezieht sich der Gesetzeswortlaut ausdrücklich auf die Dauer der Legende („auf Dauer angelegten, veränderten Identität").[499] Für diese Auffassung spricht auch die Gesetzessystematik. Das Gesetz differenziert lediglich zwischen einfachen (§ 110a Abs. 1 StPO) und qualifizierten (§ 110b Abs. 2 StPO), nicht aber zwischen kurzfristigen und längerfristigen Einsätzen.[500] Darüber hinaus geht aus den Vorgaben zum ursprünglichen Gesetzesentwurf eindeutig hervor, dass das wesentliche Element verdeckter Ermittler*innen i. S. d. § 110a Abs. 2 S. 1 StPO die auf Dauer angelegte veränderte Identität ist.[501]

Die Auslegung der Rechtsprechung, es komme maßgeblich auf die Dauer des Einsatzes selbst an, überschreitet demgemäß die Grenzen einer zulässigen Auslegung. Sie ist daher abzulehnen. Als entscheidendes Abgrenzungskriterium ist vielmehr darauf abzustellen, ob die Legende auf Dauer angelegt ist; ungeachtet der Frage, ob der Einsatz auf ein kurzzeitiges Auftreten beschränkt ist.

2.2.1.3.2.1.3. Übertragbarkeit auf die virtuelle verdeckte Ermittlungsperson

Während in der laufenden Ermittlungspraxis der Einsatz virtueller verdeckter Ermittlungspersonen bereits regelmäßig auf Grundlage der §§ 110a ff. StPO

---

496 *Hauschild*, in: MüKo-StPO, § 110a Rn. 33.

497 *Hauschild*, in: MüKo-StPO, § 110a Rn. 31 f.; *Schneider*, NStZ 2004, 359 (361); *Bauer*, Soziale Netzwerke und strafprozessuale Ermittlungen, 189.

498 *Hauschild*, in: MüKo-StPO, § 110a Rn. 31; *Bauer*, Soziale Netzwerke und strafprozessuale Ermittlungen, 189.

499 *Hauschild*, in: MüKo-StPO, § 110a Rn. 31; *Rogall*, NStZ 1996, 451 (451); *Schneider*, NStZ 2004, 359 (361); *Bauer*, Soziale Netzwerke und strafprozessuale Ermittlungen, 189.

500 *Hauck*, in: Löwe-Rosenberg, StPO, § 110a, Rn. 24; *Bauer*, Soziale Netzwerke und strafprozessuale Ermittlungen, 189.

501 BT-Drs. 12/989, 42; *Hauschild*, in: MüKo-StPO, § 110a Rn. 17.

stattfindet,[502] herrscht in der Literatur ein kontroverser Diskurs über die heranzuziehende Rechtsgrundlage. Dort zeigt sich ein breites Meinungsspektrum, ob überhaupt und wenn ja auf welcher Rechtsgrundlage verdeckte Ermittler*innen in der virtuellen Welt ermitteln dürfen. Dabei dreht sich die Diskussion meist um verdeckte Ermittlungen in den sozialen Netzwerken des *Clear Web*. Da im *Dark Web* vergleichbare Bedingungen vorzufinden sind, lassen sich die Ausführungen jedoch sinngemäß übertragen.

2.2.1.3.2.1.3.1. Meinungsstand

Der Großteil des Schrifttums wendet die Vorschriften der §§ 110a ff. StPO auf die virtuelle verdeckte Ermittlungsperson an.[503] Unter Umständen kämen die Vorschriften der §§ 110a ff. StPO sogar gar nicht erst zum Tragen, da verdeckte personale Ermittlungen im Internet aufgrund ihrer geringen Eingriffsintensität regelmäßig dem Tätigkeitfeld des NoeP zuzuordnen seien.[504]

Andere Stimmen in der Literatur lehnen einen Rückgriff auf die §§ 110a ff. StPO dagegen ausdrücklich ab.[505] Ihrer Anwendung stehe

---

502 BT-Drs. 17/6587, 5; BT-Drs. 19/116, 2.

503 *Köhler*, in: Meyer-Goßner/Schmitt, StPO, § 110a Rn. 4; *Hegmann*, in: Graf, BeckOK StPO, § 110a Rn. 6; *Martini*, in: Münch/Kunig, GG, Art. 10 Rn. 215; *Sinn*, in: Gesk/Sinn, Organisierte Kriminalität und Terrorismus im Rechtsvergleich, 151; *Sieber/Brodowski*, in: Hoeren/Sieber/Holznagel, Hdb Multimedia-Recht, Teil 19.3 Rn. 45; *Kochheim*, Cybercrime und Strafrecht in der Informations- und Kommunikationstechnik, Rn. 2070; *Keller/Braun/Roggenkamp*, Cybercrime, 87; *Bär*, MMR 1998, 463 (466); *Soiné*, NStZ 2003, 225 (226 f.); *Drackert*, eucrim 2011, 122 (126); *Singelnstein*, NStZ 2012, 593 (600); *Rosengarten/Römer*, NJW 2012, 1764 (1766 f.); *Kudlich*, GA 2012, 560 (566); *Martini*, VerwArch 2016, 307 (324); *Safferling*, DRiZ 2018, 206; *Krause*, NJW 2018, 678 (680); *Safferling/Rückert*, Konrad-Adenauer-Stiftung Analysen & Argumente 2018, 9; *Hertel*, Kriminalistik 2019, 162 (164 ff.); *Wittmer/Steinebach*, MMR 2019, 650 (651); *Ceffinato*, JuS 2019, 337 (342), *Wittmer*, Straftaten und Strafverfolgung im Darknet, 144.

504 *Köhler*, in: Meyer-Goßner/Schmitt, StPO, § 110a Rn. 4; *Hegmann*, in: Graf, BeckOK StPO, § 110a Rn. 6; *Rosengarten/Römer*, NJW 2012, 1764 (1767); *Kudlich*, GA 2012, 560 (566); *Krause*, NJW 2018, 678 (680); *Ceffinato*, JuS 2019, 337 (342); in einem bislang nicht veröffentlichten Beschluss führt der BGH ebenfalls aus, dass das Ermitteln unter einer virtuellen Identität den Anforderungen eines NoeP entspreche, vgl. Beschl. v. 24.06.2010 – StB 15/10.

505 *Ihwas*, Strafverfolgung in Sozialen Netzwerken, 167 ff.; *Bauer*, Soziale Netzwerke und strafprozessuale Ermittlungen, (198); *Zöller*, GA 2000, 563 (572); *Henrichs*, Kriminalistik 2012, 632 (634).

entgegen, dass sie auf verdeckte Ermittlungen in der analogen Welt zugeschnitten seien.[506] Deren Eigenheiten seien größtenteils nicht mit denen einer virtuellen verdeckten Ermittlungsperson vergleichbar.[507] Zudem seien verdeckte personale Ermittlungen in der virtuellen Welt regelmäßig weniger eingriffsintensiv.[508] Es erfordere daher weniger strikte Eingriffsschwellen, um der geringeren Eingriffsintensität zu entsprechen.[509] Sofern ein legendiertes Vorgehen nicht bereits durch die Ermittlungsgeneralklausel der §§ 161 Abs. 1 S. 1, 163 Abs. 1 S. 2 StPO gedeckt sei, bedürfe es insoweit einer eigenständigen Ermächtigungsgrundlage.[510]

2.2.1.3.2.1.3.2. Kritische Auseinandersetzung

Der letztgenannten Auffassung ist zuzustimmen. Während der Einsatz einer virtuellen verdeckten Ermittlungsperson zwar noch vom Wortlaut des § 110a Abs. 2 S. 1 StPO gedeckt sein mag, steht er doch im Widerspruch zu ihrem Telos. Der Aufbau einer virtuellen Legende entspricht nicht denselben Anforderungen wie der in der analogen Welt.[511] Dort umfasst sie in der Regel Name, Anschrift, Beruf sowie persönliche Umstände,[512] die sich nötigenfalls durch Urkunden belegen lassen (vgl. § 110a Abs. 3 StPO). Insbesondere die Verwendung bürgerlicher Namen zielt dabei auf die Täuschung der Zielperson ab.[513] Vergleichbare Angaben sind im Internet hingegen regelmäßig nicht erforderlich. Im Besonderen im *Darknet* findet in aller Regel keine

---

506 *Bauer*, Soziale Netzwerke und strafprozessuale Ermittlungen, 191 ff.; *Ihwas*, Strafverfolgung in Sozialen Netzwerken, 167 ff.; *Zöller*, GA 2000, 563 (571 f.).

507 *Bauer*, Soziale Netzwerke und strafprozessuale Ermittlungen, 191 ff.; *Ihwas*, Strafverfolgung in Sozialen Netzwerken, 167 ff.; *Zöller*, GA 2000, 563 (571 f.).

508 *Ihwas*, Strafverfolgung in Sozialen Netzwerken, 167 ff.; *Zöller*, GA 2000, 563 (572); *Henrichs*, Kriminalistik 2012, 632 (635); im Ergebnis wohl auch *Bauer*, Soziale Netzwerke und strafprozessuale Ermittlungen, 211.

509 *Zöller*, GA 2000, 563 (572); *Henrichs*, Kriminalistik 2012, 632 (635); *Ihwas*, Strafverfolgung in Sozialen Netzwerken, 169.

510 *Zöller*, GA 2000, 563 (572); *Henrichs*, Kriminalistik 2012, 632 (635); *Brenneisen/Staack*, Kriminalistik 2012, 627 (630); *Bauer*, Soziale Netzwerke und strafprozessuale Ermittlungen, 198 ff.; *Ihwas*, Strafverfolgung in Sozialen Netzwerken, 167 ff.

511 *Zöller*, GA 2000, 563 (571 f.); *Ihwas*, WiJ 2018, 138 (145); *Bauer*, Soziale Netzwerke und strafprozessuale Ermittlungen, 191 ff.

512 *Hegmann*, in: Graf, BeckOK StPO, § 110a Rn. 3; *Zöller*, GA 2000, 563 (571); *Ihwas*, WiJ 2018, 138 (145).

513 *Keller/Braun/Roggenkamp*, Cybercrime, 83.

echte Identitätsüberprüfung statt. Es bedarf insoweit keiner Urkunden, die für Aufbau oder Aufrechterhaltung der Legende erforderlich sind. Ein echt wirkendes Profil im *Darknet* gründet hauptsächlich auf seiner Aktivität, wie beispielsweise durch Teilnahme an Chats, Scheinkäufen und der Überwindung von Keuschheitsproben.

Darüber hinaus fehlt es an einem vergleichbar hohen organisatorischen und ggf. finanziellen Aufwand für den Einsatz einer virtuellen verdeckten Ermittlungsperson.[514] Sie muss ihre Lebensverhältnisse nicht entsprechend anpassen, weil sie die Legende ausschließlich in der virtuellen Welt nutzt. Dies weicht stark vom gesetzlichen Leitbild verdeckter Ermittlungen i. S. d. §§ 110a ff. StPO ab.[515] Der Einsatz einer virtuellen Legende bezweckt gerade nicht den Schutz der persönlichen Lebensverhältnisse der Ermittlungsperson. Sie steht in keinerlei analogem Kontakt zu der tatverdächtigen Zielperson oder dessen Umfeld. Selbst in den hochkonspirativen Communities bleiben die Mitglieder in der Regel anonym. Eine verwendete Legende muss im Ernstfall daher keiner eingehenden Überprüfung standhalten.[516] Anders als in der analogen Welt können obendrein mehrere Polizeibedienstete unter ein und derselben virtuellen Identität agieren.[517] Die virtuelle Legende verfolgt demnach keinen Schutzauftrag. Ihr Zweck erschöpft sich allein in der Ermöglichung der Ermittlungsaufgabe.[518] Der Schutzauftrag der Legendenbildung ist den Vorschriften der §§ 110a ff. StPO jedoch immanent. Dies ergibt sich bereits aus der Gesetzeshistorie.[519] Ursprünglich wurden die Vorschriften durch das „Gesetz zur Bekämpfung des illegalen Rauschgifthandels und anderer Erscheinungsformen organisierter Kriminalität“[520] eingeführt. Hierdurch wollte der Staat seiner Fürsorgepflicht gegenüber seinen Polizeibediensteten nachkommen, die während der Ermittlungen dem engen und gefährlichen Kontakt zum Milieu ausgesetzt sind.[521] Der Einsatz verdeckter

---

514 *Ihwas*, WiJ 2018, 138 (145).

515 *Schneider*, NStZ 2004, 359 (362); *Bauer*, Soziale Netzwerke und strafprozessuale Ermittlungen, 194.

516 *Bauer*, Soziale Netzwerke und strafprozessuale Ermittlungen, 194.

517 *Bauer*, Soziale Netzwerke und strafprozessuale Ermittlungen, 194.

518 *Bauer*, Soziale Netzwerke und strafprozessuale Ermittlungen, 194.

519 *Bauer*, Soziale Netzwerke und strafprozessuale Ermittlungen, 194; *Ihwas*, Strafverfolgung in Sozialen Netzwerken, 168 f.

520 BGBl. 1992 I, 1302.

521 BT-Drs. 12/989, 41.

Ermittler*innen ist daher auf persönliche Begegnungen mit der Zielperson ausgerichtet, um in die kriminellen Strukturen der organisierten Kriminalität vorzudringen. Im *Darknet* sind die persönlichen Konsequenzen indes nicht vergleichbar mit einem Kontakt im analogen Umfeld der organisierten Kriminalität. Vielmehr führt das Ermitteln unter einer virtuellen Legende zu keinerlei persönlichen Konsequenzen für die Ermittlungsperson oder ihr privates Umfeld.[522]

Dass das Telos der §§ 110a ff. StPO auf die analoge Welt zugeschnitten ist, zeigen auch die geregelten Befugnisse verdeckter Ermittler*innen.[523] Die Vorschrift des § 110c S. 1 StPO erlaubt ihnen eine Wohnung mit dem Einverständnis des Berechtigten zu betreten. Ein denkbares Äquivalent hierzu wäre im *Darknet* die Aufnahme in geschlossene Gruppen oder der Zugang zu geschützten Chatbereichen. Anders als bei der Wohnungsbetretung würde es sich hierbei jedoch um keine situativ begrenzte Beobachtung handeln. Die Ermittlungsperson könnte dauerhaft, unbeschränkt und heimlich auf den bestehenden Datenbestand sowie zukünftige Kommunikation zugreifen. Es handelt sich somit um ein aliud, das sich nicht über § 110c StPO rechtfertigen lassen würde.

In der Gesamtschau ist folglich festzuhalten, dass die Vorschriften zum Einsatz verdeckter Ermittler*innen nicht darauf ausgelegt sind, Ermächtigung zur Begegnung technischer Neuerungen zu sein.[524] Die unmittelbare Anwendung der §§ 110a ff. StPO kommt daher allenfalls dann in Betracht, wenn die verdeckten Ermittlungen auf intermediäre Täuschungen angelegt sind und die Ermittlungsperson in derselben Sache auch in der analogen Welt verdeckt ermittelt.[525] Nur in diesem Fall verfolgt die Legende auch den von den §§ 110a ff. StPO bezweckten Schutzauftrag.

2.2.1.3.2.2. Ermittlungsgeneralklausel, §§ 161 Abs. 1 S. 1, 163 Abs. 1 S. 2 StPO

Eine ausdrückliche Ermächtigung zur Schaffung virtueller Identitäten im *Darknet* ist in der StPO folglich nicht enthalten. Soweit die Vorschriften der

---

522 *Bauer*, Soziale Netzwerke und strafprozessuale Ermittlungen, 194.

523 *Bauer*, Soziale Netzwerke und strafprozessuale Ermittlungen, 196 f.

524 *Ihwas*, Strafverfolgung in Sozialen Netzwerken, 170.

525 *Henrichs*, Kriminalistik 2012, 632 (334 f.); *Ihwas*, Strafverfolgung in Sozialen Netzwerken, 167.

§§ 110a ff. StPO keine Anwendung finden, kommt lediglich ein Rückgriff auf die Ermittlungsgeneralklausel der §§ 161 Abs. 1 S. 1, 163 Abs. 1 S. 2 StPO in Betracht. Ihre Einsatzvoraussetzungen beschränken sich auf das Vorliegen eines Anfangsverdachts sowie auf die Verhältnismäßigkeit der Maßnahme.

Der Anwendungsbereich der Ermittlungsgeneralklausel ist allerdings begrenzt. Aufgrund ihrer wenigen Voraussetzungen kann sie nur geringfügige Grundrechtseingriffe rechtfertigen. Somit kann die Ermittlungsgeneralklausel nur Anwendung finden, wenn eine Ermittlungsmaßnahme zwar in ein Grundrecht eingreift, aber die Schwelle der Geringfügigkeit nicht überschreitet. Von einem nicht mehr bloß geringfügigen Grundrechtseingriff ist jedenfalls dann auszugehen, wenn eine Maßnahme einer speziell geregelten Ermittlungsbefugnis, wie beispielsweise der des Einsatzes verdeckter Ermittler*innen i. S. d. §§ 110a ff. StPO oder der längerfristigen Beobachtung gem. § 163f StPO ähnelt. In diesen Fällen erfordert die Intensität der Maßnahme eine höhere Eingriffsschwelle, was es ausschließt, sie auf die Ermittlungsgeneralklausel zu stützen.

Fraglich ist daher, ab wann ein legendiertes Vorgehen im virtuellen Raum die Grenzen der Geringfügigkeit und damit den eng abgesteckten Anwendungsbereich der §§ 161 Abs. 1 S. 1, 163 Abs. 1 S. 2 StPO überschreitet. Die Eingriffsintensität hängt von der konkreten staatlichen Maßnahme ab und bedarf einer Einzelfallentscheidung. Während sich die Heimlichkeit verdeckter Ermittlungen immer eingriffsintensivierend auswirkt,[526] ist bei der virtuellen verdeckten Ermittlungsperson zunächst festzustellen, dass anders als in der analogen Welt, die Detailtiefe oder Dauer der Legende nicht entscheidend sein kann.[527] Denn im Internet, insbesondere im *Darknet*, reicht die bloße Angabe eines Pseudonyms oftmals aus, um in eine aktive Kommunikationsbeziehung mit der Zielperson zu treten. Es bedarf für die Legende in der Regel keiner weiteren Angaben, die durch Urkunden zu belegen wären, um am Rechtsverkehr teilzunehmen und Kommunikationsbeziehungen aufzubauen. Würde man allein auf die Detailtiefe oder Dauer der Legende abstellen, wäre ein legendiertes Vorgehen im *Darknet* daher regelmäßig von der strafprozessualen Ermittlungsgeneralklausel gedeckt. Um

---

[526] Hierzu bereits in Kap. 4 Abschn. 1.1.3.

[527] So im Ergebnis auch *Bauer*, Soziale Netzwerke und strafprozessuale Ermittlungen, 202.

den Schutzbereich des Rechts auf informationelle Selbstbestimmung nicht zu untergraben, bedarf es somit im virtuellen Raum weiterer Kriterien, die auf eine Geringfügigkeit des Grundrechtseingriffs schließen lassen.

Im Ausgangspunkt ist, wie bei der Frage nach einer Verletzung des schutzwürdigen Vertrauens in Identität und Motivation des Gegenübers im Rahmen des Grundrechtseingriffs, auch hier auf Dauer, Art und Weise der Kommunikationsbeziehung sowie auf das Ausmaß der Zugangskontrolle abzustellen. Baut die virtuelle verdeckte Ermittlungsperson eine langfristige Kommunikationsbeziehung zu der Zielperson auf, damit sich diese ihr gegenüber öffnet, beeinträchtigt die Maßnahme in der Regel mehr als nur geringfügig das Recht auf informationelle Selbstbestimmung.[528] Dies gilt vor allem dann, wenn die Ermittlungsperson die Zielperson zum Beweisgegenstand befragt bzw. das Gesprächsthema gezielt in diese Richtung lenkt.[529] Auch Kommunikationsinhalte, die dem Kernbereich privater Lebensgestaltung nahestehen, überschreiten die Grenzen der Geringfügigkeit. Gleiches gilt regelmäßig dann, wenn sich die Ermittlungsperson unter Überwindung von Zugangsbeschränkungen Zugang zu einer geschlossenen Benutzergruppe verschafft, um gezielt mit tatverdächtigen Personen zu kommunizieren.[530] Der Zugang setzt in diesen Fällen regelmäßig voraus, dass die Ermittlungsperson zuvor vertrauensbegründende Bezüge zur Zielperson herstellen oder sich über eine entsprechende Ausgestaltung der Legendenbildung deren Vertrauen erschleichen muss. Darüber hinaus besteht nach der Zugangsgewährung ein zeitlich unbegrenzter Zugriff auf die zugangsgeschützten Webinhalte. In diesen Fällen unterscheidet sich die Eingriffsintensität aus Sicht des Betroffenen nicht von der einer Maßnahme nach §§ 110a ff. StPO und kann folglich nicht auf die Ermittlungsgeneralklausel gestützt werden.

Gleichwohl sind Fallkonstellationen denkbar, bei denen man die Ermittlungsgeneralklausel zur Legitimation virtueller verdeckter

---

528 *Bauer*, Soziale Netzwerke und strafprozessuale Ermittlungen, 202; im Ergebnis wohl auch *Rosengarten/Römer*, NJW 2012, 1764 (1767); *Wittmer*, Straftaten und Strafverfolgung im Darknet, 143.

529 *Bauer*, Soziale Netzwerke und strafprozessuale Ermittlungen, 202.

530 *Bauer*, Soziale Netzwerke und strafprozessuale Ermittlungen, 202; *Sieber/Brodowski*, in: Hoeren/Sieber/Holznagel, Hdb Multimedia-Recht, Teil 19.3 Rn. 45; *Köhler*, in: Meyer-Goßner/Schmitt, StPO, § 110a Rn. 4; *Rückert*, in: Maume/Maute, 6. Kap. § 23 Rn. 22; *Bär*, ZIS 2011, 53 *Rosengarten/Römer*, NJW 2012, 1764 (1767).

Ermittlungspersonen heranziehen kann. Insbesondere bei einzelnen Scheingeschäften ist noch von einem geringfügigen Grundrechtseingriff auszugehen, soweit überhaupt ein schutzwürdiges personengebundenes Vertrauen vorliegt.[531] Es handelt sich meist um einen kurzfristigen Kontakt, bei dem die Identität des Gegenübers nicht im Vordergrund steht.[532] Dasselbe gilt für eine aktive Beteiligung in Chat oder Forengruppen, soweit die Kommunikation von kurzer Dauer ist oder die Mitglieder keine vertraulichen Informationen teilen. In diesen Fällen erscheint ein Rückgriff auf die strafprozessuale Ermittlungsgeneralklausel noch verhältnismäßig. Allerdings sind hier, wie in der analogen Welt auch, die Grenzen einer zulässigen Tatprovokation oder einer mit der Ermittlungshandlung einhergehenden täuschungsbedingten Selbstbelastung zu beachten.

2.2.1.4. Zwischenergebnis

Das Ermitteln unter einer falschen Legende ist für die Strafverfolgung im *Darknet* von wesentlicher Bedeutung, um die hohe Konspiration der Szene zu überwinden und in die abgeschotteten virtuellen Räume vorzudringen. Verdeckte personale Ermittlungen im *Darknet* können in das Recht auf informationelle Selbstbestimmung eingreifen, soweit das Vorgehen ein schutzwürdiges Vertrauen in Identität und Motivation der Kommunizierenden verletzt. In diesem Fall bedarf es einer gesetzlichen Ermächtigungsgrundlage. Anderenfalls handelt es sich lediglich um schlicht-hoheitliches Handeln, das keiner Rechtsgrundlage bedarf. Nach geltender Rechtslage ist der Einsatz virtueller verdeckter Ermittlungspersonen dann gerechtfertigt, wenn er nur geringfügig in Grundrechte der betroffenen Person eingreift. In diesem Fall reicht die Ermittlungsgeneralklausel der §§ 161 Abs. 1 S. 1 163 Abs. 1 S. 2 StPO aus, um den Einsatz zu legitimieren. Anderenfalls bedarf es einer spezialgesetzlichen Eingriffsbefugnis.

Angesichts der zu erwartenden Zunahme praktischer Anwendungsfälle ist der Gesetzgeber gehalten, eine entsprechende Rechtsgrundlage zu schaffen.[533]

---

531 *Bauer*, Soziale Netzwerke und strafprozessuale Ermittlungen, 202; *Rückert*, in: Maume/Maute, 6. Kap. § 23 Rn. 25; *Rosengarten/Römer*, NJW 2012, 1764 (1767); *Ihwas*, WiJ 2018, 138 (145); *Soiné*, NStZ 2014, 248 (250).

532 *Bauer*, Soziale Netzwerke und strafprozessuale Ermittlungen, 202.

533 *Sieber/Brodowski*, in: Hoeren/Sieber/Holznagel, Hdb Multimedia-Recht, Teil 19.3 Rn. 49; *Henrichs/Wilhelm*, Kriminalistik 2010, 30 (34); *Brenneisen/Staack*, Kriminalistik 2012,

Dabei bedarf es jedoch nicht zwangsläufig einer ähnlich restriktiven Eingriffsbefugnis, wie sie in den §§ 110a ff. StPO festgeschrieben ist.[534] Die zu schaffende Ermächtigungsgrundlage sollte sich an den Eigenheiten und Gegebenheiten des virtuellen Raums orientieren. Bis dahin erscheint eine Anwendung der §§ 110a ff. StPO jedoch nicht vollkommen unvertretbar. Denn der Einsatz einer virtuellen verdeckten Ermittlungsperson lässt sich noch unter den gesetzlichen Wortlaut der Norm subsumieren. Die restriktiven Anordnungsvoraussetzungen sichern darüber hinaus den grundrechtlichen Schutzbereich ausreichend ab. In diesem Fall muss die Rechtsprechung auf Grundlage des bestehenden Regelungsrahmens Voraussetzungen und Grenzen der Befugnisse einer virtuellen verdeckten Ermittlungsperson im Internet konkretisieren, um Rechtsunsicherheit vorzubeugen und staatlicher Willkür zu begegnen.[535]

2.2.2. Verdeckte Identitätsübernahme

Dem Einsatz virtueller verdeckter Ermittlungspersonen sind jedoch Grenzen gesetzt. Insbesondere beim Handel mit Waffen oder auf pädokriminellen Plattformen im *Darknet* fordern Kriminelle immer häufiger das Bestehen einer Keuschheitsprobe, die mit der Begehung von Straftaten einhergeht.[536] Zudem schlägt neu angelegten Accounts im *Darknet* regelmäßig das Misstrauen der konspirativen Szene entgegen.[537] Auch vor diesem Hintergrund hat sich im Rahmen der Strafverfolgung im *Darknet* neben der Errichtung fiktiver Profile die Übernahme und Weiterführung existierender

627 (630); *Ihwas*, WiJ 2018, 138 (145); für einen annehmbaren Entwurf einer gesetzliche Ermächtigungsgrundlage für den Einsatz virtueller verdeckter Ermittlungspersonen, vgl. *Bauer*, Soziale Netzwerke und strafprozessuale Ermittlungen, 209 ff.

534 *Bauer*, Soziale Netzwerke und strafprozessuale Ermittlungen, 203.

535 *Sieber/Brodowski*, in: Hoeren/Sieber/Holznagel, Hdb Multimedia-Recht, Teil 19.3 Rn. 49.

536 *Krause*, NJW 2018, 678 (680); hierzu bereits in Kap. 3 Abschn. 2.3.

537 *Rath*, DRiZ 2016, 292 (293); *Krause*, NJW 2018, 678 (680).

Accounts bewährt.[538] Dieses Vorgehen bezeichnet man auch als verdeckte Identitätsübernahme.[539]

2.2.2.1. Beschreibung

Bei der verdeckten Identitätsübernahme greift eine Ermittlungsperson auf bereits bestehende Accounts zurück, um hierüber mit der Zielperson in Kontakt zu treten.[540] Wie bei der virtuellen verdeckten Ermittlungsperson handelt es sich dabei um eine verdeckte Ermittlungsmaßnahme, bei der die Täuschung über die Motivation und Identität des staatlichen Gegenübers im Vordergrund steht. Um den Account nutzen zu können, müssen die Strafverfolgungsbehörden jedoch zunächst Zugriff auf dessen Zugangsdaten erhalten. Hierbei kommt neben einer freiwilligen Herausgabe auch die Anwendung von Zwang in Betracht. Um den Nutzungserfolg nicht zu gefährden, sollten Strafverfolgungsbehörden zudem mit Übernahme und Weiterführung des Accounts dessen weitere Nutzung durch die betroffene Person unterbinden (z. B. durch Änderung der Zugangsdaten).[541] Anderenfalls besteht die Gefahr, dass sie Dritte über die staatliche Identitätsübernahme informiert.

Im Übrigen gehört die Übernahme und Weiterführung bereits bestehender Accounts auf Plattformen im Internet bereits zur gängigen Ermittlungspraxis der deutschen Sicherheitsbehörden. Eine Antwort der Bundesregierung auf eine kleine Anfrage der Fraktion DIE LINKE ergab, dass die Bundespolizei allein zwischen Januar und November 2017 insgesamt 21 Accounts übernommen und zu Ermittlungszwecken im Internet genutzt hat.[542] Auch beim BKA kam es in der Vergangenheit zu verdeckten Identitätsübernahmen.[543]

---

538 *Rath*, DRiZ 2016, 292 (293); *Fünfsinn/Ungefuk/Krause*, Kriminalistik 2017, 440 (444); *Göpper*, Kriminalistik 2018, 623 (625); *Krause*, NJW 2018, 678 (680); *Zöller*, KriPoZ 2019, 274 (276); *Rückert/Goger*, MMR 2020, 373 (374).

539 *Sieber/Brodowski*, in: Hoeren/Sieber/Holznagel, Hdb Multimedia-Recht, Teil 19.3 Rn. 47; *Grözinger*, in: Müller/Schlothauer/Knauer, MAH Strafverteidigung, § 50 Rn. 255.

540 *Sieber/Brodowski*, in: Hoeren/Sieber/Holznagel, Hdb Multimedia-Recht, Teil 19.3 Rn. 47.

541 *Oehmichen/Weißenberger*, KriPoZ 2019, 174 (181).

542 BT-Drs. 19/116, 3.

543 BT-Drs. 19/116, 3.

2.2.2.2. *Einsatzmöglichkeiten im Darknet*

Im *Darknet* eignet sich die verdeckte Identitätsübernahme, um mit tatverdächtigen Personen in Kontakt zu treten, die ansonsten sehr misstrauisch sind. Darüber hinaus ermöglicht die Übernahme und Weiterführung bestehender Accounts unter Umständen Zutritt zu den geschützten Bereichen krimineller Plattformen, die die Begehung einer Keuschheitsprobe voraussetzen.[544] Durch die Reputation der etablierten Accounts bedarf es regelmäßig nicht der Begehung einer Straftat oder einer anderweitigen Verifizierung der eigenen kriminellen Absichten. Anders als beim Einsatz einer virtuellen verdeckten Ermittlungsperson hängt der Ermittlungserfolg folglich nicht mehr davon ab, ob die Aufnahme zur Plattform eine Keuschheitsprobe verlangt oder nicht.[545] Auch auf den Handelsplattformen wird man einem Account, über den bereits ein illegales Geschäft getätigt wurde, mehr Vertrauen entgegenbringen als einem neu angelegten Account.[546] Die Bewertungen vergangener Geschäfte vermitteln insoweit eine gewisse Glaub und Vertrauenswürdigkeit.[547]

Darüber hinaus kommt bestehenden Accounts eine potenzielle Beweisbedeutung zu.[548] Mit ihnen sind oftmals zahlreiche beweisrelevante Informationen, wie beispielsweise in der Vergangenheit getätigte Geschäfte sowie ausgetauschte Chatnachrichten mit anderen tatverdächtigen Personen, verbunden.[549] Die gewonnen Informationen können als Grundlage für weitergehende Ermittlungen dienen.

Im Übrigen hat die Übernahme und Weiterführung digitaler Identitäten in der Vergangenheit bereits entscheidend dazu beigetragen, dass Strafverfolgungsbehörden tatverdächtige Personen im *Darknet* identifizieren konnten.[550] Beispielsweise überführten Strafverfolgungsbehörden auf diese Weise den

---

544 *Rath*, DRiZ 2016, 292 (293); *Fünfsinn/Ungefuk/Krause*, Kriminalistik 2017, 440 (444); *Ihwas*, WiJ 2018, 138 (146); *Göpper*, Kriminalistik 2018, 623 (625); *Safferling*, DRiZ 2018, 206 (207); *Krause*, NJW 2018, 678 (680); *Zöller*, KriPoZ 2019, 274 (276); *Rückert/Goger*, MMR 2020, 373 (374).

545 *Krause*, NJW 2018, 678 (680); *Safferling*, DRiZ 2018, 206 (207); *Zöller*, KriPoZ 2019, 274 (276); *Fünfsinn/Ungefuk/Krause*, Kriminalistik 2017, 440 (444).

546 *Hertel*, Kriminalistik 2019, 162 (165).

547 *Hertel*, Kriminalistik 2019, 162 (165).

548 *Wittmer*, Straftaten und Strafverfolgung im Darknet, 149.

549 *Wittmer*, Straftaten und Strafverfolgung im Darknet, 149.

550 *Krause*, NJW 2018, 678 (680); *Mey*, Darknet, 148.

Waffenhändler, der dem Amokläufer von München die Tatwaffe verkaufte.[551] Den Ermittler*innen gelang es, über ein freiwillig überlassenes Profil eines ehemaligen Käufers Kontakt zu dem Händler aufzunehmen.[552] Sie gaben vor, an einem weiteren Waffenkauf interessiert zu sein.[553] Bei der Übergabe der Waffen kam es dann letztlich zur Verhaftung des Waffenhändlers.[554]

2.2.2.3. *Rechtliche Bewertung*

Fraglich ist, ob die Übernahme und Weiterführung existierender Accounts im *Darknet* zum Zwecke der Strafverfolgung zulässig sind.

2.2.2.3.1. *Grundrechtsrelevanz*

Zunächst ist zu untersuchen, ob und wenn ja in welche Grundrechte die verdeckte Identitätsübernahme eingreift. Hiernach entscheidet sich, ob ihre Anordnung einer gesetzlichen Ermächtigungsgrundlage bedarf.

2.2.2.3.1.1. *Telekommunikationsgeheimnis*

Ob ein Eingriff in das Telekommunikationsgeheimnis vorliegt, hängt davon ab, ob die betroffene Person den Strafverfolgungsbehörden ihren Account freiwillig überlassen hat oder ob die Übernahme und Weiterführung gegen ihren Willen erfolgte. Die Kenntnisnahme von Inhalten und näheren Umständen einer Telekommunikation ist nur dann an Art. 10 Abs. 1 Alt. 3 GG zu messen, wenn eine staatliche Stelle eine Telekommunikationsbeziehung von außen überwacht, ohne selbst Kommunikationsadressatin zu sein.[555] Soweit eine staatliche Stelle Kenntnis von den Inhalten auf dem dafür technisch

---

551 *Hostettler*, ApuZ 2017, 10 (10); *Mey*, Darknet, 148; *Rebiger*, Wenn die Polizei heimlich Internet-Accounts übernimmt, abrufbar unter: https://netzpolitik.org/2019/wenn-die-polizei-heimlich-internet-accounts-uebernimmt/ (abgerufen am 01.10.2022).

552 *Hostettler*, ApuZ 2017, 10 (10); *Mey*, Darknet, 148; *Rebiger*, Wenn die Polizei heimlich Internet-Accounts übernimmt, abrufbar unter: https://netzpolitik.org/2019/wenn-die-polizei-heimlich-internet-accounts-uebernimmt/ (abgerufen am 01.10.2022).

553 *Hostettler*, ApuZ 2017, 10 (10); *Mey*, Darknet, 148; *Rebiger*, Wenn die Polizei heimlich Internet-Accounts übernimmt, abrufbar unter: https://netzpolitik.org/2019/wenn-die-polizei-heimlich-internet-accounts-uebernimmt/ (abgerufen am 01.10.2022).

554 *Hostettler*, ApuZ 2017, 10 (10); *Mey*, Darknet, 149; *Rebiger*, Wenn die Polizei heimlich Internet-Accounts übernimmt, abrufbar unter: https://netzpolitik.org/2019/wenn-die-polizei-heimlich-internet-accounts-uebernimmt/ (abgerufen am 01.10.2022).

555 BVerfGE 120, 274 (341).

vorgesehenen Weg erlangt, liegt ein Eingriff in das Telekommunikationsgeheimnis nur dann vor, wenn sie hierzu nicht autorisiert ist.[556] Da das Grundrecht nicht vor Risiken, die aus dem Einfluss und Verantwortungsbereich einer an der Kommunikation beteiligten Person stammen, schützt, erfasst die staatliche Stelle die Kommunikationsinhalte jedoch bereits dann autorisiert, wenn nur eine Person von mehreren Kommunikationsbeteiligten ihr den Zugriff hierauf ermöglicht.[557] Ein Eingriff in das Telekommunikationsgeheimnis scheidet folglich aus, wenn eine an der Kommunikation beteiligte Person den Strafverfolgungsbehörden ihre Zugangsdaten freiwillig zur Verfügung stellt.[558]

Ein Grundrechtseingriff liegt dagegen dann vor, wenn die Strafverfolgungsbehörde die Zugangsdaten ohne oder gegen den Willen der betroffenen Person erhebt und ihren Account fortführt.[559] In diesem Fall dringt die Strafverfolgungsbehörde unautorisiert in eine Kommunikationsbeziehung ein, sodass der Schutzbereich von Art. 10 Abs. 1 Var. 3 GG eröffnet ist.[560]

2.2.2.3.1.2. Recht auf informationelle Selbstbestimmung

Soweit die verdeckte Identitätsübernahme gegen oder ohne den Willen der den Account innehabenden Person erfolgt, liegt darüber hinaus ein Eingriff in ihr Recht auf informationelle Selbstbestimmung vor.[561] Denn das Grundrecht schützt das Recht, grundsätzlich selbst über Preisgabe und Verwendung der eigenen personenbezogenen Daten zu bestimmen. Dies beinhaltet die Freiheit, darüber zu entscheiden, ob und mit wem personenbezogene Informationen geteilt werden sollen.[562]

Überdies kann die verdeckte Identitätsübernahme in das Recht auf informationelle Selbstbestimmung einer dritten Person eingreifen, wenn die

---

556 BVerfGE 120, 274 (341); BGHSt 39, 335 (339 f.).

557 BVerfGE 120, 274 (341); BGHSt 39, 335 (339 f.); *Schulz/Hoffmann*, DuD 2012, 7 (13).

558 BVerfGE 120, 274 (341); BGHSt 39, 335 (339 f.); *Schulz/Hoffmann*, DuD 2012, 7 (12); *Hertel*, Kriminalistik 2019, 162 (165).

559 BVerfGE 120, 274 (341); *Pagenkopf*, in: Sachs, GG, Art. 10 Rn. 10a; *Schulz/Hoffmann*, DuD 2012, 7 (13).

560 BVerfGE 120, 274 (341); *Pagenkopf*, in: Sachs, GG, Art. 10 Rn. 10a; *Schulz/Hoffmann*, DuD 2012, 7 (13).

561 *Ihwas*, WiJ 2018, 138 (146); *Wittmer*, Straftaten und Strafverfolgung im Darknet, 155 f.; a. A. *Krause*, NJW 2018, 678 (680).

562 *Eifert*, NVwZ 2008, 521 (522).

Strafverfolgungsbehörden über den fremden Account Kontakt zu ihr aufnehmen. Es kann ihr schutzwürdiges Vertrauen in Identität und Motivation ihres virtuellen Gegenübers verletzen. Ob schutzwürdiges Vertrauen vorliegt, erfordert bei virtuellen Kommunikationsbeziehungen zwar einer Entscheidung im konkreten Einzelfall.[563] Bei einer verdeckten Identitätsübernahme ist jedoch regelmäßig dann von einem Grundrechtseingriff auszugehen, wenn über den Account bereits zuvor vertrauensschaffender Kontakt zur Zielperson bestand.[564] In diesem Fall dringen die Ermittler*innen in eine schon bestehende Kommunikationsbeziehung ein, der die Bildung eines Vertrauenstatbestands vorausgegangen ist.[565] Die Kommunikationsbeteiligten haben insoweit keinen Anlass, die Identität und Motivation ihres Gegenübers in Frage zu stellen.

Dies widerspricht auch nicht der Rechtsprechung des Bundesgerichtshofs zur sogenannten „Hörfalle". Die Sachverhalte sind unterschiedlich gelagert; die Rechtsprechung ist dementsprechend nicht übertragbar. Denn anders als bei der verdeckten Identitätsübernahme, bei der eine Ermittlungsperson über einen fremden Account mit der Zielperson in Kontakt tritt, veranlassen die Strafverfolgungsbehörden bei der Hörfalle eine Privatperson ohne Aufdeckung der Ermittlungsabsicht mit einer tatverdächtigen Person ein Gespräch zu führen, welches dann ohne ihr Wissen abgehört wird. Einen Eingriff in das Recht auf informationelle Selbstbestimmung lehnt das Bundesverfassungsgericht in diesem Fall ab, da jedermann damit rechnen müsse, dass Telefongespräche von einem Zweithörer mitgehört werden könnten.[566] Für die Übernahme und Weiterführung eines Accounts bedürfen die Strafverfolgungsbehörden dagegen Kenntnis über die Zugangsdaten. Zudem führen die Strafverfolgungsbehörden die Kommunikation selbstständig weiter und hören nicht lediglich mit. Darüber hinaus haben die Strafverfolgungsbehörden auch die Möglichkeit, auf Daten zuzugreifen, die bereits vor der täuschungsbedingten Kommunikation entstanden sind. Die Erwartung, dass jeder damit rechnen müsse, dass ein Account im *Darknet* auch durch

---

563 Hierzu ausführlich s. Abschn. 2.2.1.3.1.2.

564 *Keller/Braun/Roggenkamp*, Cybercrime, 88; *Bauer*, Soziale Netzwerke und strafprozessuale Ermittlungen, 158, 164 f.; a. A. *Krause*, NJW 2018, 678 (680).

565 *Bauer*, Soziale Netzwerke und strafprozessuale Ermittlungen, 158.

566 BGHSt 39, 335 (343 f.); BGHSt 42, 139 (154).

Dritte oder sogar Strafverfolgungsbehörden genutzt wird, entbehrt jeglicher Grundlage.

Ein Eingriff in das Recht auf informationelle Selbstbestimmung scheidet dagegen regelmäßig dann aus, wenn der übernommene und weitergeführte Account bei Kontaktaufnahme keinerlei Bezug zur Zielperson aufweist.[567] Insoweit unterscheidet sich die verdeckte Identitätsübernahme nicht vom Einsatz einer virtuellen verdeckten Ermittlungsperson. Da die Strafverfolgungsbehörde zumindest anfänglich keine bestehende Vertrauensbeziehung ausnutzt, kann sie auch nicht schutzwürdiges personengebundenes Vertrauen verletzen.[568] Soweit sich im weiteren Verlauf Vertrauen bilden sollte, ist auf die Ausführungen zur virtuellen verdeckten Ermittlungsperson zu verweisen.[569] Ein Eingriff liegt danach vor, soweit schutzwürdiges personengebundenes Vertrauen entstanden ist und verletzt wurde.

2.2.2.3.1.3. Recht der Selbstdarstellung

Die verdeckte Identitätsübernahme kann darüber hinaus eine weitere grundrechtliche Ausprägung des allgemeinen Persönlichkeitsrechts aus Art. 2 Abs. 1 i. V. m. Art. 1 Abs. 1 GG betreffen. Das Recht der Selbstdarstellung schützt das Recht, sich herabsetzender, verfälschender, entstellender und unerbetener öffentlicher Darstellungen erwehren zu können.[570] Jedermann soll grundsätzlich selbst darüber befinden dürfen, wie er sich gegenüber Dritten oder der Öffentlichkeit darstellen will.[571] In dieses Recht greift die verdeckte Identitätsübernahme ggf. dann ein, wenn Strafverfolgungsbehörden gegen den Willen der betroffenen Person zu Ermittlungszwecken über den übernommenen Account öffentlich einsehbare Einträge posten oder mit Dritten kommunizieren.[572] Denn jegliche Aktivitäten können zumindest potentiell echten Personen zugeordnet werden, die sich über den Account virtuelle Identitäten im *Darknet* aufgebaut haben.[573]

---

567 *Bauer*, Soziale Netzwerke und strafprozessuale Ermittlungen, 159.
568 *Bauer*, Soziale Netzwerke und strafprozessuale Ermittlungen, 159.
569 Hierzu s. Abschn. 2.2.1.
570 BVerfGE 35, 202 (220); BVerfGE 54, 148 (154 f.).
571 BVerfGE 63, 131 (142); BVerfGE 35, 202 (220); BVerfGE 54, 148 (155).
572 *Wittmer*, Straftaten und Strafverfolgung im Darknet, 155 f.
573 *Wittmer*, Straftaten und Strafverfolgung im Darknet, 155.

2.2.2.3.1.4. *Recht auf Gewährleistung der Vertraulichkeit und Integrität informationstechnischer Systeme*

Ein Eingriff in das Recht auf Gewährleistung der Vertraulichkeit und Integrität informationstechnischer Systeme liegt in jeder staatlichen Maßnahme, mit der die selbstbestimmte Verfügung der berechtigten Person über ihr informationstechnisches System beeinträchtigt wird.[574] Ein Account auf einer Plattform stellt jedenfalls dann ein informationstechnisches System dar, wenn er den Zugriff auf personenbezogene Daten in einem Umfang und in einer Vielfalt erlaubt, die es ermöglichen, einen Einblick in wesentliche Teile der Lebensgestaltung einer Person zu gewinnen oder gar ein aussagekräftiges Bild ihrer Persönlichkeit zu erhalten.[575] Ist dies der Fall, greift die staatliche Maßnahme jedoch nur dann in das IT-Grundrecht ein, wenn die Strafverfolgungsbehörde die Zugangsdaten gegen oder ohne den Willen der betroffenen Person erlangt und nutzt. Nur in diesem Fall wird das geschützte Vertrauen erschüttert. Anderenfalls ist der grundrechtliche Schutzbereich nicht eröffnet.

Nicht betroffen ist dagegen das IT-Grundrecht von Dritten, mit denen die Strafverfolgungsbehörde über den übernommenen Account kommuniziert. Ihnen steht trotz der Täuschung frei, ob und in welchem Umfang sie Daten preisgeben wollen. Die Strafverfolgungsbehörden sind insoweit auf ihre „täuschungsbedingte Kooperation“ angewiesen.[576] Technikgebundenes Vertrauen wird hingegen nicht verletzt.

2.2.2.3.1.5. *Sonstige Grundrechte*

Je nach Inhalt der erhobenen Daten ist nicht auszuschließen, dass durch die verdeckte Identitätsübernahme auch andere Grundrechte betroffen sind. In Betracht kommt etwa die Religionsfreiheit aus Art. 4 Abs. 1 GG sowie die Meinungsfreiheit aus Art. 5 Abs. 1 GG, aber auch das Recht am eigenen Bild als weitere Ausprägung des allgemeinen Persönlichkeitsrechts. Dies lässt sich jedoch nur im konkreten Einzelfall feststellen und bleibt daher an dieser Stelle unausgeführt.

---

574 BVerfGE 120, 274 (314).

575 Hierzu bereits Kap. 4 Abschn. 1.2.2.1.2.

576 *Bauer*, Soziale Netzwerke und strafprozessuale Ermittlungen, 155.

2.2.2.3.2. *Gesetzliche Ermächtigungsgrundlage*

Soweit die verdeckte Identitätsübernahme in Grundrechte eingreift, bedarf sie einer gesetzlichen Ermächtigungsgrundlage. In der Praxis ergeht ihre Anordnung regelmäßig auf Grundlage der §§ 110a ff. StPO.[577] Soweit die Ermittler*innen nur gelegentlich unter dem fremden Account agieren, wird sogar die Ermittlungsgeneralklausel der § 161 Abs. 1 S. 1, § 163 Abs. 2 S. 1 StPO als ausreichende Rechtsgrundlage betrachtet.[578] In der Literatur herrscht dagegen ein uneinheitliches Meinungsbild darüber, ob die verdeckte Identitätsübernahme nach der geltenden Rechtslage zulässig ist. Während die überwiegende Ansicht der Praxis folgt,[579] lehnen andere Stimmen einen Rückgriff auf die §§ 110a ff. StPO und die Ermittlungsgeneralklausel ab.[580]

In der zeitlichen Abfolge der polizeilichen Ermittlung ist jedoch zwischen dem Zugriff auf die Zugangsdaten eines Accounts und dessen anschließender Übernahme und Weiterführung zu unterscheiden.

2.2.2.3.2.1. *Zugriff auf die Zugangsdaten eines Accounts*

Um bereits bestehende Accounts übernehmen und weiterführen zu können, müssen die Strafverfolgungsbehörden zunächst Zugriff auf die Zugangsdaten erhalten. Unproblematisch ist hierbei deren freiwillige Herausgabe. Diese kommt beispielsweise dann in Betracht, wenn die betroffene Person im Rahmen des Nachtatverhaltens Einsicht und Reue zeigt oder Hilfe zur Aufklärung oder Verhinderung schwerer Straftaten gem. § 46b StGB leisten will.[581] Soweit die den Account innehabende Person die Zugangsdaten nicht freiwillig an die Strafverfolgungsbehörden herausgibt, sind den Ermittler*innen dagegen die Hände gebunden. Da die Zugangsdaten in der Regel nicht verkörpert sind, sind sie weder den Vorschriften zur Sicherstellung und Beschlagnahme von Beweismitteln gem. §§ 94, 98 StPO noch den Vorschriften zur Sicherung

---

577 BT-Drs. 19/116, 4.

578 BT-Drs. 19/116, 4.

579 *Krause*, NJW 2018, 678 (680); *Hertel*, Kriminalistik 2019, 162 (165).

580 *Keller/Braun/Roggenkamp*, Cybercrime, 88; *Sieber/Brodowski*, in: Hoeren/Sieber/Holznagel, Hdb Multimedia-Recht, Teil 19.3 Rn. 47; *Ihwas*, WiJ 2018, 138 (146); *Bauer*, Soziale Netzwerke und strafprozessuale Ermittlungen, 208 f.

581 *Krause*, NJW 2018, 678 (680); *Oehmichen/Weißenberger*, KriPoZ 2019, 174 (180); *Bachmann/Arslan*, NZWiSt 2019, 241 (244 f.).

der Einziehung gem. §§ 111b, 111j StPO zugänglich.[582] Darüber hinaus kann die betroffene Person auch nicht zur aktiven Herausgabe der Zugangsdaten gezwungen werden (*nemo tenetur se ipsum accusare*).[583]

Sofern die Strafverfolgungsbehörde anderweitig Zugriff auf die Zugangsdaten erlangt haben sollte, ist die betroffene Person dagegen verpflichtet, die Beschlagnahme ihres Accounts zu Beweiszwecken gem. §§ 94, 98 StPO oder als Einziehungsobjekt nach §§ 111b, 111j StPO zu dulden.[584] Dies kommt insbesondere dann in Betracht, wenn es der Strafverfolgungsbehörde gelingt, die Zielperson während einer von ihr eröffneten passwortgeschützten oder verschlüsselten Kommunikation festzunehmen, wodurch sie deren Account ad hoc übernehmen kann.[585] Alternativ lassen sich unter Umständen Zugangsdaten mittels Spyware oder im Rahmen einer rechtmäßigen Online-Durchsuchung durch Key-Logger[586] protokollieren.[587] Beides setzt allerdings eine zuvor erfolgte technische Infiltration des Rechners der betroffenen Person voraus.[588]

2.2.2.3.2.2. Übernahme und Weiterführung des Accounts

Soweit den Strafverfolgungsbehörden der Zugriff auf die Zugangsdaten gelingt, folgt hieraus noch nicht, dass sie auch berechtigt sind, den in Rede stehenden Account zu übernehmen und weiterzuführen. Hierfür bedarf es einer eigenständigen gesetzlichen Ermächtigungsgrundlage jedenfalls dann, wenn die betroffene Person nicht in die Weiternutzung ihres Accounts einwilligt.

In der StPO findet sich keine eigenständige Rechtsgrundlage für die verdeckte Identitätsübernahme. Es bleibt daher nur ein Rückgriff auf die

---

582 *Krause*, NJW 2018, 678 (680); hierzu ausführlich *Wittmer*, Straftaten und Strafverfolgung im Darknet, 148 ff.

583 *Krause*, NJW 2018, 678 (680); *Wittmer*, Straftaten und Strafverfolgung im Darknet, 153 f.

584 *Krause*, NJW 2018, 678 (680); *Wittmer*, Straftaten und Strafverfolgung im Darknet, 154.

585 *Hertel*, Kriminalistik 2019, 162 (165); *Sieber/Brodowski*, in: Hoeren/Sieber/Holznagel, Hdb Multimedia-Recht, Teil 19.3 Rn. 48.

586 Hard- oder Software, über die sich Eingaben an der Tastatur eines Computers protokollieren lassen.

587 *Wittmer*, Straftaten und Strafverfolgung im Darknet, 152.

588 Zu den diesbezüglichen Schwierigkeiten s. Kap. 4 Abschn. 2.1.

bestehenden Eingriffsbefugnisse. In Betracht kommt dabei ein Rückgriff auf die Vorschriften der §§ 110a ff. StPO oder auf die Ermittlungsgeneralklausel der §§ 161 Abs. S. 1, 163 Abs. 1 S. 2.

2.2.2.3.2.2.1. Verdeckter Ermittler, §§ 110a ff. StPO

Anders als bei der virtuellen verdeckten Ermittlungsperson scheidet ein Rückgriff auf die Vorschriften der §§ 110a ff. StPO gänzlich aus, um die verdeckte Identitätsübernahme zu legitimieren. Der Wortlaut des § 110a Abs. 2 S. 1 StPO bezieht sich ausdrücklich auf den Aufbau einer Legende mit fiktiven Angaben. Die Übernahme einer bereits bestehenden virtuellen Identität lässt sich hierunter nicht subsumieren.

Im Übrigen sind die Ausführungen zum Einsatz einer virtuellen verdeckten Ermittlungsperson sinngemäß zu übertragen. Die verdeckte Identitätsübernahme ist somit als *aliud* zu § 110a StPO bewerten.[589] Eine Anwendung der §§ 110a ff. StPO auf die verdeckte Identitätsübernahme überschreitet folglich die Grenzen einer zulässigen Auslegung und ist mithin abzulehnen.

2.2.2.3.2.2.2. Ermittlungsgeneralklausel, §§ 161 Abs. 1 S. 1, 163 Abs. 1 S. 2 StPO

Ob sich die verdeckte Identitätsübernahme noch über die Ermittlungsgeneralklausel legitimieren lässt, hängt von den konkreten Umständen des Einzelfalls ab. Ein Rückgriff auf die §§ 161 Abs. 1 S. 1, 163 Abs. 1 S. 2 StPO scheidet aus, wenn der Grundrechtseingriff nicht bloß geringfügig ist. Ein Eingriff, dessen Intensität die Schwelle der Geringfügigkeit übersteigt, ist dann anzunehmen, wenn die betroffene Person der Übernahme und Weiterführung ihres Accounts zu Strafverfolgungszwecken nicht zustimmt.[590] In diesem Fall greifen die Strafverfolgungsbehörden einerseits in die Grundrechte der den Account innehabenden Person ein. Andererseits ist auch das Recht auf informationelle Selbstbestimmung weiterer Personen jedenfalls dann betroffen, wenn die Strafverfolgungsbehörde eine bestehende Kommunikationsbeziehung fortführen. In diesem Fall haben die Dritten ihre sonst

---

589 *Keller/Braun/Roggenkamp*, Cybercrime, 88; *Ihwas*, WiJ 2018, 138 (146); *Bauer*, Soziale Netzwerke und strafprozessuale Ermittlungen, 195 f.; *Grözinger*, in: Müller/Schlothauer/Knauer, MAH Strafverteidigung, § 50 Rn. 255; *Wittmer*, Straftaten und Strafverfolgung im Darknet, 164 f.

590 Wohl auch *Ihwas*, WiJ 2018, 138 (146).

übliche Zurückhaltung und Verschlossenheit gegenüber fremden Accounts bereits abgelegt und schutzwürdiges Vertrauen in Identität und Motivation ihres Gegenübers gefasst.[591] Es handelt sich demnach nicht mehr um einen nur geringfügigen Grundrechtseingriff.[592]

Will die Strafverfolgungsbehörde dagegen eine Kommunikationsbeziehung erst initiieren, gelten dieselben Maßstäbe zur Bildung von schutzwürdigen Vertrauen wie beim Einsatz einer virtuellen verdeckten Ermittlungsperson.[593] Die verdeckte Identitätsübernahme lässt sich demzufolge nur dann über die Ermittlungsgeneralklausel legitimieren, wenn die betroffene Person der Weiterführung ihres Accounts zu Strafverfolgungszwecken zugestimmt hat und die Ermittlungsperson nur geringfügig in das schutzwürdige Vertrauen in Identität und Motivation der Kommunikationsbeteiligten eingreift. Anderenfalls sind die Übernahme und Fortführung fremder Accounts mangels hinreichender Rechtsgrundlage unzulässig.

2.2.2.4. Zwischenergebnis

Die verdeckte Identitätsübernahme bietet sich insbesondere dann an, wenn es den Strafverfolgungsbehörden gelingt, sich Zugriff auf Accounts zu verschaffen, die schon langjährig aktiv sind und denen daher eine gewisse Vertrauenswürdigkeit zukommt. Während neu angelegten Accounts in der Szene oftmals misstraut wird, legen tatverdächtige Personen gegenüber vermeintlich bekannten Kommunikationsbeteiligten ihr konspiratives Verhalten eher ab.[594] Nach geltender Rechtslage ist die verdeckte Identitätsübernahme allerdings nur dann zulässig, wenn die betroffene Person der Übernahme und Weiterführung ihres Accounts zu Strafverfolgungszwecken zustimmt und die Strafverfolgungsbehörde allenfalls geringfügig in das Recht auf informationelle Selbstbestimmung Dritter eingreift, mit denen sie über den Account kommuniziert. In diesem Fall ist die verdeckte Identitätsübernahme noch von der Ermittlungsgeneralklausel der §§ 161 Abs. 1 S. 1, 163 Abs. 1

---

591 *Ihwas*, WiJ 2018, 138 (146); *Bauer*, Soziale Netzwerke und strafprozessuale Ermittlungen, 159; *Keller/Braun/Roggenkamp*, Cybercrime, 88.

592 *Ihwas*, WiJ 2018, 138 (146); *Keller/Braun/Roggenkamp*, Cybercrime, 88.

593 S. Kap. 4 Abschn. ; zum selben Ergebnis kommt auch *Bauer*, Soziale Netzwerke und strafprozessuale Ermittlungen, 159.

594 *Krause*, NJW 2018, 678 (680).

S. 2 StPO gedeckt. Anderenfalls ist die verdeckte Identitätsübernahme de lege lata unzulässig.

2.2.3. Open Source Intelligence

Auf der Suche nach Möglichkeiten, die Strafverfolgung im *Darknet* voranzutreiben, sind neben verdeckten Ermittlungen vorwiegend technische Ermittlungsansätze in den Fokus der Strafverfolgungsbehörden gerückt. Insbesondere Datenspuren, die Straftäter*innen im *Darknet* hinterlassen, können möglicherweise zur Identifizierung tatverdächtiger Personen beitragen. Öffentlich zugängliche Daten bilden dabei den Treibstoff der polizeilichen Ermittlungsarbeit.[595] Ihre Beschaffung bereitet den Strafverfolgungsbehörden keine besonderen Schwierigkeiten und es lassen sich hieraus unter Umständen nutzbare und nützliche Informationen gewinnen, die Rückschlüsse auf Straftaten und die Identitäten tatbeteiligter Personen zulassen. Eine Schlüsselrolle bei der Strafverfolgung im *Darknet* nimmt daher *Open Source Intelligence* (OSINT) ein.[596]

2.2.3.1. Beschreibung

Der Begriff der OSINT entstammt ursprünglich dem nachrichtendienstlichen Bereich und beschreibt eine Methode, bei der zum Zwecke der Informationsgewinnung Daten aus allgemein zugänglichen Quellen gesammelt, analysiert und ausgewertet werden, um übergeordnete ermittlungsrelevante Erkenntnisse zu gewinnen.[597] Als einschlägige Informations und Datenquellen kommen insbesondere frei zugängliche Webseiten, Datenbanken sowie Chat und Forenbereiche in Betracht.[598] Darüber hinaus lassen sich Informationen auch

---

595 *Johannes*, in: Roßnagel/Friedewald/Hansen, Die Fortentwicklung des Datenschutzes, 151 (152).

596 *Wittmer/Platzer/Steinebach/Yannikos*, in: Friedewald/Kreutzer/Hansen, Selbstbestimmung, Privatheit und Datenschutz, 151 (159 f.); *Wittmer/Platzer*, in: Demmler/Krupka/Federrath, INFORMATIK 2022, 569 (570); *Morgenstern/Spendel*, in: Albers/Katsivelas, Recht & Netz, 395 (406); *Göpper*, Kriminalistik 2018, 623 (625); *Bär*, in: Wabnitz/Janovsky/Schmitt, Hdb Wirtschafts- und Steuerstrafrecht, 28. Kap. Rn. 123a.

597 *Bär*, in: Wabnitz/Janovsky/Schmitt, Hdb Wirtschafts- und Steuerstrafrecht, 28. Kap. Rn. 123a; *Rückert*, ZStW 2017, 302 (307); *Göpper*, Kriminalistik 2018, 623 (625); *Wittmer/Platzer*, in: Demmler/Krupka/Federrath, INFORMATIK 2022, 569 (571).

598 *Dalby*, Grundlagen der Strafverfolgung im Internet und in der Cloud, 42; *Singelnstein*, NStZ 2012, 593 (599); *Rückert*, ZStW 2017, 302 (303); *Wittmer/Platzer*, in: Demmler/Krupka/Federrath, INFORMATIK 2022, 569 (571 f.).

aus anderen medialen oder analogen Informationsquellen ziehen, soweit sie der Allgemeinheit zugänglich sind.[599]

Die Datenverarbeitung kann entweder manuell „per Hand“ oder automatisiert durch den Einsatz einer speziellen Software erfolgen.[600] Da ein manuelles Vorgehen in aller Regel mit einem erheblichen Personal und Zeitaufwand verbunden ist, bietet sich die technische Unterstützung durch eine Software insbesondere dann an, wenn größere Datenmengen zu verarbeiten sind.[601] Um relevante Inhalte aus den öffentlichen Bereichen des Internets zu filtern, eignen sich beispielsweise sogenannte *Webcrawler*[602].[603] Hierbei handelt es sich um eine Software, die automatisch öffentlich zugängliche Inhalte aus dem Internet erfasst, strukturiert und ablegt.[604] Ein weiteres Beispiel für automatisierte OSINT bilden *Data Mining*-Applikationen. Diese können anhand statistischer Berechnungen und Algorithmen in großen Datensammlungen Muster, Trends sowie andere Zusammenhänge zwischen Personen, Personengruppierungen, Objekten und Sachen erkennen und darstellen.[605] Hierdurch lassen sich unter Umständen Erkenntnisse generieren, die weit über den Aussagegehalt der einzelnen erhobenen Datensätzen hinausgehen (sogenannte „Meta-Informationen“).[606] Beispiele für gängige *Data Mining*-Methoden im

599 *Wittmer/Platzer*, in: Demmler/Krupka/Federrath, INFORMATIK 2022, 569 (571 f.).

600 *Rückert*, ZStW 2017, 302 (307); *Wittmer/Platzer*, in: Demmler/Krupka/Federrath, INFORMATIK 2022, 569 (571 f.).

601 *Johannes*, in: Roßnagel/Friedewald/Hansen, Die Fortentwicklung des Datenschutzes, 151 (153); *Rückert*, in: Hoven/Kudlich, Digitalisierung und Strafverfahren, 9 (27).

602 Auch als *Web-Scrapper* bezeichnet.

603 *Wittmer/Platzer*, in: Demmler/Krupka/Federrath, INFORMATIK 2022, 569 (572); *Rückert*, in: Hoven/Kudlich, Digitalisierung und Strafverfahren, 99 (18); *Wittmer*, Straftaten und Strafverfolgung im Darknet, 228.

604 *Wittmer/Platzer*, in: Demmler/Krupka/Federrath, INFORMATIK 2022, 569 (572); *Jandt*, in: Jandt/Steidle, Datenschutz im Internet, A. I. Rn. 28; *Kalpakis/Tsikrika/Cunningham/Iliou/Vrochidis/Middleton/Kompatsiaris*, in: Babak/Bayerl/Sampson, Open Source Intelligence Investigation, 111 (124).

605 *Bötticher*, in: Lange/Bötticher, Cyber-Sicherheit, 181 (191); *Keller/Braun/Roggenkamp*, Cybercrime, 113; näher dazu *Heinson*, IT-Forensik, 63 ff.

606 *Rückert*, ZStW 2017, 302 (328); *Singelnstein*, NStZ 2012, 593 (599); *Bär*, in: Wabnitz/Janovsky/Schmitt, Hdb Wirtschafts- und Steuerstrafrecht, 28. Kap. Rn. 123a.

Bereich der Polizeiarbeit sind die biometrische Gesichtserkennung sowie *Predictive Policing.*[607]

2.2.3.2. Einsatzmöglichkeiten im Darknet

Die Multifunktionalität der OSINT verspricht auch einen geeigneten Ermittlungsansatz für die Strafverfolgung im *Darknet.* Trotz der dort herrschenden Anonymität verfügt es über zahlreiche allgemein zugängliche Informationsquellen, die Hinweise auf kriminelle Handlungen oder tatbeteiligte Personen enthalten können. Hierzu zählen beispielsweise Handelsplattformen oder die frei zugänglichen Bereiche in Diskussions und Chatforen im *Dark Web.* Allerdings muss sich der Einsatz von OSINT nicht auf Informationsquellen aus dem *Dark Web* beschränken. Um ein bestmögliches Ermittlungsergebnis zu erzielen, sollten Strafverfolgungsbehörden einen ganzheitlichen Ansatz verfolgen und heterogene Informationsquellen heranziehen.[608] Insbesondere ein Abgleich mit Informationen aus dem *Clearnet* erscheint hierbei besonders vielversprechend.[609] Denn anders als im *Darknet* erfolgt der Datenverkehr im *Clearnet* nicht automatisch verschlüsselt.[610] Bei einem Treffer besteht zumindest die Möglichkeit, ermittlungsrelevante Verkehrs-, Bestands und Nutzungsdaten beim jeweiligen Dienstanbieter abzufragen.[611] Darüber hinaus kommt auch ein Abgleich der gewonnenen Informationen mit polizeiinternen Datenbanken in Betracht, um einen Treffer zu erzielen.

Angesichts der erforderlichen zeitlichen und personellen Ressourcen, die eine manuelle Datenverarbeitung beanspruchen würde, erscheint die technische Unterstützung durch Software vorzugswürdig. Bei der Strafverfolgung im *Darknet* fallen nicht nur Massen an Daten an. Anders als das *Clear Web* lässt sich das *Dark Web* auch nicht mit herkömmlichen Suchmaschinen durchsuchen.[612] Sofern Suchmaschinen existieren, verfügen diese allenfalls

---

607 *Rückert*, Mit künstlicher Intelligenz auf Verbrecherjagd, abrufbar unter: https://verfassungsblog.de/ki-verbrecherjagd/ (abgerufen am 19.07.2021).

608 *Schulze*, SWP-Aktuell 2019, 1 (7); *Zöller*, KriPoZ 2019, 274 (277).

609 *Morgenstern/Spendel*, in: Albers/Katsivelas, Recht & Netz, 395 (410); *Hostettler*, ApuZ 2017, 10 (14 f.); *Krause*, NJW 2018, 678 (679); *Keller/Braun/Roggenkamp*, Cybercrime, 87.

610 *Hostettler*, ApuZ 2017, 10 (14 f.); *Schulze*, SWP-Aktuell 2019, 1 (7).

611 *Hostettler*, ApuZ 2017, 10 (14 f.); *Schulze*, SWP-Aktuell 2019, 1 (7).

612 S. hierzu bereits Kap. 2 Abschn. 2.4.

über rudimentäre Funktionen.[613] Linklisten, wie die „Hidden Wikis", geben ebenfalls nur eine fragmentarische Übersicht des *Dark Web* wieder. Technische Abhilfe schafft hierbei der Einsatz eines *Webcrawler*.[614] Er ist in der Lage, einschlägige Webinhalte im *Dark Web* automatisch ausfindig zu machen und beweisrelevante Informationen zu filtern.[615]

In einem weiteren Schritt können Strafverfolgungsbehörden die erhobenen Daten mit den heuristischen und statistischen Methoden des *Data Mining* analysieren und auswerten.[616] Durch die Erstellung von Querverbindungen lassen sich unter Umständen neue Erkenntnisse generieren, die zur Sachverhaltsaufklärung beitragen könnten. Beispielsweise ließe sich ermitteln, ob eine Person unter derselben Entität im *Darknet* auftritt.[617] Insbesondere Händler*innen bieten ihre Ware oftmals unter demselben Pseudonym auf den kriminellen Handelsplattformen an.[618] Dies ist hauptsächlich auf die Wiedererkennbarkeit zurückzuführen.[619] Denn den verwendeten Pseudonymen kommt nicht nur Vertrauen, sondern regelmäßig auch ein gewisser Markenwert zu.[620] Die Mitglieder der Szene verknüpfen mit ihnen bestimmte Eigenschaften, wie beispielsweise die Zuverlässigkeit und das Sicherheitsbewusstsein der Händler*innen sowie die Qualität ihrer Waren.[621] Unter Umständen werden dieselben Pseudonyme sogar im *Clearnet* verwendet. In diesem Fall wären Personen über unterschiedliche Internetdienste hinweg verfolgbar.[622] Alternativ lassen sich über OSINT die Umsatzvolumina der

---

613 *Rath*, DRiZ 2016, 292 (292); *Zöller*, KriPoZ 2019, 274 (275).

614 Rückert, ZStW 2017, 302 (307); *Safferling/Rückert*, Konrad-Adenauer-Stiftung Analysen & Argumente 2018, 10; *Kalpakis/Tsikrika/Cunningham/Iliou/Vrochidis/Middleton/Kompatsiaris*, in: Babak/Bayerl/Sampson, Open Source Intelligence Investigation, 111 (124).

615 *Kalpakis/Tsikrika/Cunningham/Iliou/Vrochidis/Middleton/Kompatsiaris*, in: Babak/Bayerl/Sampson, Open Source Intelligence Investigation, 111 (124 f.); *Iliou/Kalpakis/Tsikrika/Vrochidis/Kompatsiaris*, EURASIP Journal on Information Security 2017, 1.

616 *Safferling/Rückert*, Konrad-Adenauer-Stiftung Analysen & Argumente 2018, 10.

617 *Schulze*, SWP-Aktuell 2019, 1 (7); *Johannes*, in: Roßnagel/Friedewald/Hansen, Die Fortentwicklung des Datenschutzes, 151; *Morgenstern/Spendel*, in: Albers/Katsivelas, Recht & Netz, 395 (406).

618 *Fünfsinn/Ungefuk/Krause*, Kriminalistik 2017, 440 (442).

619 *Fünfsinn/Ungefuk/Krause*, Kriminalistik 2017, 440 (442).

620 *Fünfsinn/Ungefuk/Krause*, Kriminalistik 2017, 440 (442).

621 *Fünfsinn/Ungefuk/Krause*, Kriminalistik 2017, 440 (442).

622 *Schulze*, SWP-Aktuell 2019, 1 (7).

Händler*innen ermitteln.[623] Strafverfolgungsbehörden könnten hierdurch ihre weiteren Ermittlungen auf die in der Szene häufig als „Power-Seller“ bezeichneten Personen eingrenzen und ihre ohnehin knappen Ressourcen priorisieren.[624]

Im Übrigen lässt sich OSINT auch mit dem Bereich forensischer Linguistik kombinieren.[625] In den oft kurzen und prägnanten Textpassagen in Forenbeiträgen oder Angeboten auf Handelsplattformen werden teilweise dieselben Formulierungen und Redewendungen verwendet.[626] Auch enthaltene Orthographiefehler können sich wiederholen.[627] Hierdurch lassen sich veröffentlichte Verkaufsangebote und Foreneinträge möglicherweise ein und derselben tatverdächtigen Person zuordnen (sogenannte *authorship verification*).[628]

Die Effektivität der dargestellten Einsatzmöglichkeiten von OSINT lässt sich durch konkrete Fallbeispiele aus der Praxis belegen. Der wohl bekannteste Ermittlungserfolg durch OSINT ist die Identifizierung des Gründers der ehemaligen Handelsplattform „Silk Road“ durch das FBI.[629] Dieser hatte die Plattform zu einem Zeitpunkt, in dem sie noch nicht der breiten Öffentlichkeit bekannt war, auf einer Webseite im *Clearnet* unter dem Pseudonym „altoid“ beworben.[630] Als die Ermittler*innen nach weiteren unter diesem Pseudonym veröffentlichten Beiträgen suchten, erzielten sie in einem Bitcoin-Forum einen Treffer.[631] Dort hatte „altoid“ als Kontaktmöglichkeit

---

623 *Wittmer/Platzer*, in: Demmler/Krupka/Federrath, INFORMATIK 2022, 569 (581).

624 *Wittmer/Platzer*, in: Demmler/Krupka/Federrath, INFORMATIK 2022, 569 (581).

625 *Hostettler*, ApuZ 2017, 10 (14 f.); *Bachmann/Arslan*, NZWiSt 2019, 241 (245); *Müller*, NZWiSt 2020, 96 (99); *Morgenstern/Spendel*, in: Albers/Katsivelas, Recht & Netz, 395 (406).

626 *Hostettler*, ApuZ 2017, 10 (14 f.); *Bachmann/Arslan*, NZWiSt 2019, 241 (245); *Müller*, NZWiSt 2020, 96 (99); *Morgenstern/Spendel*, in: Albers/Katsivelas, Recht & Netz, 395 (406).

627 *Müller*, NZWiSt 2020, 96 (99).

628 *Wittmer*, Straftaten und Strafverfolgung im Darknet, 237; zum Verfahren der „authorship verification“, vgl. *Halvani/Winter/Pflug*, Digital Investigations 2016, Vol. 6, 33.

629 *Wittmer*, Straftaten und Strafverfolgung im Darknet 229.

630 *Wittmer*, Straftaten und Strafverfolgung im Darknet, 229.

631 *Wittmer/Platzer*, in: Demmler/Krupka/Federrath, INFORMATIK 2022, 569 (576); *Note*, How OSINT Took Down the Dark Web's Silk Road, abrufbar unter: https://www.skopenow.com/news/how-osint-took-down-the-dark-webs-silk-road

eine E-Mail-Adresse hinterlegt, die sich aus seinem bürgerlichen Vor und Nachnamen zusammensetzte.[632] Im Rahmen weiterer Recherchen konnten die Strafverfolgungsbehörde die Ermittlungen schlussendlich auf den 29-jährigen US-Amerikaner Ross Ulbricht eingrenzen, nachdem dieser in verschiedenen sozialen Netzwerken unter seinem Klarnamen gleichlautende Beiträge gepostet hatte wie der Administrator von „Silk Road".[633] Ähnlich erging es auch dem Gründer von „Alphabay". Da er auf der Handelsplattform über seine private E-Mail-Adresse kommunizierte, war es für das FBI ein Leichtes, seine Identität ausfindig zu machen.[634] Die Ermittler*innen mussten die digitalen Spuren nur lange genug zurückverfolgen, um die E-Mail-Adresse mit seiner wahren Identität verknüpfen zu können.[635]

2.2.3.3. Rechtliche Bewertung

Während US-amerikanische Strafverfolgungsbehörden durch OSINT bereits beachtliche Ermittlungserfolge im *Darknet* verzeichnen können, testen bayerische Strafverfolgungsbehörden derzeit eine von der niederländischen

---

(abgerufen am 20.08.2021); *Scannell*, Ross Ulbricht used 'altoid' alias to promote Silk Road, abrufbar unter: https://www.ft.com/content/e4f85510-a58b-11e4-8636-00144feab7de (abgerufen am 21.11.2022).

632 *Wittmer/Platzer*, in: Demmler/Krupka/Federrath, INFORMATIK 2022, 569 (576); *Tanriverdi*, Drogenhandel, Mordversuch – und den Klarnamen angeben, abrufbar unter: https://www.sueddeutsche.de/digital/mutmasslicher-betreiber-der-drogen-plattform-silk-road-drogenhandel-mordversuch-und-den-klarnamen-angegeben-1.1786870 (abgerufen am 22.11.2022); *Scannell*, Ross Ulbricht used 'altoid' alias to promote Silk Road, abrufbar unter: https://www.ft.com/content/e4f85510-a58b-11e4-8636-00144feab7de (abgerufen am 21.11.2022); der angesprochene Beitrag ist bis heute öffentlich einsehbar, vgl. https://bitcointalk.org/index.php?action=profile;u=3905;sa=showPosts (abgerufen am 22.11.2022).

633 *Wittmer/Platzer*, in: Demmler/Krupka/Federrath, INFORMATIK 2022, 569 (576); *Tanriverdi*, Drogenhandel, Mordversuch - und den Klarnamen angeben, abrufbar unter: https://www.sueddeutsche.de/digital/mutmasslicher-betreiber-der-drogen-plattform-silk-road-drogenhandel-mordversuch-und-den-klarnamen-angegeben-1.1786870 (abgerufen am 22.11.2022).

634 *Scherschel*, Pimp_Alex_91: AlphaBay-Admin über Hotmail-Adresse aufgeflogen, abrufbar unter: https://www.heise.de/security/meldung/Pimp-Alex-91-AlphaBay-Admin-ueber-Hotmail-Adresse-aufgeflogen-3780103.html (abgerufen am 22.11.2022).

635 *Scherschel*, Pimp_Alex_91: AlphaBay-Admin über Hotmail-Adresse aufgeflogen, abrufbar unter: https://www.heise.de/security/meldung/Pimp-Alex-91-AlphaBay-Admin-ueber-Hotmail-Adresse-aufgeflogen-3780103.html (abgerufen am 22.11.2022).

Forschungseinrichtung TNO entwickelte OSINT-Software.[636] Der sogenannte „Dark Web Monitor" soll Informationen zu kriminellen Aktivitäten aus frei zugänglichen Quellen im *Dark Web* erfassen, kategorisieren und auswerten.[637] Die Software ermöglicht insbesondere, Zusammenhänge zwischen verschiedenen kriminellen Angeboten im *Darknet* und deren Entwicklung im Zeitverlauf aufzuzeigen.[638] Hierdurch sollen die Ermittler*innen wichtige Erkenntnisse über die Szene und ihre aktuelle Entwicklung gewinnen.[639] Das Tool habe sich bereits jetzt als besonders wertvoll erwiesen.[640]

Nicht nur vor diesem Hintergrund stellt sich die Frage, in welchen Grenzen staatliche Stellen öffentlich zugängliche Daten zum Zwecke der Strafverfolgung verarbeiten dürfen. Aufgrund des Vorbehalts des Gesetzes bedarf OSINT jedenfalls dann einer gesetzlichen Ermächtigungsgrundlage, wenn sie grundrechtliche Eingriffsqualität aufweist. Daher ist zunächst zu prüfen, ob und wenn ja in welche Grundrechte ein entsprechendes Vorgehen

---

636 *Bayerisches Staatministerium der Justiz*, Mehr Licht in Darknet: Dark Web Monitor soll Strafverfolgungsbehörden bei Ermittlungen im Darknet verstärken, Pressemitteilung vom 27.07.2020, abrufbar unter: https://www.justiz.bayern.de/presse-und-medien/pressemitteilungen/archiv/2020/69.php (abgerufen am 29.09.2021).

637 *Bayerisches Staatministerium der Justiz*, Mehr Licht in Darknet: Dark Web Monitor soll Strafverfolgungsbehörden bei Ermittlungen im Darknet verstärken, Pressemitteilung vom 27.07.2020, abrufbar unter: https://www.justiz.bayern.de/presse-und-medien/pressemitteilungen/archiv/2020/69.php (abgerufen am 29.09.2021).

638 *Bayerisches Staatministerium der Justiz*, Mehr Licht in Darknet: Dark Web Monitor soll Strafverfolgungsbehörden bei Ermittlungen im Darknet verstärken, Pressemitteilung vom 27.07.2020, abrufbar unter: https://www.justiz.bayern.de/presse-und-medien/pressemitteilungen/archiv/2020/69.php (abgerufen am 29.09.2021).

639 *Bayerisches Staatministerium der Justiz*, Ein Jahr Dark Web Monitor / Cybercrime-Spezialisten unterstützen die Entwicklung einer Suchmaschine zum Aufspüren von Tätern im Darknet / Erste Ermittlungsverfahren eingeleitet / Bayerns Justizminister Eisenreich: „Das Tool hat sich schon jetzt als wertvoll erwiesen", Pressemitteilung vom 26.07.2021, abrufbar unter: https://www.justiz.bayern.de/presse-und-medien/pressemitteilungen/archiv/2021/118.php (abgerufen am 29.09.2021).

640 *Bayerisches Staatministerium der Justiz*, Ein Jahr Dark Web Monitor / Cybercrime-Spezialisten unterstützen die Entwicklung einer Suchmaschine zum Aufspüren von Tätern im Darknet / Erste Ermittlungsverfahren eingeleitet / Bayerns Justizminister Eisenreich: „Das Tool hat sich schon jetzt als wertvoll erwiesen", Pressemitteilung vom 26.07.2021, abrufbar unter: https://www.justiz.bayern.de/presse-und-medien/pressemitteilungen/archiv/2021/118.php (abgerufen am 29.09.2021).

eingreift, um anschließend der Frage nach einer geeigneten Rechtsgrundlage nachzugehen.

2.2.3.3.1. Grundrechtsrelevanz

Fraglich ist, ob OSINT zu Strafverfolgungszwecken in den Schutzbereich eines Grundrechts eingreift.

2.2.3.3.1.1. Telekommunikationsgeheimnis, Art. 10 Abs. 1 Var. 3 GG

In Betracht kommt zunächst ein Eingriff in das Telekommunikationsgeheimnis. Das Grundrecht schützt die Vertraulichkeit des individuellen Kommunikationsvorgangs im Telekommunikationsverkehr.[641] Die staatliche Wahrnehmung von Inhalten einer Telekommunikation ist jedoch nur dann an Art. 10 Abs. 1 Var. 3 GG zu messen, wenn eine staatliche Stelle eine Telekommunikationsbeziehung von außen überwacht, ohne selbst Kommunikationsadressatin zu sein.[642] Dies ist hier nicht der Fall. Zwar kann eine im *Darknet* öffentlich geführte Kommunikation von OSINT betroffen sein. Die Strafverfolgungsbehörde nehmen die Kommunikation jedoch auf dem technisch hierfür vorgesehenen Weg wahr. Denn die Nutzung des *Darknets* ist öffentlichen Stellen nicht verwehrt.[643] Sie greift daher nicht in den technischen Kommunikationsvorgang von außen ein. Erlangt eine staatliche Stelle Kenntnis von den Inhalten einer Telekommunikation auf dem technisch dafür vorgesehenen Weg, liegt ein Eingriff in das Telekommunikationsgeheimnis hingegen nur dann vor, wenn die staatliche Stelle hierzu nicht autorisiert ist.[644] Dies ist im vorliegenden Zusammenhang nicht der Fall. OSINT betrifft nur solche Daten, die der Öffentlichkeit zugänglich sind. Unerheblich ist, dass die Daten nur im *Darknet* abrufbar sind. Auch im *Darknet* findet nicht zwangsläufig ein vertraulicher Informationsaustausch zwischen den an der Kommunikation Beteiligten statt.[645] Vielmehr können auch dort Informationen mit einem unbestimmten Adressatenkreis bzw. der Öffentlichkeit geteilt werden.[646] Dabei steht die Registrierungspflicht einer

---

641 BVerfGE 67, 157 (172); BVerfGE 106, 28 (36 f.); BVerfGE 115, 166 (182).

642 BVerfGE 120, 274 (341).

643 *Ihwas*, WiJ 2018, 138 (142).

644 BVerfGE 120, 274 (341).

645 *Müller/Schwabenbauer*, in: Lisken/Denninger, Hdb des Polizeirechts, G. Rn. 703.

646 *Müller/Schwabenbauer*, in: Lisken/Denninger, Hdb des Polizeirechts, G. Rn. 703.

Plattform der Öffentlichkeit eines Datums grundsätzlich nicht entgegen.[647] Es handelt sich hierbei nicht um eine grundrechtsrelevante Schutzvorkehrung. Es fehlt an einer zureichenden Verifizierung der registrierenden Person.[648] Im *Dark Web* bedarf es für gewöhnlich nur der Angabe eines fiktiven Benutzernamens.[649] Im Übrigen kann sich jeder registrieren; auch staatlichen Stellen ist der Zugang nicht verwehrt.[650] Die Kommunikationsbeteiligten können infolgedessen nicht darauf vertrauen, dass staatliche Stellen keine Kenntnis von der öffentlich geführten Telekommunikation nehmen.[651] Ein Eingriff in das Telekommunikationsgeheimnis scheidet folglich aus.

2.2.3.3.1.2. *Recht auf informationelle Selbstbestimmung, Art. 2 Abs. 1 i. V. m. Art. 1 Abs. 1 GG*

Möglicherweise liegt jedoch ein Eingriff in das Recht auf informationelle Selbstbestimmung vor. Das Grundrecht gewährleistet die Befugnis einer Person, grundsätzlich selbst über Preisgabe und Verwendung ihrer persönlichen Daten zu bestimmen.[652] Es herrscht Uneinigkeit darüber, inwieweit auch die Verarbeitung personenbezogener Daten aus öffentlich zugänglichen Informationsquellen vom grundrechtlichen Schutzbereich umfasst ist.

2.2.3.3.1.2.1. *Restriktive Rechtsprechung des Bundesverfassungsgerichts*

Das Bundesverfassungsgericht kommt in seinem Urteil zur Online-Durchsuchung zu dem Schluss, es liege noch kein Eingriff in das Recht auf informationelle Selbstbestimmung vor, wenn eine staatliche Stelle im Internet Daten erhebt, die sich an jedermann oder zumindest an einen nicht weiter abgegrenzten Personenkreis richten.[653] Die Schwelle zum Grund-

---

[647] *Rückert*, ZStW 2017, 302 (312); *Ihwas*, WiJ 2018, 138 (142); *Gercke/Brunst*, Praxishdb Internetstrafrecht Rn. 784; wohl im Ergebnis auch *Hertel*, Kriminalistik 2019, 162 (163); a. A. *Schulz/Hoffmann*, in: Dirnberger/Henneke/Schliesky/Schwartin/Steger/Stubenrauch/Winkel/Bülow/Dieter/Haßenkamp/Zimmermann, PdK BU L-16, Abschn. 4./ Rn. 64.

[648] *Rückert*, ZStW 2017, 302 (312); *Ihwas*, WiJ 2018, 138 (142); *Böckenförde*, Ermittlungen im Netz, 197.

[649] *Rückert*, ZStW 2017, 302 (312); *Ihwas*, WiJ 2018, 138 (142).

[650] *Ihwas*, WiJ 2018, 138 (142).

[651] *Rückert*, ZStW 2017, 302 (309).

[652] BVerfGE 65, 1 (43); BVerfGE 67, 100 (143); BVerfGE 84, 239 (279).

[653] BVerfGE 120, 274 (344 f.).

rechtseingriff sei demnach erst dann überschritten, wenn die staatliche Stelle die personenbezogene Daten gezielt zusammentrage, speichere und ggf. unter Hinzuziehung weiterer Daten auswerte und sich hieraus eine besondere grundrechtliche Gefahrenlage für die Persönlichkeit des Betroffenen ergebe.[654] Nur diese Form der weitergehenden Datenverarbeitung bedürfe einer gesetzlichen Ermächtigungsgrundlage.[655]

2.2.3.3.1.2.2. Kritische Auseinandersetzung

Diese Wertung überzeugt nicht. Jeder Datenverarbeitungsvorgang, zu dem auch die bloße Datenerhebung zählt,[656] kann einen Grundrechteingriff darstellen. Auch bei der Datenerhebung durch staatliche Stelle kann daher die öffentliche Zugänglichkeit eines Datums nicht für die Eingriffsqualität allein entscheidend sein.[657] Dies widerspricht der grundrechtlichen Abwehrfunktion des Rechts auf informationelle Selbstbestimmung.[658] Das Grundrecht gewährleistet nicht nur den Schutz der Privat und Intimsphäre. Es soll auch den informationellen Schutzinteressen des Einzelnen, der sich in die Öffentlichkeit begibt, hinreichend Rechnung tragen.[659] Schutzgegenstand sind daher alle personenbezogenen Daten, die Einzelangaben über persönliche oder sachliche Verhältnisse einer bestimmten oder bestimmbaren Person enthalten.[660] Dabei ist unerheblich, ob die Daten aus allgemein zugänglichen oder vertraulichen Informationsquellen stammen.[661] Denn wie das Bundesverfassungsgericht in anderen Entscheidungen zutreffend feststellt, gibt es „kein

---

654 BVerfGE 120, 274 (345).

655 BVerfGE 120, 274 (345); so im Ergebnis auch *Wittmer*, Straftaten und Strafverfolgung im Darknet, 231; *Sachs/Krings*, JuS 2008, 481 (482); *Brenneisen/Staack*, Kriminalistik 2012, 627 (628); *Körffer*, DANA 2014, 146 (150); *Soiné*, NStZ 2014, 248 (248); *Safferling/Rückert*, MMR 2015, 788 (792); *Ihwas*, WiJ 2018, 138 (142).

656 Vgl. Legaldefinition in Art. 4 Nr. 2 DSGVO.

657 *Petri*, DuD 2008, 443 (448); *Johannes*, in: Roßnagel/Friedewald/Hansen, Die Fortentwicklung des Datenschutzes, 151 (158 f.).

658 *Petri*, DuD 2008, 443 (448).

659 BVerfGE 65, 1 (45); BVerfGE 120, 378 (399); BVerfG, Beschl. v. 23.02.2007 – 1 BvR 2368/06, juris Rn. 39.

660 BVerfGE 65, 1 (42).

661 BVerfGE 120, 274 (344 f.); BVerwGE 137, 275 (279); *Johannes*, in: Roßnagel/Friedewald/Hansen, Die Fortentwicklung des Datenschutzes, S. 151 (159); *Zöller*, GA 2000, 563 (569); *Petri*, DuD 2008, 443 (448).

schlechthin, also ungeachtet des Verwendungskontextes, belangloses personenbezogenes Datum".[662] Für die persönlichkeitsrechtliche Bedeutung eines Datums ist allein entscheidend, ob sich daraus eine grundrechtsspezifische Gefahrenlage für die Persönlichkeit der betroffenen Person ergibt.[663] Somit ist es sachgerecht, nicht auf die öffentliche Zugänglichkeit der Daten abzustellen, sondern auf den konkreten Verwendungszweck der staatlichen Datenerhebung und ob hieraus ein Nachteil für die Persönlichkeitsentfaltung der betroffenen Person erwächst.[664] Jeder staatliche Datenverarbeitungsvorgang steht dabei auch in Relation zu den sich ihm möglicherweise anschließenden Hoheitsakten.[665] Dies gilt gerade für die Datenerhebung, wie die Diskussion um die Vorratsdatenspeicherung verdeutlicht.[666] Die potentielle Risikoträchtigkeit der Erhebung öffentlich zugänglicher Daten sollte daher nicht bagatellisiert werden.[667] Bereits ihre Erhebung kann persönlichkeitsrelevant sein und nicht nur eine sich ggf. anschließende Weiterverarbeitung.[668] Insoweit ist auch die Konstruktion einer antizipierten Einwilligung in die Datenerhebung oder eines Grundrechtsverzicht, wie es zum Teil in der Literatur vertreten wird,[669] nicht sachgerecht.[670] Zwar machen die Betroffenen ihre Daten frei zugänglich. Hieraus folgt jedoch kein unbegrenztes Auswertungsrecht. Informationen zu veröffentlichen, heißt schließlich noch nicht, dass Dritte die Informationen erheben dürfen, um sie im Anschluss hieran systematisch auszuwerten und hieraus neue Informationen zu generieren. Für die Betroffenen ist die Reichweite der Informationsfreigabe im Zweifel weder überschaubar noch

---

662 BVerfGE 65, 1 (45); BVerfGE 120, 378 (399).

663 So auch BVerfGE 65, 1 (45); BVerfGE 120, 351 (361f.); BVerfGE 120, 378 (398 f.); *Petri*, DuD 2008, 443 (448).

664 So auch BVerfG, Urt. v. 16.02.2023 – 1 BvR 1547/19, juris Rn. 76; *Petri*, DuD 2008, 443 (448); *Johannes*, in: Roßnagel/Friedewald/Hansen, Die Fortentwicklung des Datenschutzes, 151 (158 f.); *Bull*, NJW 2009, 3279 (3281).

665 So auch BVerfGE 65, 1 (45); BVerfGE 150, 244 (264 f.); BVerfGE 120, 378 (399); *Schulz/Hoffmann*, CR 2010, 131 (135).

666 *Schulz/Hoffmann*, CR 2010, 131 (135).

667 *Petri*, DuD 2008, 443 (448); *Bauer*, Soziale Netzwerke und strafprozessuale Ermittlungen, 113; *Peine*, in: Peine, Hdb der Grundrechte Band III, § 57 Rn. 49.

668 *Schulz/Hoffmann*, CR 2010, 131 (135).

669 Hierzu ausführlich bei *Bauer*, Soziale Netzwerke und strafprozessuale Ermittlungen, 113 ff.

670 *Rückert*, ZStW 2017, 302 (323).

beherrschbar. Die pauschale Annahme, Betroffene könnten sich aufgrund der Veröffentlichung der Daten nicht darauf berufen, dass Dritte und damit auch staatliche Stellen die Daten nicht erheben dürfen, ist daher verfehlt.

Für diese Wertung spricht auch die datenschutzrechtliche Gesetzessystematik. Neben Eingriffsbefugnissen, die explizit die Beobachtung im öffentlichen Raum regeln,[671] existieren insbesondere in den landesrechtlichen Polizeigesetzen zahlreiche Rechtsgrundlagen, die die Erhebung allgemein zugänglicher Daten ausdrücklich regeln.[672] Dies ist im Hinblick auf die gegenteilige verfassungsgerichtliche Einordnung zu begrüßen. Die Regelungen entsprechen der grundrechtlichen Schutzrichtung des Rechts auf informationelle Selbstbestimmung, die freie Entfaltung der Persönlichkeit unter den Bedingungen der modernen Datenverarbeitung vollumfänglich zu gewährleisten. Auch im Strafverfahren ist die Verarbeitung öffentlich zugänglicher Daten somit unter den Vorbehalt einer hinreichenden Ermächtigungsgrundlage zu stellen.

Bedeutung hat die öffentliche Zugänglichkeit eines Datum indes auf Ebene der verfassungsrechtlichen Rechtfertigung.[673] Dies gilt zumindest dann, wenn die betroffene Person die Daten selber veröffentlicht hat.[674] In diesem Fall sind grundsätzlich weniger hohe Hürden an die Verhältnismäßigkeit einer staatlichen Datenverarbeitung zu stellen.[675] Hat die betroffene Person die Daten nicht selbst veröffentlicht, ist sie oftmals nicht in der Lage, die missliebige Datenverarbeitung zu unterbinden.[676] Der Eingriff in ihr Recht auf informationelle Selbstbestimmung ist in dieser Konstellation nicht mehr bloß als geringfügig zu betrachten.

Im Übrigen kann es auch nicht darauf ankommen, ob die staatliche Datenverarbeitung gezielt oder beiläufig erfolgt, um von einem Eingriff in das Recht auf informationelle Selbstbestimmung auszugehen.[677] Schließlich ist nicht ausgeschlossen, dass personenbezogene Daten als „Beifang“ einer

---

671 Z. B. §§ 163e, 163f StPO.

672 Vgl. § 29 Abs. 1 Nr. 2 Polizei- und Ordnungsbehördengesetz des Landes Rheinland-Pfalz, § 13 Abs. 1 Nr. 2 Hessisches Gesetz über die öffentliche Sicherheit und Ordnung.

673 *Johannes*, in: Roßnagel/Friedewald/Hansen, Die Fortentwicklung des Datenschutzes, 151 (159).

674 *Petri*, DuD 2008, 443 (448); *Biemann*, „Streifenfahrten“ im Internet, 105 ff.

675 *Rückert*, ZStW 2017, 302 (323).

676 *Müller/Schwabenbauer*, in: Lisken/Denninger, Hdb des Polizeirechts, G Rn. 51; *Petri*, DuD 2008, 443 (448).

677 So wohl auch *Petri*, DuD 2008, 443 (446).

gezielten Datenverarbeitung in einer Gefahrenlage für die Persönlichkeit des Betroffenen münden. Insbesondere im strafrechtlichen Ermittlungsverfahren sind Zufallsfunde nicht unüblich, die die Einleitung eines weiteren Ermittlungsverfahrens nach sich ziehen. Daher ist auch hier auf die persönlichkeitsrechtliche Bedeutung eines Datums abzustellen.

2.2.3.3.1.2.3. Zwischenergebnis

Nach der hier vertretenen Auffassung greift OSINT folglich in das Recht auf informationelle Selbstbestimmung ein, soweit personenbezogene Daten verarbeitet werden. Unerheblich ist, dass die Daten öffentlich zugänglich sind. Die öffentliche Zugänglichkeit ist erst im Rahmen der Verhältnismäßigkeit staatlicher Eingriffe zu berücksichtigen. Ob überhaupt ein Grundrechtseingriff vorliegt, richtet sich dagegen nach der persönlichkeitsrechtlichen Relevanz der Daten sowie dem Kontext ihrer Erhebung. Im Rahmen der Strafverfolgung ist regelmäßig von einem Eingriff auszugehen. Jeder Datenverarbeitungsvorgang dient der Aufklärung einer Straftat oder der Informationsgewinnung über eine tatverdächtige Person. Dies geht mit einer spezifischen Gefahrenlage für die Persönlichkeit des Betroffenen einher. Das Vorliegen eines Anfangsverdachts indiziert insoweit die Eingriffsqualität der staatlichen Datenverarbeitung. Keine grundrechtliche Gefahrenlage ist allenfalls dann anzunehmen, wenn personenbezogene Daten zwar erhoben, aber unmittelbar nach ihrer Erhebung anonymisiert oder ohne Erkenntnisinteresse seitens der staatlichen Stelle wieder gelöscht werden.[678] In diesem Fall muss der Betroffene weder mit weiteren grundrechtsbeeinträchtigenden Ermittlungsmaßnahmen rechnen, noch besteht die Gefahr, dass die Daten zu einem späteren Zeitpunkt weiterverarbeitet werden. Dies wäre beispielsweise dann anzunehmen, wenn bei einem *Webcrawler* personenbezogene Daten zunächst automatisch miterhoben, aber aufgrund ihrer fehlenden Beweisrelevanz direkt wieder gelöscht werden.

2.2.3.3.1.3. Recht auf Gewährleistung der Vertraulichkeit und Integrität informationstechnischer Systeme, Art. 2 Abs. 1 i. V. m. Art. 1 Abs. 1 GG

Ein Eingriff in das Recht auf Gewährleistung der Vertraulichkeit und Integrität informationstechnischer Systeme scheidet dagegen aus. Zwar lassen sich

---

[678] BVerfGE 120, 378 (399).

in den öffentlichen Bereichen eines *Darknets* informationstechnische Systeme finden.[679] Sie weisen jedoch nicht die erforderliche formelle Abgeschlossenheit gegenüber Dritten auf.[680] Die darin befindlichen Daten sind von vornerein auf die Wahrnehmung durch Dritte ausgerichtet.[681] Folglich können die Ermittlungsbehörden personenbezogene Daten auf dem technisch hierfür vorgesehenen Weg wahrnehmen, ohne dass ein technikgebundenes Vertrauen oder die Integrität eines informationstechnischen Systems enttäuscht wird.

2.2.3.3.1.4. *Sonstige Grundrechte*

Abhängig vom Inhalt der verarbeiteten Daten ist nicht auszuschließen, dass OSINT auch in andere Grundrechte eingreift. In Betracht kommen an dieser Stelle ebenfalls die Religionsfreiheit aus Art. 4 Abs. 1 GG sowie die Meinungsfreiheit aus Art. 5 Abs. 1 GG. Dies lässt sich jedoch nur im konkreten Einzelfall feststellen und bleibt daher an dieser Stelle unausgeführt.

2.2.3.3.2. *Gesetzliche Ermächtigungsgrundlage*

Soweit OSINT in das Recht auf informationelle Selbstbestimmung eingreift, bedarf es aufgrund des Vorbehalts des Gesetzes einer hinreichenden Rechtsgrundlage. Zwar ist die Verarbeitung von Daten in zahlreichen speziellen Eingriffsbefugnissen in der StPO geregelt. Keine dieser Normen zielt jedoch ausdrücklich auf den Einsatz von OSINT zu Strafverfolgungszwecken ab. Möglicherweise ließe sich OSINT gleichwohl auf eine dieser Rechtsgrundlagen stützen. Neben der Ermittlungsgeneralklausel der §§ 161 Abs. 1 S. 1, 163 Abs. 1 S. 2 StPO kommen hierbei insbesondere die Ermächtigungsgrundlagen zur Rasterfahndung nach §§ 98a, 98b StPO, zum maschinellen Datenabgleich nach § 98c StPO sowie die Vorschrift des § 483 Abs. 1 StPO in Betracht.

2.2.3.3.2.1. *Vorliegen eines Anfangsverdachts*

Die Durchführung von OSINT zu Strafverfolgungszwecken wird jedoch – wie jede andere Ermittlungsmaßnahme auch – zunächst durch die Funktion des Anfangsverdachts i. S. d. § 152 Abs. 2 StPO begrenzt. Hieraus folgt, dass Strafverfolgungsbehörden erst einschreiten dürfen, sofern zureichende

---

679 Hierzu ausführlich s. Abschn. 1.2.2.1.2.

680 *Rückert*, ZStW 2017, 302 (313).

681 *Rückert*, ZStW 2017, 302 (313).

tatsächliche Anhaltspunkte vorliegen oder aber zumindest ausreichend Tatsachen bekannt sind, die nach kriminalistischer Erfahrung auf die Begehung einer Straftat schließen lassen.[682] Zwischen dem Verfahrensgegenstand und der angeordneten Ermittlungsmaßnahme muss zudem eine beweisthematische Verknüpfung bestehen, die ihre Eignung zur Aufklärung des Sachverhalts belegt.[683]

Eine verdachtslose Verarbeitung allgemein zugänglicher Daten im *Darknet* zu Strafverfolgungszwecken muss dagegen unterbleiben.[684] Solche Vorfeldermittlungen sind unzulässig. Hierbei handelt sich um nicht genuin strafprozessuale Maßnahmen, weshalb ein Rückgriff auf die strafprozessuale Ermächtigungsgrundlagen ausscheidet.[685] Vielmehr betreffen sie präventive Polizeiarbeit, deren Zulässigkeit sich nach den einschlägigen Fach und Landesgesetzen richtet.[686]

2.2.3.3.2.2. *Rasterfahndung, §§ 98a, 98b StPO*

Soweit ein Anfangsverdacht gegeben ist, lässt sich OSINT möglicherweise auf die Vorschriften zur Rasterfahndung gem. §§ 98a, 98b StPO stützen. Bei der Rasterfahndung handelt es sich um ein Verfahren der Massedatenverarbeitung, bei der Datenbestände automatisiert nach bestimmten, vorher festgelegten Prüfungsmerkmalen (sogenannte „Rasterkriterien") abgeglichen werden.[687] Eine Besonderheit liegt darin, dass es für die Anordnung der Rasterfahndung keines Tatverdachts gegen eine konkrete Zielperson bedarf.[688] Die Rasterkriterien müssen lediglich mutmaßlich auf die gesuchte Person

---

682 Letzteres sind sogenannte Vorermittlungen, die unter strenger Beachtung des Verhältnismäßigkeitsprinzips grundsätzlich zulässig sind, vgl. *Peters*, in: MüKo-StPO, § 152 Rn. 62; zur Zulässigkeit der Erhebung und Verwendung von Daten vor dem Anfangsverdacht ausführlich s. *Forkert-Hosser*, Vorermittlungen im Strafprozess.

683 *Sackreuther*, in: BeckOK StPO, § 161 Rn. 4; *Kölbel*, in: MüKo-StPO, § 161 Rn. 2.

684 *Wittmer/Platzer*, in: Demmler/Krupka/Federrath, INFORMATIK 2022, 569 (579).

685 *Rückert*, ZStW 2017, 302 (308); *Peters*, in: MüKo-StPO, § 152 Rn. 62; *Bauer*, Soziale Netzwerke und strafprozessuale Ermittlungen, S. 141; zur Unterscheidung von Vorermittlungen und Vorfeldermittlungen vgl. *Peters*, in: MüKo-StPO, § 152 Rn. 62 ff.

686 *Peters*, in: MüKo-StPO, § 152 Rn. 63.

687 *Hauschild*, in: MüKo-StPO, § 98a Rn. 13 f.

688 *Rückert*, ZStW 2017, 302 (316 f.); *Hauschild*, in: MüKo-StPO, § 98a Rn. 14 f.; *Siebrecht*, 1997, 78.

zutreffen.[689] Infolgedessen ist es unvermeidbar, dass regelmäßig eine Vielzahl von Dritten in den Wirkungsbereich der Maßnahme einbezogen werden, die in keinerlei Beziehung zu der Straftat stehen.[690]

Die evidenten Gemeinsamkeiten zwischen Rasterfahndung und OSINT fallen direkt ins Auge. Bei beiden Maßnahmen handelt es sich um automatisierte Verfahren, bei denen große Datensätze zu Ermittlungszwecken verarbeitet werden.[691] Gleichwohl bestehen signifikante Unterschiede, ein Rückgriff auf die Vorschriften der §§ 98a, 98b StPO ausscheidet.[692] Weniger ins Gewicht fällt dabei die Art der zu verarbeitenden Daten. Während OSINT ausschließlich öffentlich zugängliche Daten betrifft, zielt die Konzeption der Rasterfahndung hauptsächlich auf den Abgleich bereits bestehender, nicht öffentlicher Daten ab.[693] Anderenfalls wären die obligatorischen Übermittlungs und Unterstützungsregelungen öffentlicher und privater Stellen in § 98a Abs. 2 bis Abs. 4 StPO hinfällig.[694] Es erscheint jedoch rechtspolitisch unbefriedigend, die Verarbeitung öffentlich zugänglicher Daten an den strengen Tatbestandsvoraussetzungen der §§ 98a, 98b StPO zu messen.[695] Schließlich ist die Rasterfahndung nur bei Vorliegen zureichender tatsächlicher Anhaltspunkte für eine Straftat von erheblicher Bedeutung aus dem Katalog des § 98a Abs. 1 S. 1 StPO und unter Beachtung des Subsidiaritätsgrundsatzes des § 98 Abs. 1 S. 2 StPO.

Darüber hinaus besteht ein erheblicher Unterschied in der Reichweite beider Maßnahmen. Während die Strafverfolgungsbehörde bei der Rasterfahndung ausschließlich auf bereits bestehende Datensätze zurückgreifen darf, ist der OSINT die Erhebung neuer Daten immanent.[696]

---

689 *Hauschild*, in: MüKo-StPO, § 98a Rn. 14.

690 *Rückert*, ZStW 2017, 302 (316); *Körffer*, DANA 2014, 146 (148).

691 *Rückert*, ZStW 2017, 302 (316); *Wittmer/Platzer*, in: Demmler/Krupka/Federrath, INFORMATIK 2022, 569 (577).

692 *Wittmer/Platzer*, in: Demmler/Krupka/Federrath, INFORMATIK 2022, 569 (577).

693 *Rückert*, ZStW 2017, 302 (318); *Johannes*, in: Roßnagel/Friedewald/Hansen, Die Fortentwicklung des Datenschutzes, 151 (168); *Bauer*, Soziale Netzwerke und strafprozessuale Ermittlungen, 145.

694 *Rückert*, ZStW 2017, 302 (318).

695 *Johannes*, in: Roßnagel/Friedewald/Hansen, Die Fortentwicklung des Datenschutzes, 151 (168); *Rückert*, ZStW 2017, 302 (318).

696 *Rückert*, ZStW 2017, 302 (318); *Wittmer/Platzer*, in: Demmler/Krupka/Federrath, INFORMATIK 2022, 569 (577); *Wittmer*, Straftaten und Strafverfolgung im Darknet, 231 f.

Im Übrigen erschöpfen sich die Möglichkeiten der OSINT nicht in einem einfachen (automatisierten) Datenabgleich. Vielmehr lassen sich hiermit Muster, Trends und andere Zusammenhänge zwischen Personen, Personengruppierungen, Objekten und Sachen darstellen und Querverbindungen ziehen. Eine Befugnis für eine über den Abgleich hinausgehende Datenauswertung decken die Vorschriften zur Rasterfahndung jedoch nicht ab.[697] Ein Rückgriff auf die §§ 98a, 98b StPO als hinreichende Rechtsgrundlage für OSINT scheidet somit aus.[698]

2.2.3.3.2.3. *Maschineller Abgleich mit vorhandenen Daten, § 98c StPO*

Die Vorschrift des § 98c StPO kann den Einsatz von OSINT zu Strafverfolgungszwecken aus ähnlichen Erwägungen nicht legitimieren.[699] Sie regelt ausschließlich den maschinellen Abgleich bereits erhobener, justizinterner Daten.[700] Hierzu zählen Daten aus Vernehmungen, Beschlagnahmen oder Ergebnissen einer Rasterfahndung.[701] Ähnlich zu den §§ 98a, 98b StPO erlaubt die Vorschrift jedoch nicht die Erhebung und weitergehende Verarbeitung neuer Daten.[702] Der Einsatz von OSINT lässt sich somit allenfalls auf § 98c StPO stützen, soweit die Strafverfolgungsbehörde bevorratetes „Wissen" abgleichen will.[703] Anderenfalls reichen die Befugnisse nicht aus, um die vielseitigen Einsatzfelder von OSINT zu legitimieren.

---

697 *Rückert*, ZStW 2017, 302 (318); *Wittmer*, Straftaten und Strafverfolgung im Darknet, 232.

698 So auch *Rückert*, ZStW 2017, 302 (318); *Wittmer/Platzer*, in: Demmler/Krupka/Federrath, INFORMATIK 2022, 569 (577); zweifelnd dagegen *Johannes*, in: Roßnagel/Friedewald/Hansen, Die Fortentwicklung des Datenschutzes, 151 (168).

699 *Rückert*, ZStW 2017, 302 (318); *Wittmer*, Straftaten und Strafverfolgung im Darknet, 232.

700 *Körffer*, DANA 2014, 146 (148); *Rückert*, ZStW 2017, 302 (318); *Wittmer/Platzer*, in: Demmler/Krupka/Federrath, INFORMATIK 2022, 569 (577 f.).

701 *Johannes*, in: Roßnagel/Friedewald/Hansen, Die Fortentwicklung des Datenschutzes, 151 (165 f.); *Greven*, in: KK-StPO, § 98c Rn. 1.

702 *Johannes*, in: Roßnagel/Friedewald/Hansen, Die Fortentwicklung des Datenschutzes, 151 (166 f.); *Bauer*, Soziale Netzwerke und strafprozessuale Ermittlungen, 115.

703 *Körffer*, DANA 2014, 146 (148); *Johannes*, in: Roßnagel/Friedewald/Hansen, Die Fortentwicklung des Datenschutzes, 151 (166).

2.2.3.3.2.4. *Datenverarbeitung zum Zwecke des Strafverfahrens, § 483 Abs. 1 StPO*

Auch die Vorschrift des § 483 Abs. 1 StPO kommt nicht zum Tragen. Zwar gestattet sie wie eine Generalklausel die Verarbeitung personenbezogener Daten, soweit dies zum Zwecke des Strafverfahrens erforderlich ist.[704] Die Zweckbestimmung der Vorschrift bezieht sich allerdings auf ein laufendes Strafverfahren, für das die Daten bereits erhoben worden sind, nicht aber auf die Strafverfolgung an sich.[705] Anderenfalls wäre die Befugnis aus § 483 Abs. 2 StPO, wonach die Nutzung der Daten des Abs. 1 für andere Strafverfahren erlaubt ist, überflüssig.[706] Die Vorschrift enthält folglich keine Befugnis zur Erhebung personenbezogener Daten.[707] Sie regelt ausschließlich die Ermächtigung zur Speicherung, Veränderung und Nutzung von Daten, die auf Grundlage spezieller Ermittlungsmaßnahmen oder der Ermittlungsgeneralklausel der §§ 161 Abs. 1, 163 Abs. 1 S. 2 StPO erhoben worden sind.[708]

2.2.3.3.2.5. *Ermittlungsgeneralklausel, §§ 161 Abs. 1 S. 1, 163 Abs. 1 S. 2 StPO*

Da keine weiteren speziellen Ermittlungsbefugnisse ersichtlich sind, bleibt nur noch ein Rückgriff auf die strafprozessuale Ermittlungsgeneralklausel der §§ 161 Abs. 1, 163 Abs. 1 S. 2 StPO. Anders als die speziellen Datenverarbeitungsbefugnisse in der StPO steckt sie weder Grenzen für Anlass, Umfang noch Dauer einer Ermittlungsmaßnahme ab. Wie bereits ausgeführt, kann die strafprozessuale Ermittlungsgeneralklausel daher nur geringfügige Grundrechtseingriffe legitimieren.

OSINT lässt sich jedoch nicht pauschal als geringfügiger Grundrechtseingriff einordnen.[709] Zwar mindert die allgemeine Zugänglichkeit der Daten die Eingriffsintensität jedenfalls dann, wenn die betroffene Person ihre

---

704 BT-Drs. 14/1448, 31.

705 *Körffer*, DANA 2014, 146 (147).

706 *Körffer*, DANA 2014, 146 (147).

707 BT-Drs. 14/1448, 31; *Körffer*, DANA 2014, 146 (147).

708 BT-Drs. 14/1448, 31.

709 *Rückert*, ZStW 2017, 302 (325); *Wittmer/Platzer*, in: Demmler/Krupka/Federrath, INFORMATIK 2022, 569 (578); *Johannes*, in: Roßnagel/Friedewald/Hansen, Die Fortentwicklung des Datenschutzes, 151 (168 ff.); a. A. *Keller/Braun/Roggenkamp*, Cybercrime, 87.

personenbezogenen Daten freiwillig veröffentlicht hat.[710] In diesem Fall kann sie nicht darauf vertrauen, dass Dritte und auch staatliche Stellen kein Interesse an den Daten haben, um sie für ihre Zwecke zu nutzen.[711] Dass gerade Strafverfolgungsbehörden ein Interesse an den Daten hegen, ist insbesondere dann ein kalkulierbares Risiko, wenn sie im Zusammenhang mit strafbaren Handlungen stehen. Das Fehlen einer schutzwürdigen Vertraulichkeitserwartung relativiert daher bis zu einem gewissen Grad die ansonsten eingriffsintensivierende Heimlichkeit der strafprozessualen Maßnahme und die damit einhergehende faktische Verwehrung vorherigen Rechtsschutzes.[712]

Die Frage, ob eine konkrete OSINT-Maßnahme die Grenzen der Geringfügigkeit überschreitet, hängt jedoch von einer Vielzahl weiterer Faktoren ab.[713] Aufgrund der vielfältigen Einsatzmöglichkeiten von OSINT lässt sich ihre Eingriffsintensität daher nicht allgemein beurteilen. Erforderlich ist vielmehr eine Gesamtbetrachtung aller Umstände des konkreten Anwendungsfalls. Hierfür lassen sich folgende indizielle Kriterien aufstellen.

2.2.3.3.2.5.1.1. Unterschiedliche Eingriffsintensität manueller und softwaregestützter OSINT

Insbesondere zwischen manueller und softwaregestützter OSINT besteht ein bedeutsamer Unterschied hinsichtlich des Potentials, eine grundrechtliche Gefahrenlage für die Persönlichkeit der betroffenen Person herbeizuführen.[714] Während die manuelle OSINT oftmals einer „Suche nach der Nadel im Heuhaufen" gleicht, muss sich die automatisierte OSINT aufgrund ihrer Spezifität grundsätzlich eine wesentlich höhere Rechtfertigungsbedürftigkeit entgegenhalten lassen.[715] Die Möglichkeiten zur automatisierten Datenverarbeitung sind weder personell noch zeitlich beschränkt. Aus diesem

---

710 *Rückert*, ZStW 2017, 302 (325).

711 *Rückert*, ZStW 2017, 302 (324); *Bauer*, Soziale Netzwerke und strafprozessuale Ermittlungen, 142.

712 *Bauer*, Soziale Netzwerke und strafprozessuale Ermittlungen, 142.

713 BVerfGE 141, 220 (269); BVerfGE 155, 119 (178).

714 *Rückert*, ZStW 2017, 302 (326); *Wittmer/Platzer*, in: Demmler/Krupka/Federrath, INFORMATIK 2022, 569 (578); im Hinblick auf OSINT in sozialen Netzwerken so auch *Bauer*, Soziale Netzwerke und strafprozessuale Ermittlungen, 144.

715 BVerfG, Urt. v. 16.02.2023 – 1 BvR 1547/19, juris Rn. 78; *Rückert*, ZStW 2017, 302 (326); *Wittmer/Platzer*, in: Demmler/Krupka/Federrath, INFORMATIK 2022, 569 (578).

Grund ist die Rückverfolgung digitaler Spuren in ihrer Reichweite kaum begrenzt, wodurch sich die Gefährdung für das Persönlichkeitsrecht der von der Maßnahme betroffenen Person potenziert.[716] Dabei ist auch die Ausgestaltung des zugrundeliegenden Analyse und Auswertungsverfahrens zu berücksichtigen.[717] Insbesondere die Komplexität der Software oder des zugrundeliegenden Algorithmus kann von entscheidender Bedeutung sein.[718] Dies gilt insbesondere dann, wenn Strafverfolgungsbehörden künstliche Intelligenz einsetzen. In diesem Fall ist automatisierte Datenverarbeitung nicht nur wesentlich komplexer, sondern auch eingeschränkt validier und verifizierbar.[719] Zudem bleiben automatisierte Auswertungen letztlich nur Wahrscheinlichkeitsaussagen, denen eine gewisse Fehlerquote anhaftet. Ein unreflektiertes Vertrauen in die Technik birgt insoweit die Gefahr unverhältnismäßiger Entscheidungen.[720]

2.2.3.3.2.5.1.2. Anzahl und Heterogenität der Informationsquellen

Einen weiteren Faktor für die Bestimmung der Eingriffsintensität einer Datenverarbeitung bildet die Datenmenge bzw. die Anzahl und Heterogenität der herangezogenen Informationsquellen.[721] Je mehr Daten verarbeitet werden und je heterogener die Informationsquellen sind, desto aufschlussreicher sind in der Regel die gewonnenen Meta-Informationen.[722] Sofern deren Aussagegehalt über dem der einzelnen erhobenen Datensätze liegt, schränkt dies die Befugnis der betroffenen Person ein, selbst darüber zu entscheiden, wann und innerhalb welcher Grenzen persönliche Lebenssachverhalte offenbart werden. Mit Blick auf das Recht auf informationelle Selbstbestimmung spricht dies nicht mehr für einen nur geringfügigen Grundrechtseingriff,

---

716 BVerfG, Urt. v. 16.02.2023 – 1 BvR 1547/19, juris Rn. 78; *Rückert*, ZStW 2017, 302 (329); *Wittmer/Platzer*, in: Demmler/Krupka/Federrath, INFORMATIK 2022, 569 (578).

717 *Wittmer/Platzer*, in: Demmler/Krupka/Federrath, INFORMATIK 2022, 569 (578 ff.).

718 BVerfG, Urt. v. 16.02.2023 – 1 BvR 1547/19, juris Rn. 90; *Wittmer/Platzer*, in: Demmler/Krupka/Federrath, INFORMATIK 2022, 569 (582 f.).

719 *Wittmer/Platzer*, in: Demmler/Krupka/Federrath, INFORMATIK 2022, 569 (583); *Staffler/Jany*, ZIS 2020, 164 (166 f.); *Körffer*, DANA 2014, 146 (149 f.).

720 *Staffler/Jany*, ZIS 2020, 164 (175).

721 BVerfG, Urt. v. 16.02.2023 – 1 BvR 1547/19, juris Rn. 78; *Wittmer/Platzer*, in: Demmler/Krupka/Federrath, INFORMATIK 2022, 569 (582); *Wittmer*, Straftaten und Strafverfolgung im Darknet, 238.

722 *Wittmer/Platzer*, in: Demmler/Krupka/Federrath, INFORMATIK 2022, 569 (582).

der sich über die Ermittlungsgeneralklausel legitimieren lassen würde.[723] Es macht daher durchaus einen Unterschied, ob die Daten lediglich aus einer Informationsquelle stammen oder ob die Strafverfolgungsbehörden wie im Fall von „Silk Road" die Daten mit externen Datenbeständen abgleichen.[724]

2.2.3.3.2.5.1.3. Qualität der Daten

Neben der Quantität der Daten ist auch ihre Qualität ein maßgeblicher Faktor zur Bestimmung der Eingriffsintensität einer OSINT-Maßnahme.[725] Je näher die Daten dem Bereich des höchstpersönlichen Kernbereichs privater Lebensgestaltung stehen, desto mehr muss sich ihre Verarbeitung eine eingriffsintensivierende Wirkung entgegengehalten lassen.[726] Kernbereichsnahe Daten sind besonders grundrechtssensibel, weil ihre Verarbeitung erhebliche Risiken für die betroffene Person mit sich bringen kann.[727] Daten, die dem Kernbereich selbst zuzuordnen sind, dürfen dagegen gar nicht erst verarbeitet werden.[728]

Informationen, die keine besondere Persönlichkeitsrelevanz aufweisen, sind dagegen weniger schutzbedürftig. Ihre Verarbeitung unterliegt einer geringeren Rechtfertigungsbedürftigkeit. Hierunter fallen beispielsweise verwendete Pseudonyme oder auch die Umsatzvolumina von Händler*innen.[729] Diese Merkmale haben einen vergleichsweise begrenzten Aussagegehalt über deren Persönlichkeit.

2.2.3.3.2.5.1.4. Zeitraum der Datenverarbeitung

Der Zeitraum, über den sich die Datenverarbeitung erstreckt, ist bei der Bestimmung des Eingriffsgewicht ebenfalls zu berücksichtigen.[730] Insbe-

---

723 *Wittmer/Platzer*, in: Demmler/Krupka/Federrath, INFORMATIK 2022, 569 (582).

724 *Wittmer/Platzer*, in: Demmler/Krupka/Federrath, INFORMATIK 2022, 569 (582).

725 *Wittmer/Platzer*, in: Demmler/Krupka/Federrath, INFORMATIK 2022, 569 (578 ff.).

726 *Petri*, DuD 2008, 443 (447); *Rückert*, ZStW 2017, 302 (321); *Johannes*, in: Roßnagel/Friedewald/Hansen, Die Fortentwicklung des Datenschutzes, 151 (159); *Wittmer/Platzer*, in: Demmler/Krupka/Federrath, INFORMATIK 2022, 569 (581).

727 *Rückert*, ZStW 2017, 302 (321); *Wittmer/Platzer*, in: Demmler/Krupka/Federrath, INFORMATIK 2022, 569 (581).

728 Hierzu Kap. 4 Abschn. 1.2.3.

729 *Wittmer/Platzer*, in: Demmler/Krupka/Federrath, INFORMATIK 2022, 569 (581).

730 BVerfG, Urt. v. 16.02.2023 – 1 BvR 1547/19, juris Rn. 77; *Wittmer/Platzer*, in: Demmler/Krupka/Federrath, INFORMATIK 2022, 569 (583).

sondere Maßnahmen, die darauf ausgelegt sind, das Verhalten einer Person, deren Gewohnheiten oder deren Lebensgestaltung räumlich und über längere Zeit hinweg zu dokumentieren, können aufgrund ihrer Eingriffsintensität nicht mehr auf die Ermittlungsgeneralklausel gestützt werden. Dies folgt nicht zuletzt aus der Parallele zu § 163f StPO, wonach planmäßig angelegte Observationen, die länger als 24 Stunden dauern oder an mehr als zwei Tagen stattfinden, einer eigenständigen Rechtsgrundlage bedürfen.[731]

2.2.3.3.2.5.1.5. Reichweite der Maßnahme

Zuletzt kann sich auch die Streubreite von OSINT eingriffsintensivierend auswirken.[732] OSINT-Maßnahmen mit einer großen Breitenwirkung können ein diffuses Bedrohungsgefühl auslösen und damit auch unbescholtene Personen von der Nutzung des *Darknets* abhalten.[733] Sie werden dadurch in der Wahrnehmung ihrer grundrechtlich verbürgten Freiheiten behindert, was sich eingriffsintensivierend auswirkt (*chilling effects*).[734] Allerdings sind die Verhaltensoptionen im *Darknet* bereits unabhängig von der Anwesenheit staatlicher Stellen eingeschränkt. Potenzielle Rezipienten sind im *Darknet* nicht zu überblicken.[735] Dies ist im Rahmen der Abwägung eingriffsmindernd zu berücksichtigen. Gleiches gilt, wenn die Datenverarbeitung zwar eine große Zahl unbeteiligter Personen betrifft, sie aber in Sekundenschnelle durchgeführt wird und die erfassten Daten im Nichttrefferfall keine weitere Ermittlungstätigkeit veranlassen[736] oder aber unverzüglich gelöscht werden.

---

731 *Rückert*, ZStW 2017, 302 (326); *Sinn*, in: Gesk/Sinn, Organisierte Kriminalität und Terrorismus im Rechtsvergleich, 155; *Wittmer/Platzer*, in: Demmler/Krupka/Federrath, INFORMATIK 2022, 569 (583).

732 *Körffer*, DANA 2014, 146 (148); *Rückert*, ZStW 2017, 302 (320 f.); *Johannes*, in: Roßnagel/Friedewald/Hansen, Die Fortentwicklung des Datenschutzes, 151 (159); *Bauer*, Soziale Netzwerke und strafprozessuale Ermittlungen, 140.

733 *Rückert*, ZStW 2017, 302 (320 f.); *Martini*, VerwArch 2016, 307 (325); *Bauer*, Soziale Netzwerke und strafprozessuale Ermittlungen, 140; *Johannes*, in: Roßnagel/Friedewald/Hansen, Die Fortentwicklung des Datenschutzes, 151 (161).

734 *Rückert*, ZStW 2017, 302 (320); *Martini*, VerwArch 2016, 307 (325); *Körffer*, DANA 2014, 146 (148); *Johannes*, in: Roßnagel/Friedewald/Hansen, Die Fortentwicklung des Datenschutzes, 151 (161); hierzu bereits in Kap. 4 Abschn. 1.1.3.

735 *Bauer*, Soziale Netzwerke und strafprozessuale Ermittlungen, 144.

736 BVerfG, Urt. v. 16.02.2023 – 1 BvR 1547/19, juris Rn. 86.

2.2.3.3.2.5.1.6. Zwischenergebnis

Zusammenfassend ist festzuhalten, dass die Ermittlungsgeneralklausel nicht jedwede Art von OSINT zu Strafverfolgungszwecken legitimieren kann. Ob sie als taugliche Rechtsgrundlage herangezogen werden kann, bleibt schlussendlich eine Entscheidung im konkreten Einzelfall. Maßgeblich ist die Gesamtbetrachtung aller Faktoren, die sich auf die Eingriffsintensität der konkreten Maßnahme auswirken.[737] Hierzu zählen nicht nur verwendete Methodik sowie Art, Umfang und denkbare Verwendung der Daten. Es ist auch bedeutsam, welche persönlichkeitsbezogenen Informationen erfasst werden und wie viele Grundrechtstragende von der konkreten Maßnahme betroffen sind. Als Faustregel gilt: Je effektiver, effizienter und weitreichender die konkrete Maßnahme ist, desto höher ist im Zweifel ihre Eingriffsintensität.

2.2.3.3.2.6. § 500 Abs. 1 StPO i. V. m. § 48 Abs. 1 BDSG

Eine Generalklausel, die ausdrücklich die Verarbeitung besonderer Kategorien personenbezogener Daten regelt, findet sich überdies in § 48 Abs. 1 BDSG. Zwar sind die Vorschriften des BDSG im Strafverfahren nur dann anwendbar, wenn die StPO den Sachverhalt nicht oder nicht abschließend regelt (vgl. § 1 Abs. 2 BDSG). Die Regelung des § 48 BDSG findet jedoch über den Verweis in § 500 Abs. 1 StPO ausdrücklich auch im Strafverfahren Anwendung, soweit in der StPO nicht etwas anderes bestimmt ist. Eine solche entgegenstehende strafprozessuale Regelung findet sich indes nicht.

Die Vorschrift des § 48 BDSG dient der Umsetzung von Art. 10 der JI-Richtlinie[738], wonach jedenfalls die Verarbeitung besonderer Kategorien personenbezogener Daten durch staatliche Stellen nur unter strengen Voraussetzungen zulässig ist. Hierzu zählen insbesondere solche Daten, aus denen die politische Meinung, religiöse Überzeugung oder sexuelle Orientierung hervorgeht. Die Verarbeitung solcher Daten ist gemäß § 48 Abs. 1 BDSG nur zulässig, soweit sie zur Aufgabenerfüllung „unbedingt erforderlich" ist. Es reicht folglich nicht aus, dass die Datenverarbeitung die Ermittlungsarbeit der Strafverfolgungsbehörden lediglich erleichtert. Vielmehr muss sie

---

[737] *Rückert*, ZStW 2017, 302 (319); *Wittmer/Platzer*, in: Demmler/Krupka/Federrath, INFORMATIK 2022, 569 (578).

[738] Richtlinie (EU) 2016/680.

unentbehrlich sein, um den gesetzlich intendierten Zweck zu erreichen.[739] Ob dies der Fall ist, ist zweifelhaft, lässt sich jedoch nur im konkreten Einzelfall feststellen. Anderenfalls ist die Maßnahme unzulässig.

2.2.3.4. *Zwischenergebnis*

OSINT verspricht ein enormes Potential für die Strafverfolgung im *Darknet*. Dies belegen konkrete Beispiele aus der Praxis ausländischer Strafverfolgungsbehörden sowie der bayerische Testlauf des „Dark Web Monitors". Ob die Verarbeitung öffentlich zugänglicher Daten rechtlich zulässig ist, kann jedoch nicht pauschal beantwortet werden. Dies hängt davon ab, ob der damit einhergehende Grundrechtseingriff die Grenzen der Geringfügigkeit überschreitet. Soweit dies nicht der Fall ist, lässt sich OSINT noch über die Ermittlungsgeneralklausel der §§ 161 Abs. 1, 163 Abs. 1 S. 2 StPO legitimieren. Anderenfalls ist jedenfalls die Verarbeitung öffentlich zugänglicher personenbezogener Daten zu Strafverfolgungszwecken unzulässig.[740]

2.2.4. Blockchain-Forensik

Einen weiteren technischen Ermittlungsansatz, der für die Strafverfolgung im *Darknet* von Bedeutung ist, bietet die Blockchain-Forensik.[741] Hierunter fasst man die Rückverfolgung digitaler Zahlungsströme in der öffentlich einsehbaren Blockchain einer Kryptowährung.[742] In der Ermittlungspraxis der Strafverfolgungsbehörden kam dieser Ansatz bereits erfolgreich zum Tragen. Beispielsweise gelang es, den Betreiber des Diskussionsforums „DiDW"[743] und die Administratoren der pädokriminellen Tauschbörse „Welcome to Video"[744] unter anderen aufgrund ihrer Bitcoin-Transaktionen zu identifizieren.

Da Blockchain-Forensik auf der Erhebung und Auswertung allgemein zugänglicher Datenbestände basiert, ist sie der Sache nach als Unterart von

---

739 *Schwichtenberg*, in: Kühling/Buchner, DS-GVO BDSG, § 48 BDSG Rn. 3.

740 *Wittmer/Platzer*, in: Demmler/Krupka/Federrath, INFORMATIK 2022, 569 (584).

741 *Krause*, NJW 2018, 678 (679).

742 *Krause*, NJW 2018, 678 (679); *Koenen*, KI-gestützte Auswertung von Blockchain-Inhalten zur Strafverfolgung, abrufbar unter: https://ksv-polizeipraxis.de/ki-gestuetzte-auswertung-von-blockchain-inhalten-zur-strafverfolgung/ (abgerufen am 23.03.2022).

743 LG Karlsruhe, Urt. v. 19.12.2018 – 4 KLs 608 Js 19580/17, juris Rn. 229 ff.

744 *Greenberg*, Inside the Bitcoin Bust That Took Down the Web's Biggest Child Abuse Site, abrufbar unter: https://www.wired.com/story/tracers-in-the-dark-welcome-to-video-crypto-anonymity-myth/ (abgerufen am 24.07.2022).

OSINT einzuordnen.[745] Aufgrund ihrer Bedeutung für die Strafverfolgung im *Darknet* soll ihre rechtliche Zulässigkeit jedoch separat am Beispiel der Kryptowährung Bitcoin genauer untersucht werden.

2.2.4.1. Beschreibung

Bitcoin ist der wohl bekannteste Vertreter digitaler Kryptowährungen.[746] Dabei handelt es sich um ein dezentral organisiertes Zahlungssystem, das über keine zentrale Ausgabestelle und Verwaltungsinstanz, wie beispielsweise eine Bank, verfügt.[747] Der Technologie von Bitcoin liegt vielmehr ein P2P-Computernetzwerk zugrunde, in dem die Generierung von Bitcoins und die Verifizierung von Transaktionen durch die Mitglieder des Netzwerks selbst erfolgt.[748] Anders als bei herkömmlichen elektronischen Zahlungsmitteln, wie beispielsweise „PayPal" oder „Apple Pay", zahlt man bei Bitcoin nicht mit digitalen Münzen.[749] Vielmehr werden im Rahmen eines asymmetrisches Verschlüsselungsverfahrens[750] wertzuweisende kryptographische Daten geändert.[751] Um Bitcoins empfangen und überweisen zu können, benötigt man daher ein kryptographisches Schlüsselpaar.[752] Um dieses zu generieren, lädt man sich zunächst den Bitcoin Core-Client herunter.[753] Dabei handelt es sich um die Software, über die man sich mit dem Bitcoin-Computernetzwerk verbindet.[754] Der Bitcoin Core-Client generiert zunächst das erforderliche Schlüsselpaar und berechnet anschließend den sogenannten Hash-Wert des Public Keys.[755] Diesen Hash-Wert bezeichnet man auch als Bitcoin-Adresse,

---

745 So auch *Wittmer*, Straftaten und Strafverfolgung im Darknet, 241.

746 *Goger*, MMR 2016, 431 (431).

747 *Safferling/Rückert*, MMR 2015, 788 (789); *Goger*, MMR 2016, 431 (431).

748 *Safferling/Rückert*, MMR 2015, 788 (789); *Goger*, MMR 2016, 431 (431).

749 *Safferling/Rückert*, MMR 2015, 788 (789); *Grzywotz/Köhler/Rückert*, StV 2016, 753 (754).

750 Hierzu ausführlich s. Kap. 2 Abschn. 4.2.2.

751 *Safferling/Rückert*, MMR 2015, 788 (789); *Grzywotz/Köhler/Rückert*, StV 2016, 753 (754); *Pesch/Böhme*, DuD 2017, 93 (94); zum asymmetrischen Verschlüsselungsverfahren ausführlich s. Kap. 2 Abschn. 4.2.2.

752 *Pesch/Boehm*, MMR 2014, 75 (76); *Safferling/Rückert*, MMR 2015, 788 (790); *Grzywotz/Köhler/Rückert*, StV 2016, 753 (754).

753 *Pesch/Böhme*, DuD 2017, 93 (93); *Bachmann/Arslan*, NZWiSt 2019, 241 (242).

754 *Pesch/Böhme*, DuD 2017, 93 (93); *Bachmann/Arslan*, NZWiSt 2019, 241 (242).

755 *Koenen*, KI-gestützte Auswertung von Blockchain-Inhalten zur Strafverfolgung, abrufbar unter: https://ksv-polizeipraxis.de/ki-gestuetzte-auswertung-von-blockchain-inhalten-zur-strafverfolgung/ (abgerufen am 23.03.2022).

die ähnlich zu einer herkömmlichen Kontonummer beim Empfangen von Bitcoins angegeben werden muss.[756] Der Private Key kommt dagegen zum Einsatz, wenn man Bitcoins übertragen will. Eine erneute Transaktion bedarf der digitalen Signatur mit dem Private Key, um sie zu autorisieren.[757] Demnach liegt die Verfügungsgewalt über die Bitcoins einer Bitcoin-Adresse ausschließlich bei der Person, die über den dazugehörigen Private Key verfügt.[758] Der Private Key ist insoweit vergleichbar zu dem PIN-Code einer EC-Karte oder dem TAN-Verfahren beim Online-Banking.[759]

Anders als bei herkömmlichen Konten kann der „Bitcoin Core-Client" zudem beliebig viele Schlüsselpaare generieren.[760] Die Zusammenfassung all dieser Schlüsselpaare bezeichnet man als „Wallet".[761] Da die Synchronisierung des Bitcoin Core-Clients jedoch einige Zeit in Anspruch nimmt und darüber hinaus ausreichend Bandbreite und Speicherplatz erfordert, bieten inzwischen Unternehmen, wie beispielsweise „Coinbase" oder „eToro", die Erstellung und Verwaltung von „Wallets" als entgeltliche Dienstleistung an.[762]

Um zu verhindern, dass Bitcoin-Werteinheiten mehrfach übertragen werden, protokolliert die mit dem Computernetzwerk verknüpfte Blockchain (übersetzt: „Blockkette") sämtliche Transaktionsvorgänge in chronologischer Reihenfolge.[763] Man bezeichnet sie daher auch als „digitales Kassenbuch" der Kryptowährung.[764] Der Begriff der Blockchain steht dabei bildlich für ihre technische Funktionsweise. In einem Block werden zunächst alle anfallenden

---

756 *Safferling/Rückert*, MMR 2015, 788 (790); *Grzywotz/Köhler/Rückert*, StV 2016, 753 (754); *Pesch/Böhme*, DuD 2017, 93 (94).

757 *Safferling/Rückert*, MMR 2015, 788 (790); *Grzywotz/Köhler/Rückert*, StV 2016, 753 (754).

758 *Grzywotz/Köhler/Rückert*, StV 2016, 753 (754).

759 *Safferling/Rückert*, MMR 2015, 788 (790); *Grzywotz/Köhler/Rückert*, StV 2016, 753 (754).

760 *Safferling/Rückert*, MMR 2015, 788 (790); *Grzywotz/Köhler/Rückert*, StV 2016, 753 (754).

761 *Safferling/Rückert*, MMR 2015, 788 (790); *Grzywotz/Köhler/Rückert*, StV 2016, 753 (754).

762 *Koenen*, KI-gestützte Auswertung von Blockchain-Inhalten zur Strafverfolgung, abrufbar unter: https://ksv-polizeipraxis.de/ki-gestuetzte-auswertung-von-blockchain-inhalten-zur-strafverfolgung/ (abgerufen am 23.03.2022); *Wittmer*, Straftaten und Strafverfolgung im Darknet, 243 f.

763 *Safferling/Rückert*, MMR 2015, 788 (790); *Grzywotz/Köhler/Rückert*, StV 2016, 753 (755); *Pesch/Böhme*, DuD 2017, 93 (94).

764 *Safferling/Rückert*, MMR 2015, 788 (790); *Koenen*, KI-gestützte Auswertung von Blockchain-Inhalten zur Strafverfolgung, abrufbar unter: https://ksv-polizeipraxis.de/ki-gestuetzte-auswertung-von-blockchain-inhalten-zur-strafverfolgung/ (abgerufen am 23.03.2022).

Transaktionsdaten aus einer bestimmten Zeitspanne gesammelt.[765] Sobald die Speicherkapazität eines Blocks erreicht ist, wird der Block durch die Mitglieder des P2P-Computernetzwerks validiert und mathematisch mit dem Hash-Wert des vorangegangenen Datenblocks verbunden.[766] Auf diese Weise entsteht eine Kette von Blöcken, die die gesamte Transaktionshistorie fortlaufend protokolliert.[767]

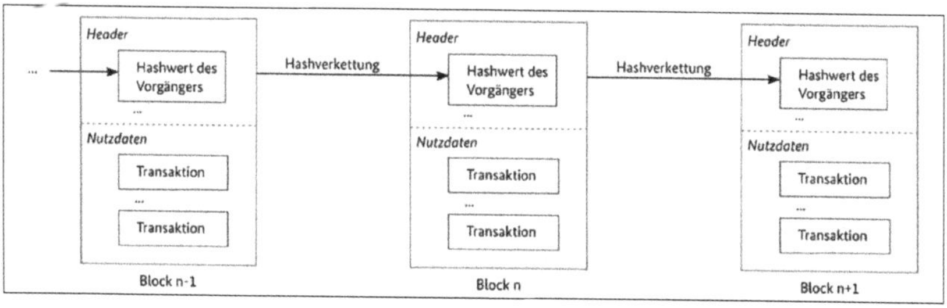

Abbildung 7: Daten-Struktur der Bitcoin-Blockchain[768]

Die Blockchain ist dabei auf keinem zentralen Server hinterlegt.[769] Vielmehr speichern alle Mitglieder des Computernetzwerks eine vollständige Kopie der Blockchain auf ihren Rechnern.[770] Die gesamte Blockchain ist folglich dauerhaft, dezentral und redundant gespeichert.[771] Hierdurch ist sie nachträglich auch nicht veränderbar und somit vor Manipulation geschützt.[772] Darüber

765 *Safferling/Rückert*, MMR 2015, 788 (790); *Koenen*, KI-gestützte Auswertung von Blockchain-Inhalten zur Strafverfolgung, abrufbar unter: https://ksv-polizeipraxis.de/ki-gestuetzte-auswertung-von-blockchain-inhalten-zur-strafverfolgung/ (abgerufen am 23.03.2022).

766 *Safferling/Rückert*, MMR 2015, 788 (790); *Martini/Weinzierl*, NVwZ 2017, 1251 (1251).

767 *Safferling/Rückert*, MMR 2015, 788 (790); *Martini/Weinzierl*, NVwZ 2017, 1251 (1251).

768 Die verwendete Abbildung stammt aus *Bundesamt für Informationstechnik*, Blockchain sicher gestalten, 9.

769 *Martini/Weinzierl*, NVwZ 2017, 1251 (1251).

770 *Safferling/Rückert*, MMR 2015, 788 (790); *Pesch/Böhme*, DuD 2017, 93 (94); *Martini/Weinzierl*, NVwZ 2017, 1251 (1251).

771 *Safferling/Rückert*, MMR 2015, 788 (791); *Goger*, MMR 2016, 431 (431).

772 *Schrey/Thalhofer*, NJW 2017, 1431 (1432); *Kumpan*, in: Schwark/Zimmermann, Kapitalmarktrechts-Kommentar, § 2 WpHG Rn. 82.

hinaus kann man die Bitcoin-Blockchain auf frei zugänglichen Webseiten, wie beispielsweise „Blockchain.com" oder „Walletexplorer.com" einsehen.[773]

In der Transparenz der Blockchain liegt allerdings auch die Schwachstelle des Systems. Es ist theoretisch für jedermann zu jederzeit einsehbar, von welcher Bitcoin-Adresse welche Werteinheit an welche andere Bitcoin-Adresse übertragen wurde.[774] Hierdurch lassen sich mit hinreichender Expertise konkrete Transaktionsmuster in der Blockchain identifizieren. Es lässt sich beispielsweise ermitteln, dass und zwischen welchen Bitcoin-Adressen eine Transaktion in einer bestimmten Höhe stattgefunden hat.[775] Webseiten wie „Walletexplorer.com" verfügen sogar über eine Art Suchfunktion, bei der man bei Eingabe einer bestimmten Bitcoin-Adresse einen umfassenden Einblick in deren Transaktionshistorie erhält.[776] Des Weiteren existieren mittlerweile heuristische Methoden über die sich mit hoher Wahrscheinlichkeit mehrere Bitcoin-Adressen derselben Person zuordnen lassen.[777] Um den Auswertungsprozess zu beschleunigen, bietet sich in diesem Fall der Einsatz einer entsprechend programmierten Software an.[778]

Aus der bloßen Nachverfolgbarkeit der Transaktionshistorie ergibt sich indes noch nicht, welche Personen hinter einer konkreten Bitcoin-Adresse stehen.[779] Da die Teilnahme am Bitcoin-Zahlungsverkehr die Angabe von verifizierbaren Personalien nicht zwingend erfordert, ist eine initiale Identifizierung in der

---

773 *Safferling/Rückert*, MMR 2015, 788 (790): *Wittmer*, Straftaten und Strafverfolgung im Darknet, 244.

774 *Pesch/Boehm*, MMR 2014, 75 (76); *Grzywotz/Köhler/Rückert*, StV 2016, 753 (755); *Wittmer*, Straftaten und Strafverfolgung im Darknet, 244.

775 *Rückert*, in: Maume/Maute, § 23 Rn. 8; *Koenen*, KI-gestützte Auswertung von Blockchain-Inhalten zur Strafverfolgung, abrufbar unter: https://ksv-polizeipraxis.de/ki-gestuetzte-auswertung-von-blockchain-inhalten-zur-strafverfolgung/ (abgerufen am 23.03.2022); *Wittmer*, Straftaten und Strafverfolgung im Darknet, 246 f.

776 *Wittmer*, Straftaten und Strafverfolgung im Darknet, 244.

777 *Pesch/Böhme*, DuD 2017, 93 (95).

778 *Rückert*, in: Maume/Maute, § 23 Rn. 11; *Safferling/Rückert*, MMR 2015, 788 (791); *Koenen*, KI-gestützte Auswertung von Blockchain-Inhalten zur Strafverfolgung, abrufbar unter: https://ksv-polizeipraxis.de/ki-gestuetzte-auswertung-von-blockchain-inhalten-zur-strafverfolgung/ (abgerufen am 23.03.2022).

779 *Safferling/Rückert*, MMR 2015, 788 (791); *Grzywotz/Köhler/Rückert*, StV 2016, 753 (755); *Krause*, NJW 2018, 678 (679).

Regel nicht möglich.[780] Gleichwohl handelt es sich bei Bitcoin entgegen der öffentlichen Wahrnehmung um kein anonymes Zahlungsmittel. Die Kryptowährung bietet allenfalls Pseudonymität.[781] Denn das Geschäft, das einer Bitcoin-Transaktion zu Grunde liegt, erfordert in aller Regel irgendeine Form der Identitätspreisgabe.[782] Dies kann beispielsweise die postalische Anschrift sein, um Waren entgegenzunehmen oder hinterlegte Kreditkartendaten, um auf einer zentral organisierten Krypto-Börse Bitcoins zu kaufen oder gegen Fiatgeld einzutauschen.[783] Es ist folglich nicht unmöglich, über die Blockchain die hinter den Bitcoin-Adressen stehenden Personen zu identifizieren.

2.2.4.2. Einsatzmöglichkeiten im Darknet

Dass der Blockchain-Forensik ein erhebliches Potential bei der Bekämpfung von Geldwäsche und Terrorismusfinanzierung zukommt, haben Strafverfolgungsbehörden bereits erkannt. Aus diesem Grund werden vermehrt softwaregestützte Projekte, die sich mit der systematischen Auswertung der Blockchain beschäftigen, entwickelt und gefördert. Hierzu zählen beispielsweise das im Rahmen des EU-Forschungsprojekts „TITANIUM“ entwickelte „KriptoSare-Verfahren“[784] sowie das bilaterale, deutsch-österreichische Forschungsprojekt „BITCRIME“[785]. Ziel beider Vorhaben ist die Erforschung

---

[780] *Safferling/Rückert*, MMR 2015, 788 (791); *Goger*, MMR 2016, 431 (431); *Krause*, NJW 2018, 678 (679).

[781] *Pesch/Boehm*, MMR 2014, 75 (76); *Goger*, MMR 2016, 431 (431); *Fünfsinn/Ungefuk/Krause*, Kriminalistik 2017, 440 (443).

[782] *Koenen*, KI-gestützte Auswertung von Blockchain-Inhalten zur Strafverfolgung, abrufbar unter: https://ksv-polizeipraxis.de/ki-gestuetzte-auswertung-von-blockchain-inhalten-zur-strafverfolgung/ (abgerufen am 23.03.2022).

[783] *Hennig*, Warum Bitcoin nicht wirklich anonym ist abrufbar unter: https://blockchainwelt.de/warum-bitcoin-nicht-wirklich-anonym-ist/ (abgerufen am 01.09.2022); *Koenen*, KI-gestützte Auswertung von Blockchain-Inhalten zur Strafverfolgung, abrufbar unter: https://ksv-polizeipraxis.de/ki-gestuetzte-auswertung-von-blockchain-inhalten-zur-strafverfolgung/ (abgerufen am 23.03.2022).

[784] Zur Funktionsweise und den sich daraus ergebenden rechtlichen Fragestellungen ausführlich *Koenen*, KI-gestützte Auswertung von Blockchain-Inhalten zur Strafverfolgung, abrufbar unter: https://ksv-polizeipraxis.de/ki-gestuetzte-auswertung-von-blockchain-inhalten-zur-strafverfolgung/ (abgerufen am 23.03.2022).

[785] Zur Funktionsweise ausführlich *Bitcrime*, Verfolgung und Prävention organisierter Finanzkriminalität mit virtuellen Währungen (BITCRIME), abrufbar unter: https://www.bitcrime.de/index.html (abgerufen am 23.03.2022).

innovativer Lösungen zur Identifikation, Prävention und Reduktion von Finanzkriminalität im Bereich der virtuellen Währungen.

Speziell für die Strafverfolgung im *Darknet* bietet Blockchain-Forensik dagegen einen Ansatzpunkt, um die Anonymität tatverdächtiger Personen zu überwinden. Zwar ist die initiale Identifizierung tatverdächtiger Personen nicht möglich. In der Blockchain lassen sich jedoch unter Umständen Anhaltspunkte für weitergehende Ermittlungen finden. Ermittler*innen können beispielsweise nach konkreten Transaktionsmustern suchen, deren Betrag der geforderten Summe eines Verkaufsangebots auf einer kriminellen Plattform entspricht. Anhand der Blockchain ließe sich sodann die Herkunft des Betrages entlang seiner individuellen Transaktionskette zurückverfolgen.[786]

Um die hinter der jeweiligen Bitcoin-Adresse stehende Person zu identifizieren, können die Ermittler*innen anschließend die gewonnenen Informationen mit weiteren Daten außerhalb der Blockchain verknüpfen. Hierfür bietet insbesondere das „Auscashen“ von Bitcoins einen geeigneten Ansatzpunkt.[787] Kriminelle, die sich im *Darknet* mittels Bitcoin bezahlen lassen, müssen sich ihr Guthaben zu irgendeinem Zeitpunkt auszahlen lassen, um in der analogen Welt davon zu profitieren.[788] Unter Umständen lässt sich beispielsweise ermitteln, ob über die verdächtige Bitcoin-Adresse Bitcoins auf einer Krypto-Börse gekauft oder in Fiatgeld umgetauscht wurden.[789] Da Krypto-Börsen seit Einführung des „Gesetzes zur Umsetzung der Vierten EU-Geldwäscherichtlinie, zur Ausführung der EU-Geldtransferverordnung und zur Neuorganisation der Zentralstelle für Finanztransaktionsuntersuchungen“[790] zu den Finanzdienstleistungsinstituten nach dem KWG zäh-

---

786 *Pesch/Böhme*, DuD 2017, 93 (96).

787 *Sinn*, in: Gesk/Sinn, Organisierte Kriminalität und Terrorismus im Rechtsvergleich, 148; *Safferling/Rückert*, Konrad-Adenauer-Stiftung Analysen & Argumente 2018, 8; *Rückert*, in: Maume/Maute, § 23 Rn. 7.

788 *Sinn*, in: Gesk/Sinn, Organisierte Kriminalität und Terrorismus im Rechtsvergleich, 148; *Rückert*, in: Maume/Maute, § 23 Rn. 7; *Wittmer*, Straftaten und Strafverfolgung im Darknet, 247.

789 *Koenen*, KI-gestützte Auswertung von Blockchain-Inhalten zur Strafverfolgung, abrufbar unter: https://ksv-polizeipraxis.de/ki-gestuetzte-auswertung-von-blockchain-inhalten-zur-strafverfolgung/ (abgerufen am 23.03.2022); *Wittmer*, Straftaten und Strafverfolgung im Darknet, 247.

790 BGBl. I S. 1822.

len, ist die Angabe persönlicher Informationen bei Registrierung zwingend erforderlich (vgl. § 1 Abs. 1a Nr. 6, Abs. 11 Nr. 10 KWG).[791] Darüber hinaus sind Krypto-Börsen nach dem GwG nunmehr verpflichtet, die Identität ihrer Kundschaft zu verifizieren („*Know your customer*"-Prinzip).[792] Hierfür sind insbesondere deren Vor und Nachname, Geburtsdatum und Wohnanschrift zu erheben und anhand gültiger amtlicher Ausweisdokumente zu überprüfen (§ 11 Abs. 1 Nr. 1, Abs. 4 i. V. m. § 12 Abs. 1 Nr. 1 GwG).[793] Soweit sich eine Verbindung einer verdächtigen Bitcoin-Adresse mit einer Krypto-Börse feststellen lässt, können Strafverfolgungsbehörden ein entsprechendes Auskunftsersuchen an die Krypto-Börse richten.[794]

Allerdings können Betroffene die Auswertung ihrer Transaktionsdaten auch aktiv behindern. Es gibt verschiedene Möglichkeiten, Bezahlvorgänge zu verschleiern und inkriminierte Bitcoins unauffällig in den legalen Finanzkreislauf zurückzuführen. Insbesondere sogenannte „Mixing-Dienste" sind darauf spezialisiert, meist gegen eine Provision, Bitcoins unterschiedlicher Herkunft miteinander zu vermischen und anschließend auf neu generierte Bitcoin-Adressen zurück zu überweisen.[795] Dies soll die Herstellung von

---

[791] *Koenen*, KI-gestützte Auswertung von Blockchain-Inhalten zur Strafverfolgung, abrufbar unter: https://ksv-polizeipraxis.de/ki-gestuetzte-auswertung-von-blockchain-inhalten-zur-strafverfolgung/ (abgerufen am 23.03.2022).

[792] *Koenen*, KI-gestützte Auswertung von Blockchain-Inhalten zur Strafverfolgung, abrufbar unter: https://ksv-polizeipraxis.de/ki-gestuetzte-auswertung-von-blockchain-inhalten-zur-strafverfolgung/ (abgerufen am 23.03.2022); *Rückert*, in: Maume/Maute, § 23 Rn. 7.

[793] *Koenen*, KI-gestützte Auswertung von Blockchain-Inhalten zur Strafverfolgung, abrufbar unter: https://ksv-polizeipraxis.de/ki-gestuetzte-auswertung-von-blockchain-inhalten-zur-strafverfolgung/ (abgerufen am 23.03.2022); *Wittmer*, Straftaten und Strafverfolgung im Darknet, 247.

[794] Koenen, KI-gestützte Auswertung von Blockchain-Inhalten zur Strafverfolgung, abrufbar unter: https://ksv-polizeipraxis.de/ki-gestuetzte-auswertung-von-blockchain-inhalten-zur-strafverfolgung/ (abgerufen am 23.03.2022); Rückert, in: Maume/Maute, § 23 Rn. 7; so auch im Falle des Betreibers des Forums „DiDW" im Tor-Netzwerk. Nachdem dieser öffentlich zu Spenden an eine bestimmte Bitcoin-Adresse aufgerufen hatte, konnten Ermittler*innen die Transaktionen zurückverfolgen und einen Account auf der Krypto-Börse „Bitcoin.de" ermitteln, auf der sowohl sein vollständiger Name als auch seine Anschrift hinterlegt war, vgl. LG Karlsruhe, Urt. v. 19.12.2018 – 4 KLs 608 Js 19580/17, juris Rn. 229 f.

[795] *Grzywotz/Köhler/Rückert*, StV 2016, 753 (755); *Wittmer*, Straftaten und Strafverfolgung im Darknet, 248.

Verbindungen aufgrund zeitlicher Relation oder deckungsgleicher Beträge erschweren.[796] Darüber hinaus ist der Eintausch von Bitcoins gegen Fiatgeld über Plattformen wie „LocalBitcoins“ auch unproblematisch zwischen Privatleuten möglich.[797] Die Erfolgsaussichten der Blockchain-Forensik hängen folglich auch davon ab, wie vorsichtig sich tatverdächtige Personen beim Umtausch ihrer Bitcoins verhalten.[798]

2.2.4.3. Rechtliche Bewertung

Obwohl bereits einschlägige Projekte entwickelt und getestet werden, ist die rechtliche Zulässigkeit der Blockchain-Forensik zu Strafverfolgungszwecken bislang ungeklärt.

2.2.4.3.1. Grundrechtsrelevanz

Für die Frage der rechtlichen Zulässigkeit ist zunächst maßgeblich, ob Blockchain-Forensik grundrechtliche Schutzbereiche berührt. Hiernach entscheidet sich, ob ihr Einsatz einer gesetzlichen Ermächtigungsgrundlage bedarf.

2.2.4.3.1.1. Telekommunikationsgeheimnis, Art. 10 Abs. 1 Var. 3 GG

Ein Eingriff in das Telekommunikationsgeheimnis scheidet aus.[799] Zwar kann man in einer Bitcoin-Transaktion durchaus einen Telekommunikationsvorgang erkennen.[800] Die Schutzwürdigkeit der Kommunikation scheitert jedoch an der fehlenden Erwartungshaltung der Kommunikationsbeteiligten an deren Vertraulichkeit. Denn der Schutzbereich des Telekommunikationsgeheimnisses ist nicht eröffnet, wenn die Kommunikation für jedermann öffentlich zugänglich ist.[801] Wesensmerkmal der Blockchain ist jedoch ihre öffentliche Einsehbarkeit.[802] Dies ist auch allgemein bekannt.[803] Insoweit

---

796 *Grzywotz/Köhler/Rückert*, StV 2016, 753 (755); *Wittmer*, Straftaten und Strafverfolgung im Darknet, 248.

797 *Pesch/Boehm*, MMR 2014, 75 (76); *Safferling/Rückert*, MMR 2015, 788 (791).

798 *Wittmer*, Straftaten und Strafverfolgung im Darknet, 248.

799 *Safferling/Rückert*, MMR 2015, 788 (793).

800 Hierzu ausführlich *Safferling/Rückert*, MMR 2015, 788 (792 ff.).

801 Hierzu bereits ausführlich Kap. 4 Abschn. 2.2.3.3.1.1.

802 *Safferling/Rückert*, MMR 2015, 788 (793).

803 *Safferling/Rückert*, MMR 2015, 788 (793).

besteht kein Unterschied zu sonstigen, öffentlich zugänglichen Kommunikationsinhalten, wie beispielsweise Beiträgen in öffentlich einsehbaren Foren oder Chatbereichen.[804]

2.2.4.3.1.2. Recht auf informationelle Selbstbestimmung

Blockchain-Forensik kann jedoch in das Recht auf informationelle Selbstbestimmung eingreifen. Bei der Überwachung und Auswertung der Bitcoin-Blockchain verarbeitet die Strafverfolgungsbehörde personenbezogene Daten.[805] Die Blockchain enthält Angaben über wirtschaftliche und damit persönlich-sachliche Verhältnisse, durch die sich unter Umständen ein Persönlichkeitsprofil der betroffenen Personen zeichnen lässt.[806] Hierzu zählen neben dem Guthaben auch die Transaktionshistorie einer Bitcoin-Adresse.[807]

Dass die Blockchain dabei keinen unmittelbaren Rückschluss auf die hinter einer Bitcoin-Adresse stehende reale Person zulassen, ist unerheblich. Zwar handelt es sich um pseudonymisierte Daten, die die Strafverfolgungsbehörde ohne zusätzliche Informationen nicht einer konkreten Person zuordnen kann.[808] Für die Eröffnung des grundrechtlichen Schutzbereichs des Art. 2 Abs. 1 i. V. m. Art. 1 Abs. 1 GG reicht jedoch aus, dass die Daten potenziell zur Identifizierung einer Person genutzt werden können.[809] Dies ist vorliegend der Fall. Wie oben dargestellt, lassen sich über die Transaktionsdaten der Blockchain Hinweise gewinnen, über die letzten Endes eine Identifikation der hinter den Bitcoin stehenden Personen möglich ist. Somit unterfallen auch die pseudonymisierten Daten aus der Bitcoin-Blockchain dem Grundrechtsschutz aus Art. 2 Abs. 1 i. V. m. Art. 1 Abs. 1 GG.[810]

---

804 *Safferling/Rückert*, MMR 2015, 788 (793).

805 *Safferling/Rückert*, MMR 2015, 788 (794); *Pesch/Böhme*, DuD 2017, 93 (94); *Koenen*, KI-gestützte Auswertung von Blockchain-Inhalten zur Strafverfolgung, abrufbar unter: https://ksv-polizeipraxis.de/ki-gestuetzte-auswertung-von-blockchain-inhalten-zur-strafverfolgung/ (abgerufen am 23.03.2022).

806 *Pesch/Böhme*, DuD 2017, 93 (95).

807 *Pesch/Böhme*, DuD 2017, 93 (95).

808 *Pesch/Böhme*, DuD 2017, 93 (95).

809 *Pesch/Böhme*, DuD 2017, 93 (95); hierzu ausführlich s. Kap. 4 Abschn. 1.2.2.1.1.

810 *Pesch/Böhme*, DuD 2017, 93 (95).

2.2.4.3.1.3. *Recht auf Gewährleistung der Vertraulichkeit und Integrität informationstechnischer Systeme, Art. 2 Abs. 1 i. V. m. Art. 1 Abs. 1 GG*

Ein Eingriff in das Recht auf Gewährleistung der Vertraulichkeit und Integrität informationstechnischer Systeme scheidet dagegen aus. Zwar ist die Blockchain ein informationstechnisches System. Sie weist jedoch nicht die erforderliche formelle Abgeschlossenheit gegenüber Dritten auf. Vielmehr sind die darin befindlichen Informationen von vornerein auf die Wahrnehmung durch Dritte ausgerichtet. Ermittlungsbehörden können die personenbezogenen Daten aus der Blockchain daher auf dem technisch hierfür vorgesehenen Weg wahrnehmen, ohne dass ein technikgebundenes Vertrauen oder die Integrität eines informationstechnischen Systems enttäuscht wird. Der grundrechtliche Schutzbereich ist somit nicht eröffnet.

2.2.4.3.1.4. *Sonstige Grundrechte*

Abhängig vom Inhalt der verarbeiteten Daten ist nicht auszuschließen, dass Blockchain-Forensik auch in andere Grundrechte eingreift. In Betracht kommt etwa die Berufsfreiheit aus Art. 12 Abs. 1 S. 1 GG. Dies lässt sich jedoch nur im konkreten Einzelfall feststellen und bleibt an dieser Stelle unausgeführt.

2.2.4.3.2. *Gesetzliche Ermächtigungsgrundlage*

Aufgrund ihrer Eingriffsqualität in das Grundrecht auf informationelle Selbstbestimmung bedarf die Blockchain-Forensik zu Strafverfolgungszwecken einer hinreichenden gesetzlichen Ermächtigungsgrundlage. Die StPO sieht bislang keine ausdrückliche Regelung für Blockchain-Forensik zu Strafverfolgungszwecken vor. Fraglich ist, ob diese sich unter eine bereits bestehende strafprozessuale Ermächtigungsgrundlage subsumieren lässt. Neben der Ermittlungsgeneralklausel aus §§ 161 Abs. 1, 163 Abs. 1 S. 2 StPO, über die sich die Verarbeitung öffentlich zugänglicher Daten teilweise legitimieren lässt, kommt bei der Blockchain-Forensik auch die spezielle Eingriffsbefugnis der Telekommunikationsüberwachung gem. § 100a StPO in Betracht.[811]

---

811 *Safferling/Rückert*, MMR 2015, 788 (788); *Grzywotz/Köhler/Rückert*, StV 2016, 753 (758).

2.2.4.3.2.1.1. Anfangsverdacht

Wie bei OSINT allgemein kann auch die Blockchain-Forensik zu Strafverfolgungszwecken nur auf Grundlage eines Anfangsverdachts i. S. d. § 152 Abs. 2 StPO ergehen. Fraglich ist, wann in diesem Kontext von zureichenden tatsächlichen Anhaltspunkten, die auf die Begehung einer Straftat hindeuten, auszugehen ist.

Unproblematisch ist das gezielte Suchen nach bestimmten Transaktionen bzw. Transaktionsmustern, wenn sich ein Anfangsverdacht bereits durch vorherige polizeiliche Ermittlungen manifestiert hat. Dies ist beispielsweise dann anzunehmen, wenn bekannt ist, dass eine tatverdächtige Person illegale Geschäfte über eine bekannte Bitcoin-Adresse abwickelt oder wenn nach einer Transaktion in einer bestimmten Höhe gesucht wird, die der geforderten Kaufpreiszahlung entspricht.

Unzulässig ist die Blockchain-Forensik dagegen, wenn die Maßnahme zu einer Dauerüberwachung des Gesamtsystems der Blockchain führt. Die Nutzung von Bitcoin ist nicht per se strafbar. Strafverfolgungsbehörden haben dementsprechend keinen Anlass, den gesamten Transaktionsverkehr in der Bitcoin-Blockchain zu überwachen. In diesem Fall würde es sich allenfalls um Vorfeldermittlungen handeln, um nach Anzeichen für eine begangene Straftat zu suchen. Dabei handelt es sich jedoch um keine strafprozessuale, sondern allenfalls um eine präventive polizeiliche Maßnahme.[812]

2.2.4.3.2.2. Telekommunikationsüberwachung, § 100a StPO

Soweit ein Anfangsverdacht vorliegt, stellt sich die Frage, ob Blockchain-Forensik der Telekommunikationsüberwachung i. S. d. § 100a StPO unterfällt. Diese erfasst die Überwachung laufender Kommunikationsvorgänge. Ihre Anordnung unterliegt nicht nur strengen Voraussetzungen, sondern hat auch abschließenden Charakter.[813] Sie ist schweren Straftaten vorbehalten, die in dem Straftatenkatalog in § 100a Abs. 2 StPO abschließend aufgeführt sind. Ihre Anordnung ist nur dann zulässig, wenn die Anlasstat auch im Einzelfall schwerwiegt und die Erforschung des Sachverhalts oder die Ermittlung des Aufenthaltsorts des Beschuldigten auf andere Weise wesentlich erschwert

---

812 Hierzu bereits in Kap. 4 Abschn. 2.2.3.3.2.1.

813 *Safferling/Rückert*, MMR 2015, 788 (791).

oder aussichtslos wäre. Darüber hinaus unterliegt sie grundsätzlich dem Richtervorbehalt (§ 100e Abs. 1 S. 1 StPO).

Legt man der Subsumtion ein rein technisches Verständnis zugrunde, ist die Blockchain-Forensik fraglos eine Form der Telekommunikationsüberwachung i. S. d. § 100a Abs. 1 S. 1 StPO. Schließlich handelt es sich bei den auszuwertenden Transaktionen jeweils um einen Telekommunikationsvorgang, den die Strafverfolgungsbehörde ohne Wissen der Betroffenen auswertet. Die öffentliche Einsehbarkeit der Blockchain steht jedoch dem Telos der Norm entgegen.[814] Die hohen Anordnungshürden des § 100a StPO finden ihre Begründung im Schutz vor dem Zugriff auf Informationen, die von den Kommunikationsbeteiligten in der Erwartung der Vertraulichkeit der Kommunikation übermittelt wurden.[815] Der Normzweck erschöpft sich somit in der Rechtfertigung von Eingriffen in die durch Art. 10 Abs. 1 Var. 3 GG geschützten Rechtspositionen.[816] Eingriffe, die nicht dem Schutzbereich des Telekommunikationsgeheimnisses unterfallen, sind von der Eingriffsbefugnis hingegen ausgeschlossen.[817] Letzteres ist hier der Fall. Wie zuvor dargestellt, beruhen die betroffenen Transaktionsvorgänge nicht auf wechselseitiger Vertraulichkeit der Transaktionsbeteiligten. Die Blockchain-Forensik tangiert folglich keine der durch das Telekommunikationsgeheimnis geschützten Rechtspositionen. Ein Rückgriff auf § 100a StPO scheidet somit aus.[818]

2.2.4.3.2.3. Ermittlungsgeneralklausel, §§ 161 Abs. 1, 163 Abs. 1 S. 2 StPO

Mangels anderweitiger Ermächtigungsgrundlagen in der StPO bleibt nur noch ein Rückgriff auf die strafprozessuale Ermittlungsgeneralklausel der §§ 161 Abs. 1, 163 Abs. 1 S. 2 StPO. Wie dargestellt, setzt sie voraus, dass nur ein geringfügiger Grundrechtseingriff mit der Ermittlungsmaßnahme einhergeht.

---

814 *Safferling/Rückert*, MMR 2015, 788 (793); *Pesch/Böhme*, DuD 2017, 93 (96); *Rückert*, in: Maume/Maute, § 23 Rn. 13.

815 *Safferling/Rückert*, MMR 2015, 788 (791 ff.).

816 *Fezer*, NStZ 2003, 625 (627); *Safferling/Rückert*, MMR 2015, 788 (792); *Brodowski*, in: Borges/Hilber, BeckOK IT-Recht, StPO § 100a Rn. 1.

817 *Fezer*, NStZ 2003, 625 (627); *Safferling/Rückert*, MMR 2015, 788 (792); *Pesch/Böhme*, DuD 2017, 93 (96); *Rückert*, in: Maume/Maute, § 23 Rn. 13.

818 *Rückert*, in: Maume/Maute, § 23 Rn. 10; *Safferling/Rückert*, MMR 2015, 788 (792); *Pesch/Böhme*, DuD 2017, 93 (96).

Die Tatsache, dass die Blockchain öffentlich einsehbar ist, kann für sich genommen noch nicht zur Annahme führen, dass sich ihre Auswertung allgemein um einen geringfügigen Grundrechtseingriff handelt.[819] Wie bereits dargestellt, bedarf es bei der staatlichen Verarbeitung öffentlich zugänglicher Daten einer Gesamtbetrachtung aller eingriffsintensitätsbestimmenden Faktoren im konkreten Einzelfall.[820] Hierzu zählen neben der Qualität und Menge der Daten auch die Art und Weise der Ermittlungsmaßnahme.

Die Tatsache, dass Blockchain-Forensik ausschließlich pseudonymisierte Daten betrifft, die keinen unmittelbaren Rückschluss auf die dahinterstehenden Identitäten zulassen, wirkt sich dabei grundsätzlich eingriffsintensitätsverringernd aus.[821] Die Gefahrenlage für die Persönlichkeit der betroffenen Person hält sich insoweit in Grenzen. Soweit die Strafverfolgungsbehörde externe Datenbestände zur Auswertung hinzuzieht, steigt jedoch die Eingriffsintensität. In Abhängigkeit von Qualität und Quantität der Daten lassen sich möglicherweise Erkenntnisse gewinnen, die über den Informationsgehalt der Blockchain hinausgehen.

Ein Intensitätsgefälle besteht überdies zwischen manueller und softwaregestützter Blockchain-Forensik. Während sich ein händisches Vorgehen aufgrund der beschränkten menschlichen Auswertungs und Analysemöglichkeiten noch über die Ermittlungsgeneralklausel legitimieren lässt, bedarf ein softwaregestütztes Vorgehen einer differenzierteren Betrachtung.[822] Beim Einsatz einer Software sind die technischen Datenverarbeitungsmöglichkeiten weder zeitlich noch personell beschränkt. Das Informationspotential der Blockchain lässt sich nahezu vollumfänglich ausschöpfen. Aus diesem Grund sind für die Bestimmung der Eingriffsintensität insbesondere der Grad der verwendeten Algorithmen, die Reichweite der Maßnahme sowie

---

819 *Safferling/Rückert*, MMR 2015, 788 (794); a. A. wohl *Köhler*, in: Meyer-Goßner/Schmitt, StPO, § 163 Rn. 28b.

820 Hierzu s. Kap. 4 Abschn. ; so auch *Safferling/Rückert*, MMR 2015, 788 (794); *Koenen*, KIgestützte Auswertung von Blockchain-Inhalten zur Strafverfolgung, abrufbar unter: https://ksv-polizeipraxis.de/ki-gestuetzte-auswertung-von-blockchain-inhalten-zur-strafverfolgung/ (abgerufen am 23.03.2022).

821 *Rückert,* in: Maume/Maute, § 23 Rn. 10.

822 *Rückert*, in: Maume/Maute, § 23 Rn. 12; *Koenen*, KI-gestützte Auswertung von Blockchain-Inhalten zur Strafverfolgung, abrufbar unter: https://ksv-polizeipraxis.de/ki-gestuetzte-auswertung-von-blockchain-inhalten-zur-strafverfolgung/ (abgerufen am 23.03.2022); a. A. *Köhler*, in: Meyer-Goßner/Schmitt, StPO, § 163 Rn. 28b.

die Quantität und Qualität der verarbeiteten Daten in den Blick zu nehmen. Dabei gilt auch hier: Je effektiver, effizienter und weitreichender die Datenverarbeitung durch den Einsatz von Software ist, desto höher ist im Zweifel ihre Eingriffsintensität.

Noch auf die Ermittlungsgeneralklausel lässt sich softwaregestützte Blockchain-Forensik wohl dann stützen, wenn es sich bei der eingesetzten Software lediglich um eine Art Blockchain-Suchmaschine handelt.[823] In diesem Fall beschränkt sich die Funktionalität auf die Suche und Darstellung von in der Blockchain enthaltenen pseudonymen Transaktionsdaten.[824] Eine solche Methode liefert den Strafverfolgungsbehörden keinen weitergehenden Erkenntnisgewinn über die Identität der Transaktionsbeteiligten. Zudem stellen Webseiten wie „Walletexplorer.com" ähnliche Funktionen bereits der gesamten Öffentlichkeit zur Verfügung. Transaktionsbeteiligte müssen folglich damit rechnen, dass sich Strafverfolgungsbehörden diese Funktionen auch zu Nutze machen. Der Eingriff ist daher noch als geringfügig zu bewerten.[825]

Soweit die Software dagegen in der Lage ist, Meta-Informationen zu generieren, übersteigt die Maßnahme im Zweifel die Grenze der Geringfügigkeit.[826] Hierzu zählt bereits Software, durch die sich mehrere Bitcoin-Adressen derselben Person zuordnen lassen. In diesem Fall lässt sich ein umfassendes Bild der Transaktionsgeschäfte einzelner Personen generieren, das zur Erstellung eines Persönlichkeitsprofils beiträgt. Dies gilt umso dann, wenn Strafverfolgungsbehörden externe Datensätze zur Auswertung hinzuziehen. Der Aussagegehalt der gewonnenen Informationen geht hierbei nicht nur über den der verarbeiteten Datensätze hinaus. Die Datenverknüpfung erlaubt unter Umständen sogar die Identifizierung der hinter den Bitcoin-Adressen stehenden Personen. Aufgrund der damit einhergehenden hohen Persönlichkeitsrelevanz ist ein Rückgriff auf die strafprozessuale Ermittlungsgeneralklausel, um eine entsprechende Maßnahme zu legitimieren, somit nicht mehr gerechtfertigt.

---

823 *Rückert*, in: Maume/Maute, § 23 Rn. 10.
824 *Rückert*, in: Maume/Maute, § 23 Rn. 10.
825 *Rückert*, in: Maume/Maute, § 23 Rn. 10.
826 So im Ergebnis wohl auch *Rückert*, in: Maume/Maute, § 23 Rn. 11 f.

2.2.4.4. Zwischenergebnis

Blockchain-Forensik zu Strafverfolgungszwecken ist de lege lata nur dann zulässig, wenn mit ihr bloß geringfügige Grundrechtseingriffe einhergehen. Die strafprozessuale Ermittlungsgeneralklausel der §§ 161 Abs. 1, 163 Abs. 1 S. 2 StPO reicht in diesem Fall aus, um die Maßnahme zu legitimieren. Ob noch von einem geringfügigen Grundrechtseingriff ausgegangen werden kann, hängt indes von einer Gesamtabwägung aller eingriffsintensitätsbestimmenden Faktoren im konkreten Einzelfall ab. Soweit die konkrete Maßnahme die Grenzen der Geringfügigkeit überschreitet, ist sie nach geltender Rechtslage unzulässig und muss folglich unterbleiben.[827]

2.2.5. Einsatz eines Honeypots

Neben der Verarbeitung öffentlich zugänglicher Daten kommen auch solche Ermittlungstechniken in Betracht, bei denen die Strafverfolgungsbehörden trotz verschlüsseltem Datenverkehr nicht öffentliche Daten tatverdächtiger Personen abgreifen. Einen vielversprechenden Ermittlungsansatz bietet hierbei das Betreiben sogenannter Honeypots.[828]

2.2.5.1. Beschreibung

Unter einem *Honeypot* versteht man ein System, das die Dienste eines Servers oder eines Rechnernetzes simuliert.[829] Dabei kann es sich beispielsweise um Webseiten, Datenbank oder E-Mail-Adressen-Attrappen handeln.[830] Die Bezeichnung als *Honeypot* greift dabei bildlich den klassischen Anwendungsfall auf. Wie bei der Jagd nach dem Bären, der durch den Honigtopf angelockt werden soll, dient das System in der Regel als Scheinziel für Schadsoftware

---

827 *Rückert* dagegen hält es wegen der Neuartigkeit der grundrechtsbezogenen Fragestellungen und des bisherigen Mangels an Rechtsprechung und Literatur für vertretbar, bis zur notwendigen Neuregelung auf die Ermittlungsgeneralklausel zurückzugreifen, um die Blockchain-Forensik zu legitimieren, vgl. *Rückert*, in: Maume/Maute, § 23 Rn. 12.

828 *Wittmer/Platzer/Steinebach/Yannikos*, in: Friedewald/Kreutzer/Hansen, Selbstbestimmung, Privatheit und Datenschutz, 151 (156).

829 *Moore*, Detecting Ransomware with Honeypot Techniques, 1; *Vogelsang/Möllers/Potel*, MMR 2017, 291 (292); *Gruber/Brodowski/Freiling*, GSZ 2022, 171 (175).

830 *Vogelsang/Möllers/Potel*, MMR 2017, 291 (292); *Gruber/Brodowski/Freiling*, GSZ 2022, 171 (175).

oder ähnliche Angriffsmethoden.[831] Über den *Honeypot* lassen sich sodann Rückschlüsse zu der Vorgehensweise der Angreifenden ziehen, auf deren Basis die echten Systeme angepasst und verbessert werden können. Darüber kann man über einen *Honeypot* aber auch Nutzerdaten der Besuchenden einer vorgetäuschten Webseite, wie beispielweise ihre Zugangsdaten oder ihre IP-Adresse, extrahieren.[832]

2.2.5.2. *Einsatzmöglichkeiten im Darknet*

Die zuletzt dargestellte Einsatzmöglichkeit können sich Strafverfolgungsbehörden im Rahmen der Strafverfolgung im *Darknet* zu Nutze machen. Hierbei kommt zunächst das Aufsetzen einer *Honeypot*-Webseite in Betracht, um diese getarnt als Plattform mit illegalem Produktangebot zu betreiben.[833] Sofern sich Personen auf der Plattform registrieren, können Strafverfolgungsbehörden auf deren Zugangsdaten sowie angegebene Kontakt oder Lieferadressen zugreifen und für weitergehende Ermittlungen nutzen.[834] In einem nächsten Schritt können die Strafverfolgungsbehörden außerdem im Wege einer klassischen Online-Durchsuchung (§ 100b StPO) oder Quellen-TKÜ (§ 100a Abs. 1 S. 2 StPO) über den *Honeypot* die Geräte der registrierten Personen mit Schadsoftware infizieren, um den Datenverkehr unverschlüsselt auszuleiten.

Die konspirative Szene im *Darknet* würde die Plattform, die nur zum Schein aufgesetzt ist, jedoch schnell entlarven.[835] Illegale Plattformen können sich dort nur dann etablieren, wenn tatsächlich mit inkriminierten Gütern gehandelt wird. Aus diesem Grund erscheint die Übernahme und

---

831 *Moore*, Detecting Ransomware with Honeypot Techniques, 1 ff.; *Grözinger*, in: Müller/Schlothauer/Knauer, MAH Strafverteidigung, § 50 Rn. 75; *Vogelsang/Möllers/Potel*, MMR 2017, 291 (291).

832 *Vogelsang/Möllers/Potel*, MMR 2017, 291 (292); *Wittmer/Platzer/Steinebach/Yannikos*, in: Friedewald/Kreutzer/Hansen, Selbstbestimmung, Privatheit und Datenschutz, 151 (156).

833 *Wittmer/Platzer/Steinebach/Yannikos*, in: Friedewald/Kreutzer/Hansen, Selbstbestimmung, Privatheit und Datenschutz, 151 (156).

834 *Wittmer/Platzer/Steinebach/Yannikos*, in: Friedewald/Kreutzer/Hansen, Selbstbestimmung, Privatheit und Datenschutz, 151 (156).

835 *Wittmer/Platzer/Steinebach/Yannikos*, in: Friedewald/Kreutzer/Hansen, Selbstbestimmung, Privatheit und Datenschutz, 151 (156).

Weiterführung einer bereits etablierten Plattform als vorzugswürdig.[836] Aus technischer Sicht ist ein solches Vorgehen möglich.[837] Hierfür transferieren die Strafverfolgungsbehörden die Daten der betroffenen Serverstrukturen auf behördeneigene Webserver, sodass sie die Plattformen in eigener Verantwortung weiterbetreiben können.[838]

In der Ermittlungspraxis ausländischer Strafverfolgungsbehörden hat sich die Übernahme und Weiterführung bestehender Plattformen bereits mehrfach bewährt.[839] Ein bekanntes Beispiel ist der illegale Tor-Marktplatz „Hansa Market". Niederländischen Strafverfolgungsbehörden gelang es im Rahmen der international angelegten Operation „Bayonet" dessen Serverstrukturen zu lokalisieren.[840] Bis zur Abschaltung des Marktplatzes ließen die Behörden die Handelsgeschäfte über die Plattform weiterlaufen. Hierdurch konnten sie nicht nur die Zugangsdaten von über 400.000 registrierten Personen und 10.000 Privatadressen sammeln.[841] Durch die Veränderung des Quellcodes der Plattform gelang es ihnen auch, IP-Adressen tatverdächtiger Personen zu ermitteln.[842] Der Erfolg der Polizeioperation „Pacifier" beruhte ebenfalls

836 *Wittmer/Platzer/Steinebach/Yannikos*, in: Friedewald/Kreutzer/Hansen, Selbstbestimmung, Privatheit und Datenschutz, 151 (156).

837 *Wittmer*, Straftaten und Strafverfolgung im Darknet, 219.

838 *Wittmer*, Straftaten und Strafverfolgung im Darknet, 219.

839 *Wittmer/Platzer/Steinebach/Yannikos*, in: Friedewald/Kreutzer/Hansen, Selbstbestimmung, Privatheit und Datenschutz, 151 (156 f.); *Schulze*, SWP-Aktuell 2019, 1 (7); *Rückert/Wüst*, KriPoZ 2018, 247 (250 f.).

840 *Europol*, Massive blow to criminal Dark Web activities after globally coordinated operation, Pressemitteilung v. 20.07.2017, abrufbar unter: https://www.europol.europa.eu/media-press/newsroom/news/massive-blow-to-criminal-dark-web-activities-after-globally-coordinated-operation (abgerufen am 15.08.2022).

841 *Europol*, Massive blow to criminal Dark Web activities after globally coordinated operation, Pressemitteilung v. 20.07.2017, abrufbar unter: https://www.europol.europa.eu/media-press/newsroom/news/massive-blow-to-criminal-dark-web-activities-after-globally-coordinated-operation (abgerufen am 15.08.2022); *Böhm*, Ermittler zerschlagen zwei der größten Darknet-Marktplätze, abrufbar unter: https://www.spiegel.de/netzwelt/netzpolitik/darknet-ermittler-zerschlagen-grosse-marktplaetze-alphabay-und-hansa-a-1158933.html (abgerufen am 19.08.2022); *Greenberg*, Operation Bayonet: Inside the Sting That Hijacked an Entire Dark Web Drug Market, abrufbar unter: https://www.wired.com/story/hansa-dutch-police-sting-operation/ (abgerufen am 19.08.2022).

842 *Europol*, Massive blow to criminal Dark Web activities after globally coordinated operation, Pressemitteilung v. 20.07.2017, abrufbar unter:

auf dem Einsatz eines *Honeypots*. Nachdem es dem FBI gelang, die Serverstrukturen der pädokriminellen Tauschbörse „Playpen“ zu beschlagnahmen, ließen die Ermittler*innen die Plattform bis zu ihrer Schließung mehrere Tage weiterlaufen.[843] Zusätzlich infizierten sie das System mit einer Schadsoftware, die die IP-Adressen der Nutzenden offenlegte.[844] Die Operation führte am Ende zu 870 Verhaftungen weltweit.[845]

Der Einsatz von *Honeypots* ist jedoch nicht unumstritten. Für heftige Kritik sorgte beispielsweise ein Vorgehen australischer Strafverfolgungsbehörden im Jahr 2017. Nach Verhaftung der Administratoren der pädokriminellen

---

https://www.europol.europa.eu/media-press/newsroom/news/massive-blow-to-criminal-dark-web-activities-after-globally-coordinated-operation (abgerufen am 15.08.2022); *Böhm*, Ermittler zerschlagen zwei der größten Darknet-Marktplätze, abrufbar unter: https://www.spiegel.de/netzwelt/netzpolitik/darknet-ermittler-zerschlagen-grosse-marktplaetze-alphabay-und-hansa-a-1158933.html (abgerufen am 19.08.2022); *Greenberg*, Operation Bayonet: Inside the Sting That Hijacked an Entire Dark Web Drug Market, abrufbar unter: https://www.wired.com/story/hansa-dutch-police-sting-operation/ (abgerufen am 19.08.2022).

843 *Europol*, Major online child sexual abuse operation leads to 368 arrests in Europe, Pressemitteilung v. 05.05.2017, abrufbar unter: https://www.europol.europa.eu/media-press/newsroom/news/major-online-child-sexual-abuse-operation-leads-to-368-arrests-in-europe (abgerufen am 19.08.2022); *Cox*, The FBI Hacked Over 8,000 Computers In 120 Countries Based on One Warrant, abrufbar unter: https://www.vice.com/en/article/53d4n8/fbi-hacked-over-8000-computers-in-120-countries-based-on-one-warrant (abgerufen am 19.08.2022).

844 *Europol*, Major online child sexual abuse operation leads to 368 arrests in Europe, Pressemitteilung v. 05.05.2017, abrufbar unter: https://www.europol.europa.eu/media-press/newsroom/news/major-online-child-sexual-abuse-operation-leads-to-368-arrests-in-europe (abgerufen am 19.08.2022); *Cox*, The FBI Hacked Over 8,000 Computers In 120 Countries Based on One Warrant, abrufbar unter: https://www.vice.com/en/article/53d4n8/fbi-hacked-over-8000-computers-in-120-countries-based-on-one-warrant (abgerufen am 19.08.2022); *Hoppenstedt/Mützel/Pfaffenzeller*, Das FBI hat Hunderte deutsche Tor-Nutzer gehackt, abrufbar unter: https://www.vice.com/de/article/59qpwz/das-fbi-hat-hunderte-deutsche-tor-nutzer-gehackt (abgerufen am 19.08.2022).

845 *Europol*, Major online child sexual abuse operation leads to 368 arrests in Europe, Pressemitteilung v. 05.05.2017, abrufbar unter: https://www.europol.europa.eu/media-press/newsroom/news/major-online-child-sexual-abuse-operation-leads-to-368-arrests-in-europe (abgerufen am 19.08.2022); *Cox*, The FBI Hacked Over 8,000 Computers In 120 Countries Based on One Warrant, abrufbar unter: https://www.vice.com/en/article/53d4n8/fbi-hacked-over-8000-computers-in-120-countries-based-on-one-warrant (abgerufen am 19.08.2022).

Tauschbörse „ChildsPlay" betrieb eine Spezialeinheit der australischen Polizei die Plattform knapp ein Jahr weiter, um möglichst viele Informationen über die Nutzenden der Plattform zu sammeln.[846] Zum damaligen Zeitpunkt soll die Tauschbörse für kinderpornographisches Material mehr als eine Million registrierter Nutzerprofile verzeichnet haben.[847] Um keinen Verdacht zu erregen, posteten die Ermittler*innen sogar selbst Missbrauchsbilder.[848]

Die Übernahme einer bestehenden Plattform im *Darknet* setzt allerdings voraus, dass Strafverfolgungsbehörden die Serverstrukturen einer Plattform zuvor beschlagnahmt oder infiltriert haben. Deren Lokalisierung ist nicht nur langwierig und kostenintensiv, sondern im Zweifel auch ohne Erfolg.[849] Eine Alternative zum Weiterbetrieb bestehender Plattformen bietet daher das Aufsetzen sogenannter Phishing-Webseiten. Unter Phishing fasst man die Beschaffung persönlicher Daten anderer Personen über E-Mail-Attrappen oder gefälschten Webseiten.[850] Im Rahmen der Strafverfolgung im *Darknet*

---

846 *Wittmer/Platzer/Steinebach/Yannikos*, in: Friedewald/Kreutzer/Hansen, Selbstbestimmung, Privatheit und Datenschutz, 151 (157); *Schulz*, Australiens Polizei betrieb riesige Kinderporno-Plattform, abrufbar unter: https://www.spiegel.de/panorama/justiz/australien-polizei-ermittelte-mit-eigener-kinderporno-plattform-a-1172503.html (abgerufen am 19.08.2022); *Knaus*, Australian police sting brings down paedophile forum on Dark Web, abrufbar unter: https://www.theguardian.com/society/2017/oct/07/australian-police-sting-brings-down-paedophile-forum-on-dark-web (abgerufen am 19.08.2022).

847 *Rückert/Goger*, MMR 2020, 373 (374); *Schulz*, Australiens Polizei betrieb riesige Kinderporno-Plattform, abrufbar unter: https://www.spiegel.de/panorama/justiz/australien-polizei-ermittelte-mit-eigener-kinderporno-plattform-a-1172503.html (abgerufen am 22.08.2022); *Knaus*, Australian police sting brings down paedophile forum on Dark Web, abrufbar unter: https://www.theguardian.com/society/2017/oct/07/australian-police-sting-brings-down-paedophile-forum-on-dark-web (abgerufen am 19.08.2022).

848 *Wittmer/Platzer/Steinebach/Yannikos*, in: Friedewald/Kreutzer/Hansen, Selbstbestimmung, Privatheit und Datenschutz, 151 (157); *Schulz*, Australiens Polizei betrieb riesige Kinderporno-Plattform, abrufbar unter: https://www.spiegel.de/panorama/justiz/australien-polizei-ermittelte-mit-eigener-kinderporno-plattform-a-1172503.html (abgerufen am 19.08.2022); *Knaus*, Australian police sting brings down paedophile forum on Dark Web, abrufbar unter: https://www.theguardian.com/society/2017/oct/07/australian-police-sting-brings-down-paedophile-forum-on-dark-web (abgerufen am 19.08.2022).

849 *Schulze*, SWP-Aktuell 2019, 1 (7).

850 *Wittmer/Platzer/Steinebach/Yannikos*, in: Friedewald/Kreutzer/Hansen, Selbstbestimmung, Privatheit und Datenschutz, 151 (158).

können Strafverfolgungsbehörden beispielsweise die Webseiten bekannter Plattformen nachbauen und deren Nutzenden auf die gefälschte Webseite locken.[851] Sobald diese ihre Zugangsdaten eingegeben haben, leitet die Phishing-Webseite die Informationen an die Strafverfolgungsbehörden weiter.[852] Über die so gewonnenen Zugangsdaten können sich die Strafverfolgungsbehörden anschließend auf den echten Plattformen anmelden und beweiserhebliche Informationen, wie beispielsweise in der Vergangenheit getätigte Käufe, Lieferadressen oder Bitcoin-Adressen, über die betroffenen Personen sammeln.[853]

2.2.5.3. Rechtliche Bewertung

Während in den USA, Australien und den Niederlanden der Einsatz von *Honeypots* bereits Teil der Ermittlungspraxis im *Darknet* ist, ist fraglich, ob ein solches Vorgehen auch in Deutschland rechtlich zulässig ist.

2.2.5.3.1. Grundrechtsrelevanz

Inwieweit es den Strafverfolgungsbehörden rechtlich gestattet ist, *Honeypots* im *Darknet* zu betreiben, hängt maßgeblich davon ab, ob und wenn ja in welche Grundrechte das Vorgehen eingreifen würde. Hiernach bestimmt sich, ob es einer gesetzlichen Ermächtigungsgrundlage bedarf und welche konkreten Anforderungen an diese zu stellen sind.

2.2.5.3.1.1. Telekommunikationsgeheimnis, Art. 10 Abs. 1 Var. 3 GG

Ausgangspunkt der grundrechtlichen Bewertung eines *Honeypots* ist das in Art. 10 Abs. 1 Var. 3 GG normierte Telekommunikationsgeheimnis, das die Vertraulichkeit des individuellen Kommunikationsvorgangs im Telekommunikationsverkehr gewährleistet.[854] Geschützt wird jedoch nur der technische Vorgang als solcher. Der Schutzbereich umfasst hingegen nicht

---

851 *Wittmer/Platzer/Steinebach/Yannikos*, in: Friedewald/Kreutzer/Hansen, Selbstbestimmung, Privatheit und Datenschutz, 151 (158).

852 *Wittmer/Platzer/Steinebach/Yannikos*, in: Friedewald/Kreutzer/Hansen, Selbstbestimmung, Privatheit und Datenschutz, 151 (158).

853 *Wittmer/Platzer/Steinebach/Yannikos*, in: Friedewald/Kreutzer/Hansen, Selbstbestimmung, Privatheit und Datenschutz, 151 (158).

854 Hierzu ausführlich s. Kap. 4 Abschn. 1.2.1.

die Enttäuschung des personengebundenen Vertrauens.[855] Er ist folglich nur dann eröffnet, wenn eine staatliche Stelle von außen in die Kommunikation eindringt, ohne selbst Kommunikationsadressatin zu sein.[856]

Hieraus folgt, dass der Einsatz eines *Honeypots* jedenfalls dann in das Telekommunikationsgeheimnis eingreift, wenn die Strafverfolgungsbehörden Serverstrukturen bestehender Plattformen übernehmen und die Plattformen anschließend als *Honeypot* weiterbetreiben. In diesem Fall erhalten sie nicht nur unautorisierten Zugriff auf den gespeicherten Datenbestand der Plattform, sondern auch auf die Inhalte der gesamten über das System laufenden vertraulichen Kommunikation.

Beim Aufsetzen einer eigenständigen Plattform kommt ein Eingriff hingegen allenfalls dann in Betracht, wenn die Strafverfolgungsbehörde hierüber die Endgeräte der Nutzenden infiltriert, um Informationen zu einem Kommunikationsvorgang unverschlüsselt auszuleiten, auf die sie ansonsten keinen Zugriff hätten. Nur in diesem Fall überwinden sie gezielt technische Schutzvorkehrungen gegen den unberechtigten Datenzugriff.

Ein Eingriff in das Telekommunikationsgeheimnis liegt dagegen nicht vor, wenn die Strafverfolgungsbehörde in der Rolle als Plattformbetreiberin mit einem Grundrechtstragenden kommuniziert. In diesem Fall ist lediglich das Vertrauen in die Motivation und Identität der Kommunikationsbeteiligten verletzt. Auch das Aufsetzen sogenannter Phishing-Webseiten greift folglich nicht in den Schutzbereich ein, da den Strafverfolgungsbehörden keine Offenbarungspflicht obliegt.

2.2.5.3.1.2. Recht auf informationelle Selbstbestimmung, Art. 2 Abs. 1 i. V. m. Art. 1 Abs. 1 GG

Soweit personenbezogene Daten verarbeitet werden, ist das Betreiben eines *Honeypots* auch am Recht auf informationelle Selbstbestimmung zu messen. Im Gegensatz zum Telekommunikationsgeheimnis beschränkt sich dessen grundrechtlicher Schutz nicht auf den laufenden Kommunikationsvorgang. Es schützt auch solche Daten, die sich bereits im Herrschaftsbereich der Kommunikationsbeteiligten befinden.[857]

---

855 BVerfGE 106, 28 (38); BVerfGE 120, 274 (340).
856 BVerfGE 120, 274 (341); BGHSt 39, 335 (339 f.).
857 Hierzu ausführlich s. Kap. 4 Abschn. 1.2.2.1.1.

Nicht zwangsläufig geschützt ist dagegen das Vertrauen in Identität und Motivation der Plattformbetreibenden. Ähnlich zu den verdeckten personalen Ermittlungen kommt es auf den konkreten Einzelfall an, ob das personengebundene Vertrauen tatsächlich schutzwürdig ist.[858] Soweit das Vertrauen unterhalb der Schwelle der Schutzwürdigkeit bleibt, scheidet ein Eingriff in das Recht auf informationelle Selbstbestimmung aus.

2.2.5.3.1.3. Grundrecht auf Gewährleistung der Vertraulichkeit und Integrität informationstechnischer Systeme

Das Betreiben eines *Honeypots* kann auch das Recht auf Gewährleistung der Vertraulichkeit und Integrität informationstechnischer Systeme berühren. Im Gegensatz zum Telekommunikationsgeheimnis und dem Recht auf informationelle Selbstbestimmung schützt diese Ausprägung des allgemeinen Persönlichkeitsrechts den persönlichen Lebensbereich vor staatlichen Zugriffen auch dann, wenn staatliche Stellen auf ein informationstechnisches System als Ganzes zugreifen.[859] Ein Eingriff liegt daher grundsätzlich dann vor, wenn Strafverfolgungsbehörden bestehende Plattformen weiterbetreiben. Bei einer Plattform handelt es sich in aller Regel um ein informationstechnisches System, das einen Einblick in wesentliche Teile der Lebensgestaltung einer Person gewährt oder gar ein aussagekräftiges Bild ihrer Persönlichkeit zeichnet. Die Strafverfolgungsbehörden erhalten in diesem Fall nicht nur Zugang zu dem vielfältigen bestehenden Datenbestand der betroffenen Person. Die Maßnahme ermöglicht ihnen auch eine laufende, ununterbrochene Erfassung von (personenbezogenen) Informationen. Hierdurch lassen sich unter Umständen Rückschlüsse auf persönliche Verhältnisse und Lebensführung ziehen, die die Erstellung von Verhaltens und Kommunikationsprofilen erlauben und somit die freie Entfaltung der Persönlichkeit der betroffenen Personen gefährden.

Kein Eingriff liegt dagegen vor, wenn eine Strafverfolgungsbehörde eine Plattform eigenständig aufsetzt oder eine bereits bestehende Plattform als Phishing-Webseite nachbaut.[860] In diesen Fällen greift sie nicht in ein infor-

---

[858] Zur Schutzwürdigkeit des personengebundenen Vertrauens im *Darknet* s. Kap. 4 Abschn. 2.2.1.3.1.2.

[859] BVerfGE 120, 274 (314 ff.).

[860] A. A. *Wittmer*, Straftaten und Strafverfolgung im Darknet, 225 f.

mationstechnisches System ein. Vielmehr werden die betroffenen Personen, die sich auf der Plattform anmelden, täuschungsbedingt dazu gebracht, ihre Zugangsdaten an die Strafverfolgungsbehörden weiterzuleiten. Dies beeinträchtigt lediglich das Vertrauen in Identität und Motivation des Gegenübers, das nicht Teil des grundrechtlichen Schutzbereichs ist. Ein Eingriff liegt in diesem Fall unter Umständen erst dann vor, wenn sich die Strafverfolgungsbehörde über die ausgespähten Zugangsdaten Zugriff auf den Account auf der echten Plattform verschafft.[861]

2.2.5.3.1.4. Sonstige Grundrechte

Je nach Ausmaß des Vorgehens greift das Betreiben eines *Honeypots* möglicherweise auch in weitere Grundrechte ein. In Betracht kommen etwa die Berufsfreiheit aus Art. 12 Abs. 1 S. 1 GG sowie Eigentumsfreiheit aus Art. 14 Abs. 1 S. 1 GG der Plattformbetreibenden. Ein Eingriff lässt sich jedoch nur im konkreten Einzelfall feststellen und bleibt daher an dieser Stelle unausgeführt.

2.2.5.3.2. Gesetzliche Ermächtigungsgrundlage

Aufgrund seiner Eingriffsqualität bedarf das Betreiben eines *Honeypots* im *Darknet* einer gesetzlichen Ermächtigungsgrundlage. Zwar verfügt die Strafprozessordnung bislang über keine Rechtsgrundlage, die ein entsprechendes Vorgehen ausdrücklich legitimiert. Abhängig von ihrer konkreten Ausgestaltung weist die Maßnahme jedoch eine sachliche Nähe zu verschiedenen Eingriffsbefugnissen in der StPO auf.

2.2.5.3.2.1. Vorliegen eines Anfangsverdachts

Zwingende Voraussetzung für den Einsatz eines *Honeypots* ist jedoch zunächst das Vorliegen eines Anfangsverdacht i. S. d. § 152 Abs. 2 StPO. Wie bereits dargestellt,[862] setzt die Einleitung eines Ermittlungsverfahrens und jegliches Ergreifen von Ermittlungsmaßnahmen das Vorliegen zureichender tatsächlicher Anhaltspunkte, die auf die Begehung einer Straftat schließen lassen, voraus. Hierfür genügt zwar die Möglichkeit, dass nach kriminalistischer

---

[861] Vgl. hierzu die Ausführungen zur verdeckten Identitätsübernahme in Kap. 4 Abschn. 2.2.2.3.1.4.

[862] Hierzu s. Kap. 4 Abschn. 2.2.3.3.2.1.

Erfahrung eine verfolgbare Straftat gegeben ist.[863] Vorfeldermittlungen als vorbeugende Verbrechensbekämpfung sind jedoch unzulässig.[864]

Insbesondere beim Aufsetzen einer Plattform ist zweifelhaft, ob ein Anfangsverdacht schon vor Ergreifen der Maßnahme besteht. In diesem Fall greifen die Strafverfolgungsbehörden schließlich nicht auf eine bestehende Plattform zurück, über die illegale Waren gehandelt werden. Vielmehr wollen sie Personen täuschungsbedingt dazu bringen, sich auf der aufgesetzten Plattform im *Darknet* zu registrieren, um beweisrelevante Informationen über sie zu sammeln. Im Vorhinein ist es allerdings nicht ersichtlich, wer sich auf der aufgesetzten Plattform anmelden wird. Insofern stellt sich die Frage, worin zureichende Anhaltspunkte für die Begehung einer Straftat liegen können. Als Anknüpfungspunkt kommt allenfalls die Tatsache in Betracht, dass die betroffene Person das *Darknet* nutzt. Andere Informationen liegen zum Zeitpunkt der Anordnung der Maßnahme nicht vor. Allein die Nutzung des *Darknets* kann jedoch noch keinen Anfangsverdacht i. S. d. § 152 Abs. 2 StPO begründen. Zwar ist die Schwelle für einen Anfangsverdacht sehr niedrig gesetzt.[865] Er darf jedoch nicht aus unhaltbaren Erwägungen bejaht werden.[866] Die bloße Nutzung des *Darknets* lässt indes keinen Schluss auf ein seiner Art nach und in zeitlicher Hinsicht zumindest in groben Zügen umrissenes strafbares Verhalten zu. Es ist zwar bekannt, dass Kriminelle ein besonderes Interesse am Schutz ihrer Kommunikation gegen staatliche Zugriffe haben und daher anonyme Kommunikationsdienste wie das *Darknet* nutzen. Von einem Bedürfnis nach Anonymität auf ein strafbares Verhalten zu schließen, ist indes unzulässig. Das *Darknet* ist weder ausschließlich noch in den überwiegenden Fällen krimineller Natur. Das Bemühen um eine sichere, anonyme Kommunikation im Internet kann aus unterschiedlichen Motivationen erfolgen. Aus diesem Grund unterliegt die Anonymität im *Darknet* auch der grundrechtlichen Schutzdimension.[867] Ein Anfangsverdacht lässt sich daher nicht allein wegen der Verwendung verschlüsselter Kommunikationsdienste begründen.[868] Denn ein staatlich geschütztes Verhalten kann nicht zum Aus-

---

863 *Diemer*, in: KK-StPO, § 152 Rn. 7.

864 Hierzu s. Kap. 4 Abschn. 2.2.3.3.2.1.

865 *Diemer*, in: KK-StPO, § 152 Rn. 7.

866 *Diemer*, in: KK-StPO, § 152 Rn. 7.

867 Hierzu s. Kap. 4 Abschn. 1.2.

868 LG Berlin, Beschl. v. 01.07.2021 – (525 KLs) 254 Js 592/20 (10/21), juris Rn. 45.

gangspunkt strafrechtlicher Zwangsmaßnahmen werden.[869] Dies würde den grundrechtlichen Schutz ad absurdum führen. Anderenfalls würde auch die Nutzung sonstiger verschlüsselter Nachrichtendienste, wie beispielsweise WhatsApp oder Signal, einen Anfangsverdacht begründen. Eine derart weite Auslegung des Anfangsverdachts i. S. d. § 152 Abs. 2 StPO wäre weder mit dem Gebot der Normenbestimmtheit und der Normenklarheit noch mit dem Verhältnismäßigkeitsgrundsatz vereinbar. Das Aufsetzen einer Plattform ist somit eine dem Strafverfahren vorgelagerte Maßnahme. Es handelt sich um eine verdachtsunabhängige Vorfeldermittlung, die auf die systematische Suche nach Zufallsfunden gerichtet ist, die einen Tatverdacht begründen. Das Aufsetzen einer Plattform kommt damit einer anlasslosen Massenüberwachung und somit einer im Kern geheimdienstlichen Maßnahme gleich. Als strafprozessuale Maßnahme scheitert sie dagegen am Vorliegen eines Anfangsverdachts i. S. d. § 152 Abs. 2 StPO.

Übernehmen die Strafverfolgungsbehörden dagegen eine bereits bestehende Plattform und führen sie weiter, kann unter Umständen ein Anfangsverdacht bereits vor Einleitung der Maßnahme bestehen. Dabei ist maßgeblich auf die Ausrichtung der Plattform abzustellen und ob sich hieraus tatsächliche Anhaltspunkte ergeben, die auf die Begehung einer Straftat schließen lassen. Allein der Umstand, dass die Plattform nur über das *Darknet* abrufbar ist, reicht jedoch nicht aus, um einen Anfangsverdacht gegen sämtliche registrierte Personen zu begründen. Denn Plattformen im *Darknet* können auch als Treffpunkt für den anonymen Austausch über strafrechtlich irrelevante Themen dienen. Es bedarf daher weiterer Anhaltspunkte, die auf die kriminelle Ausrichtung der jeweiligen Plattform schließen lassen.

Von einer kriminellen Ausrichtung ist jedenfalls dann auszugehen, wenn die Plattform ihrem Zweck nach eindeutig darauf ausgerichtet ist, die Begehung von rechtswidrigen Taten zu ermöglichen oder zu fördern. Wenn eine Person eine solche Plattform aufsucht und sich dort registriert, ist nach kriminalistischer Erfahrung zumindest nicht ausgeschlossen, dass sie plant, in naher Zukunft eine Straftat zu begehen.

Bei Plattformen, auf denen nicht ausschließlich inkriminierte Angebote vorgehalten werden, ist dagegen zu differenzieren. Es ist zumindest ein deutliches Überwiegen der kriminellen Zweckausrichtung zu fordern, um die

---

[869] LG Berlin, Beschl. v. 01.07.2021 – (525 KLs) 254 Js 592/20 (10/21), juris Rn. 45.

Weiterführung der Plattform und die damit einhergehende Überwachung der registrierten Personen zu rechtfertigen. Hierbei ist auf die Gesamtschau des Angebots auf der Plattform abzustellen. Dies bedarf in jedem Fall einer Prüfung anhand der konkreten Umstände des Einzelfalls. Als Maßstab lassen sich gleichwohl dieselben Indizien heranziehen, die der Gesetzgeber zur Beurteilung der kriminellen Zweckausrichtung von Plattformen in der Gesetzesbegründung zum Betreiben krimineller Handelsplattformen im Internet nach § 127 StGB zugrunde gelegt hat. Hierzu zählt insbesondere die Art und Weise der Darstellung des Produktangebots, wie beispielsweise vorgegebene Kategorien für bestimmte illegale Warenangebote.[870] Einzelne legale Angebote, die eine nur untergeordnete Bedeutung haben oder der Verschleierung der tatsächlichen Ausrichtung dienen, stehen der Annahme einer kriminellen Ausrichtung nicht entgegen.

Aus den dargestellten Gründen kann auch beim Abgreifen von Zugangsdaten über Phishing-Webseiten nicht pauschal von einem Anfangsverdacht i. S. d. § 152 Abs. 2 StPO ausgegangen werden. Die Registrierung auf irgendeiner Plattform im *Darknet* allein ist nicht ausreichend, um einen Anfangsverdacht zu begründen.[871] Das Nachbauen bekannter Plattformen zum Zwecke der täuschungsbedingten Herausgabe von Zugangsdaten setzt daher gleichsam voraus, dass die originäre Webseite vorwiegend kriminelle Aspekte verfolgt. Anderenfalls ist das Aufsetzen einer Phishing-Webseite mangels zureichender Anhaltspunkte, die auf die Begehung einer Straftat hindeuten, unzulässig.

2.2.5.3.2.2. Übernahme und Weiterführung bestehender Plattformen

Da anders als beim Aufsetzen einer eigenständigen Plattform als Honeypot bei der Übernahme und Weiterführung einer Plattform ein Anfangsverdacht unter Umständen bejaht werden kann, ist fraglich, ob ein entsprechendes Vorgehen durch die Eingriffsbefugnisse der StPO gedeckt ist.

---

870 BT-Drs. 19/28175, S. 15.

871 *Wittmer/Platzer/Steinebach/Yannikos*, in: Friedewald/Kreutzer/Hansen, Selbstbestimmung, Privatheit und Datenschutz, 151 (159).

2.2.5.3.2.2.1. *Durchsicht elektronischer Speichermedien, § 110 Abs. 3 StPO*

In Betracht kommt hierfür zunächst ein Rückgriff auf § 110 Abs. 3 StPO. Die Vorschrift erlaubt die Durchsicht der von einer Durchsuchung betroffenen elektronischen Speichermedien. Bei einer Durchsicht handelt es sich zwar um keine endgültige Sicherstellung oder Beschlagnahme der Daten. Die Sichtung dient lediglich vorbereitend, um mögliche beweiserhebliche Daten aus dem bei der Durchsuchung vorgefundenen Material auszusondern. Beweiserhebliche Daten dürfen jedoch anschließend gesichert werden, soweit sie für die Untersuchung von Bedeutung sein können (§ 110 Abs. 3 S. 3 StPO). Man bezeichnet dieses Vorgehen daher auch als „kleine Online-Durchsuchung“ oder „Online-Durchsuchung light“.[872]

Bei einer Plattform im *Darknet* handelt es sich zwar durchaus um ein elektronisches Speichermedium von Daten. Daher lässt sich ihre Durchsicht nach erfolgter Beschlagnahme wohl noch unter § 110 Abs. 3 StPO subsumieren. Das Betreiben als *Honeypot* scheitert jedoch an der Reichweite der Eingriffsbefugnis. Übernahme und Weiterführung einer illegalen Plattform erfordern eine mehrmalige Abfrage der Daten. Die Vorschrift des § 110 Abs. 3 StPO erlaubt jedoch nur die einmalige Durchsicht elektronischer Speichermedien.[873] Denn sie ist zu der vorangegangenen Durchsuchung akzessorisch.[874] Bei der Durchsuchung handelt es sich wiederum um eine punktuelle, also auf einen konkreten Zeitraum beschränkte Maßnahme.[875] In der Konsequenz darf auch die Durchsicht nicht in einer unzulässigen Dauermaßnahme münden.[876] Sobald die Durchsicht abgeschlossen ist, ist konsequenterweise dafür Sorge zu tragen, dass die Datenverbindung unterbrochen und nicht wieder aufgebaut werden kann.[877] Jeder weitere Zugriff auf das informa-

---

872 *Zerbes/El-Ghazi*, NStZ 2014, 425 (429); *Brodowski/Eisenmenger*, ZD 2014, 119 (119); *Bär*, in: Wabnitz/Janovsky/Schmitt, Hdb Wirtschafts- und Steuerstrafrecht, 28. Kap. Abschn. C. Ermittlungen im Internet Rn. 132.

873 *Zerbes/El-Ghazi*, NStZ 2014, 425 (433); *Brodowski/Eisenmenger*, ZD 2014, 119 (124).

874 *Hegmann*, in: Graf, BeckOK StPO, § 110 Rn. 14; *Brodowski/Eisenmenger*, ZD 2014, 119 (124); *Hiéramente*, NStZ 2021, 390 (394).

875 *Brodowski/Eisenmenger*, ZD 2014, 119 (125); *Eisenberg*, in: Eisenberg, Beweisrecht der StPO, Rn. 2449.

876 *Brodowski/Eisenmenger*, ZD 2014, 119 (124); *Hauschild*, in: MüKo-StPO, § 110 Rn. 1; *Hegmann*, in: Graf, BeckOK StPO, § 110 Rn. 14.

877 *Brodowski/Eisenmenger*, ZD 2014, 119 (125).

tionstechnische System bedarf insofern einer eigenen Rechtsgrundlage.[878] Die Übernahme und Weiterführung einer Plattform als Honeypot lässt sich daher nicht über die Durchsicht elektronischer Speichermedien gem. § 110 Abs. 3 StPO rechtfertigen.

Im Übrigen handelt es sich bei der Durchsicht um eine offene Ermittlungsmaßnahme.[879] Eine Bekanntgabe liefe jedoch der Funktionsweise eines *Honeypots* zuwider. Selbst wenn die Maßnahme in diesem Fall den Betreibenden einer Plattform bekannt gegeben würde, könnten registrierte Personen von der staatlichen Übernahme der Plattform erfahren und ihren Account in der Folge löschen. Auf den kriminellen Plattformen im *Darknet* versenden die Betreibenden nämlich oftmals in regelmäßigen Abständen sogenannte „Canary Messages".[880] Hierbei handelt es sich um eine Textnachricht, die kryptographisch signiert ist und dadurch Vertrauen in die Plattform herstellen soll.[881] Das Vorgehen ist an die Warnfunktion der Kanarienvögel im Bergbau angelehnt.[882] Sofern die Nachricht nicht in regelmäßigen Abständen durch eine neue ersetzt wird, gilt dies als erstes Zeichen, dass die Plattform durch Strafverfolgungsbehörden sichergestellt oder die Betreibenden festgenommen wurden.[883]

2.2.5.3.2.2.2. Online-Durchsuchung, § 100b Abs. 1 StPO

Möglicherweise lässt sich das Betreiben eines *Honeypots* jedoch über § 100b Abs. 1 StPO legitimieren. Die Vorschrift zur Online-Durchsuchung erlaubt den (heimlichen) Zugriff auf fremde Computersysteme durch die Infiltration eines informationstechnischen Systems, mittels derer die Nutzung des Systems überwacht und Speichermedien ausgelesen werden können.

Im Gegensatz zur Durchsicht nach § 110 Abs. 3 StPO kann der staatliche Zugriff während des Anordnungszeitraums einmalig, wiederkehrend

---

[878] *Brodowski/Eisenmenger*, ZD 2014, 119 (125); *Hegmann*, in: Graf, BeckOK StPO, § 110 Rn. 14.

[879] *Schlegel*, HRRS 2008, 23 (26); BT-Drs. 16/5846, 64; *Zerbes/El-Ghazi*, NStZ 2014, 425 (429).

[880] *BKA*, Bundeslagebild Cybercrime 2019, 33.

[881] *BKA*, Bundeslagebild Cybercrime 2019, 33.

[882] *BKA*, Bundeslagebild Cybercrime 2019, 33.

[883] *BKA*, Bundeslagebild Cybercrime 2019, 33.

oder durchgängig stattfinden.[884] Strafverfolgungsbehörden können folglich sowohl zurückliegende als auch aktuelle Kommunikationsinhalte oder sonstige, nicht kommunikationsbezogene Daten ausleiten.[885] Die Anwendung des § 100b StPO unterliegt jedoch restriktiven Voraussetzungen. Sie ist als subsidiäre Ausnahme konzipiert, die innerhalb strengster Grenzen und nur unter konkreter Einzelfallbegründung zulässig ist.[886]

Voraussetzung ist zunächst ein qualifizierter Anfangsverdacht einer Katalogstraftat i. S. d. § 100b Abs. 2 StPO, der höhere Anforderungen stellt als der bloße Anfangsverdacht nach § 152 Abs. 2 StPO. Die vorgeworfene Tat muss nicht nur im konkreten Einzelfall besonders schwer wiegen (§ 100b Abs. 1 Nr. 2 StPO).[887] Der Tatverdacht muss auch auf bestimmten Tatsachen gründen. Diese Tatsachen müssen derart beschaffen sein, dass sie auf ein wenigstens seiner Art nach konkretisiertes und zeitlich absehbares Tatgeschehen schließen lassen.[888] Nicht ausreichend sind dagegen vage Anhaltspunkte, bloße Vermutungen oder allgemeine Erfahrungssätze.[889] Hierdurch soll den Vorgaben des Bundesverfassungsgerichts Rechnung getragen werden, wonach wegen der besonderen Schwere von heimlichen Zugriffen auf personenbezogene Kommunikationsdaten und den damit verbundenen Eingriffen in das Telekommunikationsgeheimnis und das Grundrecht auf Gewährleistung der Vertraulichkeit und Integrität informationstechnischer Systeme erhöhte Anforderungen an Verdachtsgrad und Bedeutung der aufzuklärenden Straftat zu stellen sind.[890]

Bei der Übernahme und Weiterführung einer Plattform im *Darknet* liegen die Eingriffsvoraussetzungen des § 100b StPO jedoch nicht vor. Es fehlt bereits an einem den gesetzlichen Anforderungen des § 100b StPO genügenden konkreten Tatverdacht. Zwar besteht ein solch qualifizierter Tatverdacht gegen die Betreibenden der Plattformen wegen des Betreibens krimineller

---

884 *Warken*, NZWiSt 2017, 329 (335 f.); *Soiné*, NStZ 2018, 497 (502).

885 *Soiné*, NStZ 2018, 497 (502); *Wittmer/Platzer/Steinebach/Yannikos*, in: Friedewald/Kreutzer/Hansen, Selbstbestimmung, Privatheit und Datenschutz, 151 (163).

886 *Derin/Singelnstein*, NStZ 2021, 449 (451).

887 *Derin/Singelnstein*, NStZ 2021, 449 (452).

888 LG Berlin, Beschl. v. 01.07.2021 – (525 KLs) 254 Js 592/20 (10/21), juris Rn. 31.

889 LG Berlin, Beschl. v. 01.07.2021 – (525 KLs) 254 Js 592/20 (10/21), juris Rn. 31; BVerfGE 120, 274 (328).

890 LG Berlin, Beschl. v. 01.07.2021 – (525 KLs) 254 Js 592/20 (10/21), juris Rn. 31; *Derin/Singelnstein*, NStZ 2021, 449 (452).

Handelsplattformen im Internet gem. § 100b Abs. 2 Nr. 1 lit. b StPO i. V. m. § 127 Abs. 1 StGB. Sie sind jedoch nicht als Zielpersonen des *Honeypots*, sondern bloß als Annex zur Ausspähung der Plattform zu betrachten. Die Übernahme der Plattform dient letztlich als Hintertür, um die Kommunikation und Aktivitäten sämtlicher Nutzenden zu überwachen. Zielpersonen der Maßnahme sind somit die Nutzenden selbst.[891] Ein gegen sie gerichteter Anfangsverdacht könnte jedoch allein darauf gründen, dass sie auf der Plattform registriert sind. Dieser Umstand mag für die Annahme eines Anfangsverdachts i. S. d. § 152 Abs. 2 StPO zwar noch genügen, wenn es sich um eine (überwiegend) kriminelle Plattform handelt.[892] Ein aber nach § 100b Abs. 1 StPO erforderlicher qualifizierter Tatverdacht ist in der bloßen Registrierung auf einer illegalen Plattform jedoch noch nicht zu erkennen. Es liegen keine zureichenden Anhaltspunkte, die auf die Begehung einer Katalogstraftat i. S. d. § 100b Abs. 2 StPO hinweisen, vor.

Selbst wenn konkrete Verdachtsmomente gegen einzelne Personen bestehen würden, rechtfertigt dies nicht die Überwachung sämtlicher Nutzenden der Plattform. Kernelement der Vorschrift des § 100b StPO ist ihre Zielgerichtetheit, die sich normativ in der zwingenden Beschränkung auf den Beschuldigten (§ 100b Abs. 3 S. 1) und der strengen verfahrensrechtlichen Ausgestaltung (§ 100e StPO) niederschlägt.[893] Hierüber sollen insbesondere Streuungen weitestgehend vermieden werden.[894] Diese hohen Anordnungshürden und Beschränkungen können jedoch nur eingehalten werden, wenn die Strafverfolgungsbehörde die Maßnahme gezielt gegen bestimmte Personen einsetzt, bei denen sich das Vorliegen der Voraussetzungen überprüfen lässt.[895] Soweit sich die Maßnahme massenhaft gegen unbekannte Personen richtet, gegen die noch kein konkreter Vorwurf besteht, ist sie nicht mit den verfassungsrechtlichen Vorgaben in Einklang zu bringen.[896] Die Übernahme einer Plattform und deren Weiterführung als *Honeypot* unterscheidet sich

---

891 Zu diesem Ergebnis kommt auch das Landgericht Berlin hinsichtlich der Übernahme der Serverstrukturen von EncroChat, vgl. LG Berlin, Beschl. v. 01.07.2021 – (525 KLs) 254 Js 592/20 (10/21), juris Rn. 36.

892 Vgl. hierzu die Ausführungen in Kap. 4 Abschn. 2.2.5.3.2.1.

893 *Derin/Singelnstein*, NStZ 2021, 449 (452).

894 *Derin/Singelnstein*, NStZ 2021, 449 (452).

895 *Derin/Singelnstein*, NStZ 2021, 449 (452).

896 *Derin/Singelnstein*, NStZ 2021, 449 (452).

folglich grundlegend von der in § 100b StPO geregelten Online-Durchsuchung. Vielmehr handelt es sich hierbei um eine Maßnahme sui generis, die sich nicht nur durch ihre große Streubreite, sondern auch durch die verdachtsunabhängige Einbeziehung einer Vielzahl von Personen kennzeichnet. Ein Rückgriff auf die Vorschrift des § 100b Abs. 1 StPO, um die Übernahme einer Plattform und Weiterführung als Honeypot zu legitimieren, scheidet daher aus.

2.2.5.3.2.2.3. (Quellen-)Telekommunikationsüberwachung, § 100a StPO

Aus denselben Gründen lässt sich die Übernahme einer Plattform und Weiterführung als *Honeypot* auch nicht über die Vorschrift des § 100a StPO legitimieren. Den Vorschriften der §§ 100a, 100b StPO ist gemein, dass als Eingriffsvoraussetzung ein qualifizierter Tatverdacht gegen die Person vorliegen muss, an die die Maßnahme adressiert ist. Der Tatverdacht muss sich folglich notwendigerweise auf Sachverhalte und Personen beziehen, die derart konkretisiert sind, dass es eine Einzelfallprüfung zulässt. Eine verdachtsunabhängige, ungezielte und breit gestreute Telekommunikationsüberwachung, die auf die systematische Suche nach Zufallsfunden gerichtet ist, entspricht diesen Anforderungen aus den zuvor dargestellten Gründen nicht.

2.2.5.3.2.2.4. Ermittlungsgeneralklausel, §§ 161 Abs. 1 S. 1, 163 Abs. 1 S. 2 StPO

Die strafprozessuale Ermittlungsgeneralklausel kann die Strafverfolgungsbehörden ebenfalls nicht zur Übernahme einer Plattform und Weiterführung als *Honeypot* ermächtigen. Wegen der besonderen Schwere von heimlichen Zugriffen auf personenbezogene Kommunikationsdaten, die vor dem Zugriff unberechtigter Dritter durch entsprechende Schutzvorkehrungen geschützt sind, kann nicht mehr nur von einem bloß geringfügigen Grundrechtseingriff ausgegangen werden.

2.2.5.3.2.2.5. Zwischenergebnis

Folglich ist keine gesetzliche Ermächtigungsgrundlage ersichtlich, über die sich die Übernahme einer bestehenden Plattform und Weiterführung als *Honeypot* rechtfertigen lässt. Ein entsprechendes Vorgehen ist somit de lege lata unzulässig.

2.2.5.3.2.2.6. Einsatzbedingte Straftaten

Die Übernahme und Weiterführung einer Plattform als *Honeypot* scheitert aber nicht nur am Fehlen einer gesetzlichen Ermächtigungsgrundlage. Auch das Verbot einsatzbedingter Straftaten steht einem solchen Vorgehen entgegen. Wenn Ermittler*innen Plattformen im *Darknet* zu Strafverfolgungszwecken weiterbetreiben, nehmen sie faktisch selbst die Rolle der Betreibenden ein. Neben einer Vielzahl möglicher Beihilfetaten würden sie sich somit jedenfalls gem. § 127 Abs. 1 StGB wegen des Betreibens krimineller Handelsplattformen im Internet strafbar machen. Eine entsprechende Ausnahmeregelung wie bei Scheinkäufen von Waffen, Drogen und dem Ausspähen von Daten gibt es bei diesem Straftatbestand nicht.

2.2.5.3.2.3. Aufsetzen von Phishing-Webseiten

Fraglich ist, ob sich zumindest das Abgreifen von Zugangsdaten über Phishing-Webseiten auf den bestehenden Regelungsrahmen der StPO stützen lässt.

2.2.5.3.2.3.1. Online-Durchsuchung, § 100b StPO

Ein Rückgriff auf die Vorschrift zur Online-Durchsuchung gem. § 100b StPO scheidet auch beim Betreiben eines *Honeypots* in Form einer Phishing-Webseite aus. Im Unterschied zur Übernahme einer bereits bestehenden Plattform greifen die Strafverfolgungsbehörden beim Aufsetzen einer Phishing-Webseite nicht in ein informationstechnisches System ein.[897] Vielmehr bringen sie die betroffenen Personen dazu, dass diese ihre Zugangsdaten täuschungsbedingt selbst und freiwillig an sie herausgeben. Es fehlt folglich an der Umgehung einer besonderen Sicherung durch Infiltration, was der Online-Dursuchung inhärent ist. Selbst wenn man § 100b StPO auf das Betreiben einer Phishing-Webseite anwenden wöllte, würde es zudem an einem qualifizierten Tatverdacht gegen sämtliche sich registrierende Personen fehlen, der jedoch erforderlich wäre, um eine derartige Massenüberwachung zu rechtfertigen.

---

897 *Wittmer/Platzer/Steinebach/Yannikos*, in: Friedewald/Kreutzer/Hansen, Selbstbestimmung, Privatheit und Datenschutz, 151 (159).

2.2.5.3.2.3.2. *Sonstige für Observationszwecke bestimmte technische Mittel, § 100h Abs. 1 Nr. 2 StPO*

Bei dem Abgreifen von Zugangsdaten über eine Phishing-Webseite handelt es sich auch nicht um die Verwendung sonstiger besonderer für Observationszwecke bestimmter technischer Mittel.[898] Das Aufsetzen einer Phishing-Webseite dient nicht der Beobachtung einer ausgespähten Person.[899] Vielmehr bezweckt die Maßnahme das Abgreifen von Zugangsdaten, um sich anschließend auf der echten Plattform im *Darknet* anzumelden.[900] Ein Rückgriff auf die Vorschrift des § 100h Abs. 1 Nr. 2 StPO scheidet folglich ebenfalls aus.

2.2.5.3.2.3.3. *Ermittlungsgeneralklausel, §§ 161 Abs. 1 S. 1, 163 Abs. 1 S. 2 StPO*

Mangels anderweitiger ersichtlicher Eingriffsbefugnisse kommt als Ermächtigungsgrundlage für das Aufsetzen einer Phishing-Webseite nur noch die strafprozessuale Ermittlungsgeneralklausel in Betracht. Ähnlich wie bei der Übernahme bestehender Plattformen und der Weiterführung als *Honeypot* handelt es sich beim Abgreifen von Zugangsdaten über Phishing-Webseiten jedoch nicht mehr um einen nur geringfügigen Eingriff in das Recht auf informationelle Selbstbestimmung. Dies folgt nicht nur aus der Heimlichkeit der Maßnahme. Eine staatliche Datenverarbeitung ist immer auch in Relation zu den sich ihr möglicherweise anschließenden Hoheitsakten zu setzen.[901] Vielmehr eröffnet sie den Strafverfolgungsbehörden in einem nächsten Schritt auch die Möglichkeit auf einen Datenbestand zuzugreifen, der ein umfassendes Persönlichkeitsbild der betroffenen Person zeichnen kann. Die Ermittlungsgeneralklausel kann daher grundsätzlich nicht als taugliche Ermächtigungsgrundlage für das Aufsetzen von Phishing-Webseite als *Honeypot* herangezogen werden.

---

898 *Wittmer/Platzer/Steinebach/Yannikos*, in: Friedewald/Kreutzer/Hansen, Selbstbestimmung, Privatheit und Datenschutz, 151 (159).

899 *Wittmer/Platzer/Steinebach/Yannikos*, in: Friedewald/Kreutzer/Hansen, Selbstbestimmung, Privatheit und Datenschutz, 151 (159).

900 *Wittmer/Platzer/Steinebach/Yannikos*, in: Friedewald/Kreutzer/Hansen, Selbstbestimmung, Privatheit und Datenschutz, 151 (159).

901 Hierzu ausführlich s. Kap. 4 Abschn. 2.2.3.3.1.2.2.

2.2.5.4. *Zwischenergebnis*

Ein *Honeypot* zielt darauf ab, Informationen über Sachverhalte und Personen zu erlangen, die zum Zeitpunkt der Anordnung noch gänzlich unbekannt sind, um so neue Verdachtsmomente zu generieren. Während ausländische Strafverfolgungsbehörden eine entsprechende Ermittlungsmethode bereits praktizieren, findet jedweder Einsatz von *Honeypots* in der StPO keine hinreichende Legitimation. Sofern er nicht bereits an einem fehlenden Anfangsverdacht i. S. d. § 152 Abs. 2 StPO scheitert, lässt er sich auf keine der bestehenden gesetzlichen Ermächtigungsgrundlagen in der StPO stützen.

2.2.6. IP-Tracking

Eine Alternative zum unzulässigen Einsatz von behördenbetriebenen *Honeypots* kann aus technischer Sicht das Nachladen externer Dateieinbettungen sein.[902] Die als „IP-Tracking" bezeichnete Vorgehensweise gehört im *Clearnet* bereits zur gängigen Ermittlungspraxis.[903]

2.2.6.1. *Beschreibung*

Durch das IP-Tracking lässt sich die IP-Adresse eines genutzten Internetanschlusses ermitteln, ohne den Weg über eine Datenabfrage beim jeweiligen Dienstanbieter zu gehen. Hierfür versenden die Strafverfolgungsbehörden Dateien, in denen unkenntlich eine Art Lesebestätigungsfunktion eingebettet ist.[904] Als Dateien eignen sich sowohl E-Mails als auch Dokumentenformate, wie beispielsweise Word-Dokumente oder PDFs.[905] Es kommen aber auch Multimediaformate wie Bild und Videodateien in Betracht.[906] Durch das

---

[902] *Wittmer/Platzer/Steinebach/Yannikos*, in: Friedewald/Kreutzer/Hansen, Selbstbestimmung, Privatheit und Datenschutz, 151 (162); *Safferling/Rückert*, Konrad-Adenauer-Stiftung Analysen & Argumente 2018, 10.

[903] BGH, Beschl. v. 23.09. 2014 – 1 BGs 210/14, juris Rn. 12; *Bär*, in: Graf, BeckOK StPO, § 100g Rn. 24; *Ceffinato*, JuS 2019, 337 (342).

[904] *Krause*, NStZ 2016, 139 (139); *Bär*, in: Graf, BeckOK StPO, § 100g Rn. 24; *Rückert*, in: MüKo-StPO, § 100g Rn. 124.

[905] *Rückert*, in: MüKo-StPO, § 100g Rn. 124; *Wittmer/Platzer/Steinebach/Yannikos*, in: Friedewald/Kreutzer/Hansen, Selbstbestimmung, Privatheit und Datenschutz, 151 (162).

[906] *Rückert*, in: MüKo-StPO, § 100g Rn. 124; *Wittmer/Platzer/Steinebach/Yannikos*, in: Friedewald/Kreutzer/Hansen, Selbstbestimmung, Privatheit und Datenschutz, 151 (162).

Öffnen der präparierten Datei wird ein eigenständiger Telekommunikationsvorgang zu einem externen Server ausgelöst, bei dem die Dateieinbettung automatisch nachgeladen wird.[907] Dabei wird auch die IP-Adresse des Internetanschlusses, von dem aus die Zielperson auf die Datei zugreift, mitübertragen.[908] Das bloße Empfangen, Ignorieren oder Löschen der Datei löst das Nachladen der Informationen dagegen nicht aus.[909] Es bedarf daher einer aktiven Mitwirkung der Zielperson. Zudem setzt der Nachladevorgang eine bestehende Internetverbindung voraus.[910] Durch das bloße Herunterladen und Öffnen der Datei im Offline-Modus kann der externe Server die Dateieinbettungen nicht nachladen.[911]

Das IP-Tracking gelingt jedoch nicht immer. Es lässt recht einfach technisch unterbinden.[912] Selbst Standardanwendungen, wie beispielsweise Microsoft Outlook oder Microsoft Office, haben mittlerweile entsprechende Vorkehrungen zum Schutz vor dem Nachladen externer Dateneinbettungen implementiert, da hierüber auch Spam und Schadprogramme freigeschaltet werden können.[913] Das Nachladen muss dann durch die Zielperson gesondert freigeschaltet werden.[914] In diesem Fall wäre sie in der Lage, den Lesebestätigungsdienst und damit die beabsichtigte Ermittlungsmaßnahme zu erkennen und gezielt zu umgehen.[915]

2.2.6.2. Einsatzmöglichkeiten im Darknet

Nichtsdestotrotz kann das IP-Tracking ein geeignetes technisches Werkzeug für die Strafverfolgung im *Darknet* sein, um tatverdächtige Personen im

---

907 *Krause*, NStZ 2016, 139 (139); *Bär*, in: Graf, BeckOK StPO, § 100g Rn. 24; *Wittmer/Platzer/Steinebach/Yannikos*, in: Friedewald/Kreutzer/Hansen, Selbstbestimmung, Privatheit und Datenschutz, 151 (161).

908 *Rückert*, in: MüKo-StPO, § 100g Rn. 124; *Bär*, in: Graf, BeckOK StPO, § 100g Rn. 24; *Wittmer/Platzer/Steinebach/Yannikos*, in: Friedewald/Kreutzer/Hansen, Selbstbestimmung, Privatheit und Datenschutz, 151 (161 f.).

909 *Krause*, NStZ 2016, 139 (143).

910 *Wittmer*, Straftaten und Strafverfolgung im Darknet, 193.

911 *Wittmer*, Straftaten und Strafverfolgung im Darknet, 193.

912 *Krause*, NStZ 2016, 139 (143).

913 *Krause*, NStZ 2016, 139 (143).

914 *Krause*, NStZ 2016, 139 (143).

915 *Krause*, NStZ 2016, 139 (143).

Darknet zu deanonymisieren.[916] Strafverfolgungsbehörden können entsprechende Lesebestätigungsfunktionen beispielsweise in computergeneriertem kinderpornographischem Material einbetten, dessen Upload ihnen nunmehr ausdrücklich gestattet ist.[917] Alternativ können sie präparierte Preislisten auf den Handelsplattformen in Umlauf bringen.[918] Soweit sich die Zielperson zum Öffnen der Dateien bewegen lässt, lädt der externe Server auch die ansonsten verschlüsselte IP-Adresse nach. Beim Nachladen der Dateieinbettungen wird der anfallende Datenverkehr nämlich nicht von der *Darknet*-Software verschlüsselt.[919] Die Software kann nur solche Datenpakete verschlüsseln, die auch über das *Darknet* geschickt werden.[920] Der Nachladevorgang erfolgt jedoch außerhalb des *Darknets* über eine eigenständige Internetverbindung.[921] Über die gewonnene IP-Adresse lässt sich anschließend im Rahmen einer Bestandsdatenauskunft nach § 100j Abs. 2 i. V. m. Abs. 1 S. 1 StPO der Internetanschluss ermitteln, über den auf die präparierten Dateien zugegriffen wurde.[922] Dieser kann Anhaltspunkt für weitergehende Ermittlungen sein.

Das Risiko der Deanonymisierung durch das IP-Tracking ist in der Szene allerdings bekannt. Auf kriminellen Plattformen wird daher regelmäßig vor der Möglichkeit des IP-Trackings gewarnt.[923] Ähnlich wie bei der Blockchain-Forensik hängen die Erfolgsaussichten des IP-Trackings folglich auch davon ab, wie vorsichtig sich die Zielperson im *Darknet* verhält.

2.2.6.3. Rechtliche Bewertung

Während das Nachladen von Inhalten bei der Kommunikation im Internet oder beim Abruf zu Webinhalten aus Werbezwecken nicht unüblich ist,[924] ist fraglich, ob das IP-Tracking zum Zwecke der Strafverfolgung rechtlich zulässig ist.

---

916 *Wittmer/Platzer/Steinebach/Yannikos*, in: Friedewald/Kreutzer/Hansen, Selbstbestimmung, Privatheit und Datenschutz, 151 (162).
917 § 184b Abs. 6 StGB, § 110d StPO.
918 *Wittmer*, Straftaten und Strafverfolgung im Darknet, 195.
919 *Wittmer/Platzer/Steinebach/Yannikos*, in: Friedewald/Kreutzer/Hansen, Selbstbestimmung, Privatheit und Datenschutz, 151 (161).
920 *Wittmer*, Straftaten und Strafverfolgung im Darknet, 193.
921 *Wittmer*, Straftaten und Strafverfolgung im Darknet, 193.
922 *Rückert*, in: MüKo-StPO, § 100g Rn. 124; *Bär*, in: Graf, BeckOK StPO, § 100g Rn. 25.
923 *Wittmer*, Straftaten und Strafverfolgung im Darknet, 195.
924 *Bär*, in: Graf, BeckOK StPO, § 100g Rn. 25.

2.2.6.3.1. Grundrechtsrelevanz

Die rechtliche Bewertung hängt maßgeblich davon ab, ob Strafverfolgungsbehörden durch das IP-Tracking in Grundrechte eingreifen. Hierüber entscheidet sich, ob es letztlich einer gesetzlichen Ermächtigungsgrundlage bedarf.

2.2.6.3.1.1. Telekommunikationsgeheimnis, Art. 10 Abs. 1 Alt. 3 GG

Möglich erscheint zunächst ein Eingriff in das Telekommunikationsgeheimnis. Aus technischer Sicht entstehen beim IP-Tracking zwei Telekommunikationsvorgänge.[925] Beim ersten Kommunikationsvorgang macht die Strafverfolgungsbehörde die präparierte Datei der Zielperson zugänglich.[926] Dieser Kommunikationsvorgang ist in der Regel dann abgeschlossen, wenn die Datei den Herrschaftsbereich der Zielperson erreicht.[927] Das bloße Empfangen der Datei führt jedoch noch nicht zum Nachladen der Dateieinbettungen.[928] Vielmehr setzt das Öffnen der Datei einen zweiten Kommunikationsvorgang in Gang, bei dem die IP-Adresse nachgeladen wird.[929]

Beiden Telekommunikationsvorgängen fehlt es jedoch an der grundrechtsentscheidenden Vertraulichkeit der Kommunikation. Beim IP-Tracking besteht eine Kommunikationsbeziehung zwischen Strafverfolgungsbehörde und der Zielperson. Die staatliche Stelle ist folglich selbst Kommunikationsbeteiligte und greift nicht von außen unautorisiert in eine Kommunikationsbeziehung ein.[930] Dabei ist der Schutzbereich des Telekommunikationsgeheimnis auch nicht deswegen betroffen, wenn die Strafverfolgungsbehörde ihre Eigenschaft als staatliche Stelle nicht offenlegt. Wie bereits erläutert, schützt das Grundrecht lediglich den technischen Vorgang der Kommunikation, nicht aber vor einer heimlichen Aufnahme von Kommunikationsbeziehungen.[931] Ein Eingriff in das Telekommunikationsgeheimnis scheidet somit aus.[932]

---

[925] *Krause*, NStZ 2016, 139 (140).
[926] *Krause*, NStZ 2016, 139 (140).
[927] *Krause*, NStZ 2016, 139 (140).
[928] *Krause*, NStZ 2016, 139 (140).
[929] *Krause*, NStZ 2016, 139 (141); *Bär*, in: Wabnitz/Janovsky/Schmitt, Hdb Wirtschafts- und Steuerstrafrecht, 28. Kap. Rn. 112a; *Bär*, in: Graf, BeckOK StPO, § 100g Rn. 25.
[930] BVerfGE 120, 274 (341); BGHSt 39, 335 (339 f.).
[931] Hierzu s. Kap. 4 Abschn. 1.2.1.
[932] So auch *Krause*, NStZ 2016, 139 (140 f.); BGH, Beschl. v. 23.09. 2014 – 1 BGs 210/14, juris Rn. 12.

2.2.6.3.1.2. *Recht auf informationelle Selbstbestimmung, Art. 2 Abs. 1 i. V. m. Art. 1 Abs. 1 GG*

Das IP-Tracking kann jedoch in das Recht auf informationelle Selbstbestimmung eingreifen.[933] Das Grundrecht schützt vor jeder Form der ungewollten Erhebung und Verarbeitung personenbezogener Daten.[934] Ein Grundrechtseingriff kann sich bereits in der Aufnahme der Kommunikationsbeziehung manifestieren, wenn die Strafverfolgungsbehörde das schutzwürdige Vertrauen des Betroffenen in die Identität und Motivation des Gegenübers ausnutzt, um ihn zum Öffnen der präparierten Datei zu bewegen.[935] Ob das Vertrauen schutzwürdig ist, hängt indes vom konkreten Einzelfall ab. Ein Eingriff ist aber in jedem Fall durch das von den Ermittler*innen beabsichtigte, über den anfänglichen Kommunikationsvorgang hinausgehende heimliche Nachladen der Dateieinbettungen, das die unfreiwillige Preisgabe der IP-Adresse zur Folge hat, zu erkennen.[936] Denn bei der IP-Adresse handelt es sich in diesem Fall um ein die betroffene Person möglicherweise identifizierendes und damit schutzwürdiges personenbezogenes Datum. Dass das Nachladen der Informationen ein aktives Tätigwerden der betroffenen Person voraussetzt, ist dabei ohne Relevanz. Ihr ist schließlich nicht bewusst, dass sie dabei persönliche Informationen preisgibt. Ein Eingriff in das Recht auf informationelle Selbstbestimmung liegt demnach vor.

2.2.6.3.1.3. *Recht auf Gewährleistung der Vertraulichkeit und Integrität informationstechnischer Systeme*

Ein Eingriff in das Recht auf Gewährleistung der Vertraulichkeit und Integrität informationstechnischer Systeme scheidet dagegen aus. Beim IP-Tracking wird nicht in das von der Zielperson verwendete Gerät eingegriffen und es werden keine sonstigen Änderungen daran vorgenommen. Das von der Maßnahme betroffene Gerät wird auch nicht von den Strafverfolgungsbehörden durchsucht. Darüber hinaus erschöpft sich die Maßnahme in der Erhebung der IP-Adresse des genutzten Internetanschlusses. Strafverfolgungsbehörden

---

933 *Krause*, NStZ 2016, 139 (140); BGH, Beschl. v. 23.09. 2014 – 1 BGs 210/14, juris Rn. 12.

934 BVerfGE 78, 77 (84); BVerfGE 84, 192 (194); BVerfGE 103, 21 (33).

935 Hierzu ausführlich in Kap. 4 Abschn. 2.2.1.3.1.2; a. A. *Krause*, NStZ 2016, 139 (141), der eine Schutzwürdigkeit des personengebundenen Vertrauen im Internet generell ablehnt.

936 *Krause*, NStZ 2016, 139 (141).

haben demnach keinen Zugriff auf personenbezogene Daten, die es ermöglichen, einen Einblick in wesentliche Teile der Lebensgestaltung einer Person zu gewinnen oder gar ein aussagekräftiges Bild ihrer Persönlichkeit zu erhalten.

2.2.6.3.2. Gesetzliche Ermächtigungsgrundlage

Aufgrund ihrer Eingriffsqualität bedarf das IP-Tracking zum Zwecke der Strafverfolgung einer hinreichenden gesetzlichen Ermächtigungsgrundlage. Zwar ist unumstritten, dass ein entsprechendes Vorgehen bereits nach geltender Rechtslage zulässig ist. Uneinigkeit besteht jedoch darüber, über welche Rechtsgrundlage sich das IP-Tracking legitimieren lässt. Während die höchstrichterliche Rechtsprechung im IP-Tracking eine Erhebung von Verkehrsdaten i. S. d. § 100g StPO erkennen will,[937] ist die herrschende Lehre der Auffassung, es handele sich lediglich um die Verwendung eines sonstigen für Observationszwecke bestimmten technischen Mittels nach § 100h Abs. 1 S. 2 StPO.[938] Der Streit ist dabei nicht nur theoretischer Natur, sondern betrifft auch die Ermittlungspraxis. Im Vergleich zu § 100h StPO unterliegt die Anordnung einer Maßnahme nach § 100g StPO strengeren Anforderungen.

2.2.6.3.2.1. Erhebung von Verkehrsdaten, § 100g StPO

Die Norm des § 100g StPO erlaubt die Erhebung von Verkehrsdaten nur dann, wenn eine Straftat von auch im Einzelfall erheblicher Bedeutung oder mittels Telekommunikation begangen wurde, soweit dies für die Erforschung des Sachverhalts erforderlich ist und die Datenerhebung in einem angemessenen Verhältnis zur Bedeutung der Sache steht (§ 100g Abs. 1 S. 1 StPO). Ist die Straftat mittels Telekommunikation begangen worden, ist die Maßnahme auch dann zulässig, wenn die Erforschung des Sachverhalts auf andere Weise aussichtslos wäre (§ 100g Abs. 1 S. 2 StPO). In allen Fällen unterliegt sie einem Richtervorbehalt (§§ 101a Abs. 1 S. 1, 100e Abs. 1 S. 1 StPO).

Fraglich ist, ob sich das IP-Tracking an den restriktiven Voraussetzungen der Verkehrsdatenerhebung nach § 100g StPO messen lassen muss. Dem

---

[937] BGH, Beschl. v. 23.09. 2014 – 1 BGs 210/14, juris Rn. 6 ff.; so auch *Rückert*, in: MüKo-StPO, § 100g Rn. 126.

[938] *Krause*, NStZ 2016, 139 (139 ff.); *Bär*, NZWiSt 2017, 81 (84); *Ceffinato*, JuS 2019, 337 (342); *Bär*, in: Wabnitz/Janovsky/Schmitt, Hdb Wirtschafts- und Steuerstrafrecht, 28. Kap. Rn. 112a; *Grözinger*, in: Müller/Schlothauer/Knauer, MAH Strafverteidigung, § 50 Rn. 315.

Wortlaut zufolge umfasst die Vorschrift jedwede Form der Erhebung von Verkehrsdaten zu Strafverfolgungszwecken.[939] Er differenziert nicht danach, wer die Daten ursprünglich erhoben hat und ob es sich um eine, wie in der Praxis übliche, langfristige Verkehrsdatenerhebung oder um die punktuelle Abbildung eines einzelnen Kommunikationsvorgangs handelt. Daher ist auch das IP-Tracking vom Wortlaut erfasst. Denn beim Öffnen der präparierten Datei lädt der externe Server der Strafverfolgungsbehörden die IP-Adresse nach, bei der es sich um ein Verkehrsdatum handelt (vgl. § 9 Abs. 1 S. 1 Nr. 1 TTDSG).

Die Gesetzessystematik spricht ebenfalls für eine Anwendung des § 100g StPO. Zwar ist der Literatur insoweit Recht zu geben, dass die Vorgehensweise beim IP-Tracking nicht dem Regelfall des § 100g StPO, bei dem die Verkehrsdaten retrograd beim Telekommunikationsdienstanbieter erhoben werden, entspricht.[940] Sie begründet ihre Ansicht jedoch hauptsächlich damit, dass § 100g Abs. 1 S. 1 StPO in seiner ursprünglichen Fassung auf § 96 Abs. 1 TKG verweist, der ausschließlich die Verkehrsdatenerhebung des Telekommunikationsdienstanbieters regelt.[941] Dieses Argument hat der Gesetzgeber jedoch entkräftet, als er zusätzlich § 2a Abs. 1 BDBOSG in den Gesetzesverweis aufgenommen hat. Diese Vorschrift regelt nicht nur die Befugnisse einer staatlichen Stelle. Sie definiert auch den Begriff der Verkehrsdaten. Hieraus ist zu schließen, dass der Normverweis in § 100g Abs. 1 S. 1 StPO, anders als die herrschende Literatur annimmt, allenfalls auf die Begriffsbedeutung von Verkehrsdaten abstellt, nicht aber darauf, wer sie initial erhoben hat.

Überdies folgt aus § 100g Abs. 5 StPO, dass der Anwendungsbereich auch die unmittelbare Erhebung von Verkehrsdaten durch Strafverfolgungsbehörden mitumfassen soll.[942] Danach bestimmt sich die Verkehrsdatenerhebung erst dann nach den allgemeinen Vorschriften, wenn sie nicht beim Telekommunikationsdienstanbieter erfolgt und der Kommunikationsvorgang abgeschlossen ist. Beim IP-Tracking erheben die Strafverfolgungsbehörden die IP-Adresse dagegen in Echtzeit.

---

939 *Rückert*, in: MüKo-StPO, § 100g Rn. 126.

940 *Krause*, NStZ 2016, 139 (142); *Bär*, in: Graf, BeckOK StPO, § 100g Rn. 25; *Ceffinato*, JuS 2019, 337 (342).

941 *Krause*, NStZ 2016, 139 (141 f.); *Bär*, NZWiSt 2017, 81 (84).

942 *Rückert*, in: MüKo-StPO, § 100g Rn. 126.

Letztlich spricht auch der systematische Vergleich zu § 100k StPO für eine Anwendung des § 100g StPO auf das IP-Tracking. Ähnlich zu § 100g StPO regelt die Norm die Erhebung von Nutzungsdaten zum Zwecke der Strafverfolgung. Nutzungsdaten sind das telemediendienstliche Pendant zu Verkehrsdaten.[943] Es handelt sich dabei um die Daten, die bei Inanspruchnahme eines Telemediendienstes anfallen (§ 2 Abs. 2 Nr. 3 TTDSG). Im Gegensatz zu § 100g StPO erlaubt § 100k Abs. 1 S. 1 StPO der Strafverfolgungsbehörde ausdrücklich, Nutzungsdaten nur mittelbar beim Telemediendienstanbieter zu erheben. Eine unmittelbare Erhebung durch die Strafverfolgungsbehörden lässt der Wortlaut dagegen nicht zu. Im Umkehrschluss folgt hieraus, dass § 100g StPO die unmittelbare Verkehrsdatenerhebung durch die Strafverfolgungsbehörde mitregelt. Anderenfalls hätte der Gesetzgeber den Anwendungsbereich des § 100g StPO auch hier entsprechend begrenzen können.

Das Telos der Norm steht einer entsprechenden Auslegung nicht entgegen. Aus der Gesetzesbegründung zu § 100g StPO geht eindeutig hervor, dass die Regelung als allgemeine Befugnis zur Erhebung von Verkehrsdaten zu verstehen ist. Zwar bezieht sich der Gesetzgeber auf den Regelfall, bei dem die Datenerhebung retrospektiv beim Telekommunikationsdienstanbieter stattfindet.[944] Er statuiert gleichwohl, dass den grundrechtlichen Vorgaben entsprechend eine Erhebung der Verkehrsdaten durch staatliche Stellen nur unter sehr engen Voraussetzungen möglich sein soll.[945] Die Vorschrift des § 100g StPO muss demnach nicht nur dem Fernmeldegeheimnis, sondern auch den Grundrechten auf Datenschutz nach Art. 7 und Art. 8 der Grundrechtecharta der Europäischen Union entsprechen.[946] Dass das IP-Tracking datenschutzrechtliche Belange nicht nur geringfügig berührt, liegt auf der Hand. Die datenschutzrechtliche Schutzdimension der GRCh entspricht insoweit dem Recht auf informationelle Selbstbestimmung. Dabei ist die Eingriffsintensität des IP-Trackings der des dem § 100g StPO zugrundeliegenden Regelfall nicht unterlegen.[947] Sie folgt insbesondere aus der Heim-

---

943 *Karg*, MMR-Aktuell 2011, 315811.

944 BT-Drs. 18/5088, 2.

945 BT-Drs. 18/5088, 2.

946 BT-Drs. 18/5088, 2.

947 BGH, Beschl. v. 23.09. 2014 – 1 BGs 210/14, juris Rn. 12.

lichkeit des Vorgehens, das mit einer gezielten Täuschung des Betroffenen verbunden ist.[948]

Letztlich kann auch das Argument, die betroffene Person müsse damit rechnen, Datenspuren im Internet zu hinterlassen, die durch Dritte erfasst werden können,[949] nicht überzeugen. Insbesondere im *Darknet* wählt sie bewusst den Weg der Anonymität, um ihre IP-Adresse zu verschleiern und ihre Identität geheim zu halten. Folglich übersteigt es den Erwartungshorizont, staatliche Stelle könnten durch einen Trick an die IP-Adresse gelangen.

Folglich sprechen Wortlaut, Systematik und Telos sowie die Gesetzeshistorie für eine Anwendung des § 100g StPO auf die unmittelbare Verkehrsdatenerhebung durch Strafverfolgungsbehörden.

2.2.6.3.2.2. Sonstige für Observationszwecke bestimmte technische Mittel, § 100h Abs. 1 Nr. 2 StPO

Zwar lässt sich das IP-Tracking ebenfalls unter die Verwendung eines für Observationszwecke bestimmten technischen Mittels i. S. d. § 100h Abs. 1 Nr. 2 StPO subsumieren.[950] Hierunter fallen solche technischen Mittel, die weder Bild noch Tonaufzeichnungen, aber Observationen ermöglichen und im konkreten Strafverfahren eingesetzt werden, auch wenn sie nicht eigens dafür konzipiert wurden.[951] Da es sich bei der IP-Adresse jedoch auch um ein Verkehrsdatum handelt, muss sich das IP-Tracking an der spezielleren Rechtsgrundlage des § 100g StPO messen lassen.

2.2.6.4. Zwischenergebnis

Das IP-Tracking bietet in der Strafverfolgungspraxis einen vielversprechenden Ermittlungsansatz, um tatverdächtige Personen im *Darknet* zu deanonymisieren. Ein entsprechendes Vorgehen ist bereits nach geltender Rechtslage zulässig. Zwar handelt es sich beim IP-Tracking auch um die Verwendung eines für Observationszwecke bestimmten technischen Mittels i. S. d. § 100h StPO. Da es sich bei der IP-Adresse um ein Verkehrsdatum handelt, das bei einem

---

948 BGH, Beschl. v. 23.09. 2014 – 1 BGs 210/14, juris Rn. 6.
949 *Bär*, NZWiSt 2017, 81 (84); *Bär*, in: Graf, BeckOK StPO, § 100g Rn. 25.
950 BGH, Beschl. v. 23.09. 2014 – 1 BGs 210/14, juris Rn. 9.
951 *Hegmann*, in: Graf, BeckOK StPO, § 100h Rn. 7.

Telekommunikationsvorgang anfällt, unterliegt sein Einsatz jedoch den strengeren Anforderungen des § 100g StPO.

2.2.7. Großflächige Analyse des Datenverkehrs

Ein weiterer technischer Ermittlungsansatz, der zur Deanonymisierung tatverdächtiger Personen beitragen kann, ist die großflächige Analyse des über das *Darknet* laufenden Datenverkehrs.[952] Hierdurch können Strafverfolgungsbehörden unter Umständen nachvollziehen, wer mit wem über das *Darknet* kommuniziert. In der Informatik bezeichnet man diese Methode auch als „Korrelationsangriff" oder „Timing-Analyse".[953]

2.2.7.1. Beschreibung

Hierfür korreliert man versendete Datenpakete in einem Computernetzwerk anhand statistischer Berechnungen.[954] Vereinfacht dargestellt überwacht man zunächst den eingehenden Datenverkehr, um im Anschluss im Netzwerkverkehr nach vergleichbaren Datenpaketen zu suchen.[955] Dadurch kann man den Weg bzw. das Ziel eines Datenpakets in einem Computernetzwerk nachvollziehen.[956] Eine solche Analyse kann jedoch allenfalls Aufschluss darüber geben, welche Personen über das Netzwerk miteinander kommunizieren.[957] Die Kommunikationsinhalte selbst bleiben insbesondere dann unkenntlich, wenn sich die Kommunikationsbeteiligten einer weiteren

---

952 *Wittmer/Platzer/Steinebach/Yannikos*, in: Friedewald/Kreutzer/Hansen, Selbstbestimmung, Privatheit und Datenschutz, 151 (164); *Meister*, Geheime Dokumente: Der BND hat das Anonymisierugs-Netzwerk Tor angegriffen und warnt vor dessen Nutzung, abrufbar unter: https://netzpolitik.org/2017/geheime-dokumente-der-bnd-hat-das-anonymisierungs-netzwerk-tor-angegriffen-und-warnt-vor-dessen-nutzung/ (abgerufen am 10.10.2022); *NSA*, „Tor-Stinks", abrufbar unter: https://edwardsnowden.com/docs/doc/tor-stinks-presentation.pdf (abgerufen am 10.10.2022).

953 *Wittmer/Platzer/Steinebach/Yannikos*, in: Friedewald/Kreutzer/Hansen, Selbstbestimmung, Privatheit und Datenschutz, 151 (164).

954 *Wittmer/Platzer/Steinebach/Yannikos*, in: Friedewald/Kreutzer/Hansen, Selbstbestimmung, Privatheit und Datenschutz, 151 (164).

955 *Wittmer/Platzer/Steinebach/Yannikos*, in: Friedewald/Kreutzer/Hansen, Selbstbestimmung, Privatheit und Datenschutz, 151 (164).

956 *Wittmer/Platzer/Steinebach/Yannikos*, in: Friedewald/Kreutzer/Hansen, Selbstbestimmung, Privatheit und Datenschutz, 151 (164).

957 *Wittmer/Platzer/Steinebach/Yannikos*, in: Friedewald/Kreutzer/Hansen, Selbstbestimmung, Privatheit und Datenschutz, 151 (164).

Transport-Verschlüsselung bedienen.[958] Es ist daher grundsätzlich unklar, ob das Datenpaket legale oder illegale Inhalte beinhaltet.

2.2.7.2. Einsatzmöglichkeiten im Darknet

Korrelationsangriffe haben sich in der Vergangenheit insbesondere beim Tor-Project als Schwachstelle des Netzwerks erwiesen.[959] Dennoch eignet sich diese Methode nur bedingt, um Kriminalität im *Darknet* effektiv zu bekämpfen. Um sie durchführen zu können, muss man den Datenverkehr im *Darknet* zunächst überhaupt einsehen können. Dies ist zwar technisch möglich, wenn Strafverfolgungsbehörden ausreichend viele Knoten eines Anonymisierungsnetzwerk kontrollieren.[960] Um den Datenverkehr großflächig und mit echtem Erkenntnisgewinn überwachen zu können, bedarf es jedoch der Kontrolle über die Mehrzahl aller Knoten.[961] Anderenfalls kann keine statistisch signifikante und zuverlässige Korrelation durchgeführt werden. Es ist nicht steuerbar, über welchen Knotenpfad die Datenpakete im *Darknet* geleitet werden. Es hängt vielmehr vom Zufallsprinzip ab, welche Knoten die Software für den Verbindungaufbau ins *Darknet* auswählt.

Bei I2P kommt erschwerend hinzu, dass das *Garlic Routing* die Datenpakete unidirektional über einen Pfad mehrerer Tunnel leitet.[962] Der Datenverkehr

---

958 *Wittmer/Platzer/Steinebach/Yannikos*, in: Friedewald/Kreutzer/Hansen, Selbstbestimmung, Privatheit und Datenschutz, 151 (164).

959 *Wittmer/Platzer/Steinebach/Yannikos*, in: Friedewald/Kreutzer/Hansen, Selbstbestimmung, Privatheit und Datenschutz, 151 (164); *Platzer/Schäfer/Steinebach*, Journal of Cyber Security and Mobility 2021, 133 (135); *Meister*, Geheime Dokumente: Der BND hat das Anonymisierugs-Netzwerk Tor angegriffen und warnt vor dessen Nutzung, abrufbar unter: https://netzpolitik.org/2017/geheime-dokumente-der-bnd-hat-das-anonymisierungs-netzwerk-tor-angegriffen-und-warnt-vor-dessen-nutzung/ (abgerufen am 10.10.2022); auch für I2P wurden entsprechende Testversuche bereits durchgeführt, vgl. *Timpanaro/Isabelle/Festor*, inria 2011, 00632259.

960 So jedenfalls für das Tor-Project *Wittmer/Platzer/Steinebach/Yannikos*, in: Friedewald/Kreutzer/Hansen, Selbstbestimmung, Privatheit und Datenschutz, 151 (164); *Platzer/Schäfer/Steinebach*, Journal of Cyber Security and Mobility 2021, 133 (135); *Thoma*, Das alternative Tor ins Darknet, abrufbar unter: https://www.golem.de/news/invisible-internet-project-das-alternative-tor-ins-darknet-1502-112316.html (abgerufen am 10.10.2022); *Halvemaan*, Freenet Darknet Mapping, 1 ff.

961 *Wittmer/Platzer/Steinebach/Yannikos*, in: Friedewald/Kreutzer/Hansen, Selbstbestimmung, Privatheit und Datenschutz, 151 (164).

962 Hierzu ausführlich Kap. 2 Abschn. 4.3.2.

erfolgt somit nie über denselben Knotenpfad, was die Korrelationsanalyse zwischen ein und ausgehenden Daten erschwert.[963] Das Betreiben der Mehrzahl von Knoten eines *Darknets* ist jedoch nicht nur zeitaufwendig, sondern erfordert auch enorme Ressourcen an Rechnerkapazitäten. Sicherheitsbehörden weltweit sind sich insoweit einig, dass es praktisch unmöglich ist, alle Nutzenden eines *Darknets* gleichzeitig zu überwachen.[964] Man ist allenfalls in der Lage, einen kleinen, zufälligen Teil des Datenverkehrs im *Darknet* zu kontrollieren.[965] Eine großflächige Analyse des Netzwerkverkehrs scheidet dagegen aus. Somit scheitert die effektive Durchführung von Korrelationsangriffen bereits an praktischen Gründen.

2.2.7.3. Rechtliche Bewertung

Aber auch aus rechtlicher Perspektive ist die Überwachung und Rückverfolgung von Datenpaketen im *Darknet* als unzulässig zu betrachten. Die Durchführung einer großflächigen Analyse des Datennetzwerkverkehrs entspricht keiner strafprozessualen Maßnahme. Ähnlich wie beim Einsatz von *Honeypots* fehlt es bereits an einem hinreichenden Anfangsverdacht i. S. d. § 152 Abs. 2 StPO, der die Anordnung der Ermittlungsmaßnahme rechtfertigen würde.[966] Denn den Strafverfolgungsbehörden ist zu diesem Zeitpunkt lediglich bekannt, dass die von der Maßnahme betroffenen Personen das *Darknet* nutzen. Die Nutzung allein lässt jedoch noch kein seiner Art nach und in zeitlicher Hinsicht zumindest in groben Zügen umrissenes

---

963 *Thoma*, Das alternative Tor ins Darknet, abrufbar unter: https://www.golem.de/news/invisible-internet-project-das-alternative-tor-ins-darknet-1502-112316.html (abgerufen am 10.10.2022); *Halvemaan*, Freenet Darknet Mapping, 1 ff.

964 *Wittmer/Platzer/Steinebach/Yannikos*, in: Friedewald/Kreutzer/Hansen, Selbstbestimmung, Privatheit und Datenschutz, 151 (164); *NSA*, „Tor-Stinks", abrufbar unter: https://edwardsnowden.com/docs/doc/tor-stinks-presentation.pdf (abgerufen am 10.10.2022).

965 *Wittmer/Platzer/Steinebach/Yannikos*, in: Friedewald/Kreutzer/Hansen, Selbstbestimmung, Privatheit und Datenschutz, 151 (164); *NSA*, „Tor-Stinks", abrufbar unter: https://edwardsnowden.com/docs/doc/tor-stinks-presentation.pdf (abgerufen am 10.10.2022); *Meister*, Geheime Dokumente: Der BND hat das Anonymisierugs-Netzwerk Tor angegriffen und warnt vor dessen Nutzung, abrufbar unter: https://netzpolitik.org/2017/geheime-dokumente-der-bnd-hat-das-anonymisierungs-netzwerk-tor-angegriffen-und-warnt-vor-dessen-nutzung/ (abgerufen am 10.10.2022).

966 *Wittmer/Platzer/Steinebach/Yannikos*, in: Friedewald/Kreutzer/Hansen, Selbstbestimmung, Privatheit und Datenschutz, 151 (164 f.).

strafbares Verhalten erkennen.[967] Anonymität im *Darknet* genießt vielmehr grundrechtlichen Schutz.[968] Darüber hinaus ist keine gesetzliche Ermächtigungsgrundlage in der StPO ersichtlich, über die sich ein Korrelationsangriff rechtfertigen lassen würde. Dieser Ermittlungsansatz scheitert daher nicht nur an praktischen, sondern auch aus rechtlichen Gründen.

2.2.8. Sonstige Methoden zur Deanonymisierung tatverdächtiger Personen im Darknet

Neben den bisher aufgezeigten Ermittlungsansätzen, die in der Strafverfolgungspraxis als besonders vielversprechend diskutiert werden, kommen noch weitere technische Ansätze in Betracht, die zur Identifizierung tatverdächtiger Personen im *Darknet* beitragen können.

So bietet das Auffinden und Ausnutzen von Sicherheitslücken in der Software eines informationstechnischen Systems eine mögliche Alternative zur Quellen-TKÜ (§ 100a Abs. 1 S. 2 StPO) und zur Online-Durchsuchung (§ 100b StPO).[969] Während die beiden gesetzlich normierten Maßnahmen meist an dem Einschleusen von Schadsoftware scheitern,[970] können Strafverfolgungsbehörden durch eine Sicherheitslücke ohne technische Infiltration in das System eindringen und beweisrelevante Informationen sammeln.[971] Dabei kann nicht nur die zugrundeliegende Software eines *Darknets* mit Fehlern behaftet sein. Ihr Quellcode ist grundsätzlich öffentlich einsehbar, sodass auch Strafverfolgungsbehörden sie jederzeit auf Mängel oder Hintertüren untersuchen können. Denkbar ist aber auch, dass beim Aufsetzen und Konfigurieren einer Plattform im *Darknet* Fehler unterlaufen.[972] Ein bekanntes Beispiel ist in diesem Zusammenhang die Überführung der

---

967 Hierzu bereits ausführlich s. Kap. 4 Abschn. ; *Wittmer/Platzer/Steinebach/Yannikos*, in: Friedewald/Kreutzer/Hansen, Selbstbestimmung, Privatheit und Datenschutz, 151 (165).

968 Hierzu ausführlich s. Kap. 4 Abschn. 1.2.

969 *Wittmer*, Straftaten und Strafverfolgung im Darknet, 200 ff.; man bezeichnet ein solches Vorgehen auch als *„Exploits"* oder „Forensisches Hacking".

970 Hierzu bereits in Kap. 4 Abschn. 2.1.

971 *Wittmer/Platzer/Steinebach/Yannikos*, in: Friedewald/Kreutzer/Hansen, Selbstbestimmung, Privatheit und Datenschutz, 151 (165); *Wittmer*, Straftaten und Strafverfolgung im Darknet, 200.

972 *Wittmer*, Straftaten und Strafverfolgung im Darknet, 200.

Betreiber der pädokriminellen Tauschbörse „Elysium".[973] Aufgrund einer unbemerkten Sicherheitslücke in der Software der Plattform war für kurze Zeit die IP-Adresse des Servers von „Elysium" einsehbar, wenn Profilbilder hochgeladen wurden.[974] Über diese gelang es dem BKA den Serverstandort in einer Werkstatt in Hessen zu lokalisieren, die einem der Betreiber der Plattform gehörte.[975] Aus rechtlicher Perspektive stellt sich dabei nicht nur die Frage nach einer hinreichenden gesetzlichen Ermächtigungsgrundlage. Diese ist mit der Vorschrift des § 100g StPO zur Verkehrsdatenerhebung zu beantworten.[976] Auch die grundrechtliche Schutzdimension ist genauer in den Blick zu nehmen.[977] Durch das Ausnutzen von Sicherheitslücken nimmt der Staat faktisch am „Exploit-Markt" teil.[978] Aus der grundrechtlichen Gewährleistung der Vertraulichkeit und Integrität informationstechnischer Systeme folgt jedoch nicht nur ein Schutz vor staatlichen Eingriffen. Sie verpflichtet den Staat auch zum Schutz der Systeme vor Angriffen durch Dritte beizutragen.[979] Hieraus folgt, dass ein Ausnutzen von Systemfehlern zu Strafverfolgungszwecken nicht ohne weiteres möglich ist. Vielmehr sind das staatliche Strafverfolgungsinteresse und der Schutz informationstechnischer Systeme in

---

973 *Wittmer*, Straftaten und Strafverfolgung im Darknet, 204 f.; *Locker/Hoppenstedt*, Jagd auf 'Elysium': Das Ende der größten deutschen Kinderporno-Plattform, abrufbar unter: https://www.vice.com/de/article/panv87/jagd-auf-elysium-das-ende-der-grossten-deutschen-kinderporno-plattform (abgerufen am 03.01.2023).

974 *Fiebig*, DRiZ 2019, 50 (51); *Locker/Hoppenstedt*, Jagd auf ‚Elysium': Das Ende der größten deutschen Kinderporno-Plattform, abrufbar unter: https://www.vice.com/de/article/panv87/jagd-auf-elysium-das-ende-der-grossten-deutschen-kinderporno-plattform (abgerufen am 03.01.2023); *Fiebig*, Wie der Staat im Netz nach Kriminellen fahndet, abrufbar unter: https://www.deutschlandfunk.de/strafverfolgung-im-darknet-wie-der-staat-im-netz-nach-100.html (abgerufen am 03.01.2023).

975 *Wittmer*, Straftaten und Strafverfolgung im Darknet, 204 f.; *Locker/Hoppenstedt*, Jagd auf ‚Elysium': Das Ende der größten deutschen Kinderporno-Plattform, abrufbar unter: https://www.vice.com/de/article/panv87/jagd-auf-elysium-das-ende-der-grossten-deutschen-kinderporno-plattform (abgerufen am 03.01.2023); *Fiebig*, Wie der Staat im Netz nach Kriminellen fahndet, abrufbar unter: https://www.deutschlandfunk.de/strafverfolgung-im-darknet-wie-der-staat-im-netz-nach-100.html (abgerufen am 03.01.2023).

976 *Wittmer*, Straftaten und Strafverfolgung im Darknet, 202.

977 BVerfGE 158, 170 (185).

978 *Safferling/Rückert*, Konrad-Adenauer-Stiftung Analysen & Argumente 2018, 6.

979 BVerfGE 158, 170 (186).

einen angemessenen Ausgleich zu bringen. Dies muss im konkreten Einzelfall auf Ebene der Verhältnismäßigkeit entsprechend berücksichtigt werden.

Weniger grundrechtssensibel ist dagegen eine weitergehende Analyse hochgeladener Bild und Videodateien. Dies gilt nicht nur für kinderpornographische Inhalte, sondern auch für die Produktfotos auf illegalen Handelsplattformen.[980] Neben unmittelbar aus dem Material hervorgehenden Hinweisen, können insbesondere die sogenannten EXIF-Metadaten beweisrelevante Informationen enthalten.[981] Dabei handelt es sich um zusätzliche Informationen zur technischen Aufnahme oder zum Inhalt einer Datei, wie beispielsweise Datum, Uhrzeit und Art der verwendeten Kamera.[982] Unter Umständen sind darin sogar die GPS-Koordinaten des Ortes gespeichert, an dem die betroffene Datei aufgenommen wurde (sogenanntes *Geo Tagging*).[983] Eine entsprechende Bildanalyse zum Zwecke der Strafverfolgung kann noch auf Grundlage der Ermittlungsgeneralklausel ergehen, da die EXIF-Metadaten einer Datei nicht besonders geschützt sind.[984] Es reicht folglich aus, wenn die Strafverfolgungsbehörden Zugriff auf das Material haben. Allerdings werden die EXIF-Metadaten in der Regel vor ihrem Upload gelöscht, damit keine Rückschlüsse auf den Entstehungsort gezogen werden können.[985] Die Maßnahme trägt daher allenfalls in Ausnahmefällen dazu bei, tatverdächtige Personen im *Darknet* zu identifizieren.[986]

Einen gänzlich neuen Ermittlungsansatz bietet hingegen das sogenannte *Cross-Device Tracking* mittels Ultraschall.[987] Wissenschaftler kamen zu dem Ergebnis, dass die in der Werbewirtschaft gängige Technologie auch Nutzende

---

980 *Bachmann/Arslan*, NZWiSt 2019, 241 (245).

981 Hierzu ausführlich *Wittmer*, Straftaten und Strafverfolgung im Darknet, 189 ff.

982 *Wittmer*, Straftaten und Strafverfolgung im Darknet, 190.

983 *Wittmer*, Straftaten und Strafverfolgung im Darknet, 190.

984 *Wittmer*, Straftaten und Strafverfolgung im Darknet, 191.

985 *Wittmer*, Straftaten und Strafverfolgung im Darknet, 192; *Lisker/Rose*, Illuminating the Dark Web. Searching for geotags in dark net markets, abrufbar unter: https://medium.com/@roselisker/illuminating-the-dark-web-d088a9c80240#.p6mkbkwjp (abgerufen am 04.01.2023); *Schulze*, SWP-Aktuell 2019, 1 (7).

986 *Wittmer*, Straftaten und Strafverfolgung im Darknet, 192.

987 *Morgenstern/Spendel*, in: Albers/Katsivelas, Recht & Netz, 395 (406); *Mavroudis/Maggi*, Talking Behind Your Back – On the Privacy & Security of the Ultrasound Tracking Ecosystem abrufbar unter: https://media.ccc.de/v/33c3-8336-talking_behind_your_back (abgerufen am 03.01.2023).

des Tor-Projects identifizieren kann.[988] Das Verfahren basiert auf für Personen nicht hörbaren Ultraschallsignalen, die unbemerkt eine Verbindung zwischen verschiedenen Geräten herstellen können.[989] Abhängig vom betroffenen Gerät lässt sich hierüber unter Umständen beispielsweise die IP-Adresse eines Geräts auslesen.[990] Das Verfahren steckt jedoch noch in seinen Kinderschuhen. Mangels ausgereiften Prozesses ist eine vertiefte Prüfung der rechtlichen Zulässigkeit zu diesem Zeitpunkt daher nicht möglich.

2.2.9. Gewonnene Beweisinformationen als Ausgangspunkt für Folgeermittlungen

Sofern es den Strafverfolgungsbehörden gelingt, über neue zulässige Ermittlungsansätze beweisrelevante Informationen zu generieren, könnten diese als Ausgangspunkt für die Einleitung weiterer „klassischer" Ermittlungsmaßnahmen dienen. Insbesondere an der Schnittstelle zwischen virtueller und analoger Welt ergeben sich oftmals erfolgreiche Ermittlungsmöglichkeiten, die dem klassischen Arbeitsfeld der Strafverfolgungsbehörden entspringen.[991]

Insbesondere verdeckte personale Ermittlungen, die die Durchführung von Scheingeschäften beinhalten, sind dabei von besonderem ermittlungstaktischem Nutzen. Sobald ein Scheingeschäft erfolgreich zustande kommt,

---

988 *Mavroudis/Maggi*, Talking Behind Your Back – On the Privacy & Security of the Ultrasound Tracking Ecosystem abrufbar unter: https://media.ccc.de/v/33c3-8336-talking_behind_your_back (abgerufen am 03.01.2023).

989 *Weisensee*, Ultraschall-Tracking kann Tor-Nutzer deanonymisieren, abrufbar unter: https://www.golem.de/news/anonymitaet-ultraschall-tracking-kann-tor-nutzer-deanonymisieren-1701-125434.html (abgerufen am 02.01.2023); *Schwan*, Lauschangriff per Ultraschall, abrufbar unter: https://www.heise.de/hintergrund/Ultraschall-killt-Internet-Anonymitaet-3619368.html (abgerufen am 02.01.2023); zur Funktionsweise ausführlich vgl. *Mavroudis/Maggi*, Talking Behind Your Back – On the Privacy & Security of the Ultrasound Tracking Ecosystem abrufbar unter: https://media.ccc.de/v/33c3-8336-talking_behind_your_back (abgerufen am 03.01.2023).

990 *Mavroudis/Maggi*, Talking Behind Your Back – On the Privacy & Security of the Ultrasound Tracking Ecosystem abrufbar unter: https://media.ccc.de/v/33c3-8336-talking_behind_your_back (abgerufen am 03.01.2023); *Krempl*, 33C3: Tor-Angriff mit Ultraschall-Spyware und verräterische Selfies abrufbar unter: https://www.heise.de/newsticker/meldung/33C3-Tor-Angriff-mit-Ultraschall-Spyware-und-verraeterische-Selfies-3583185.html (abgerufen am 02.01.2023).

991 *Morgenstern/Spendel*, in: Albers/Katsivelas, Recht & Netz, 395 (406); *Zöller*, KriPoZ 2019, 274 (277).

müssen die bezahlten Waren verschickt werden. Hierfür müssen die tatverdächtigen Händler*innen den geschützten Raum des *Darknets* verlassen und die Waren analog versenden.[992] In den meisten Fällen übernehmen dabei konventionelle Post und Kurierdienstleister, wie DHL oder Hermes, die Zustellung der illegalen Waren.[993] Daran können Strafverfolgungsbehörden anknüpfen. Seit Einführung des § 99 Abs. 2 StPO im Jahr 2021 können sie beispielsweise bei Post und Paketdienstleister umfangsreiche Auskünfte über Versendende und Empfangende von tatverdächtigen Paketen einholen. Einschlägige Briefkästen, Packstationen oder Personen könnten darüber hinaus observiert werden.[994] Nach Eingang des Pakets können die Strafverfolgungsbehörden außerdem seinen Inhalt auf daktyloskopische oder serologische Spuren untersuchen.[995] Durch den Abgleich gefundener Hautleistenspuren, Finger und Handflächenabdrücke sowie anderer serologischer Spurenmaterialen mit den Daten behördeninterner Datenbanken (§ 98c StPO) lassen sich unter Umständen Spurentreffer erzielen und tatverdächtige Personen identifizieren.[996] Alternativ können Strafverfolgungsbehörden die Zielpersonen zu einem Treffen in der analogen Welt bewegen, beispielsweise um eine Waffe nach geäußertem Kaufinteresse zu begutachten, das dann in einer Festnahme mündet.[997]

In Konstellationen, in denen Strafverfolgungsbehörden beispielsweise die IP-Adressen der von ihnen gesuchten Server oder Endgeräte über IP-Tracking oder vergleichbare Maßnahmen ermitteln können, kommt auch die Verkehrsdatenerhebung beim jeweiligen Internetprovider nach § 100g StPO

---

992 *Krause*, NJW 2018, 678 (680); *Göpper*, Kriminalistik 2018, 623 (625); *Zöller*, KriPoZ 2019, 274 (277).

993 *Bachmann/Arslan*, NZWiSt 2019, 241 (245); *Göpper*, Kriminalistik 2018, 623 (625); *Wittmer*, Straftaten und Strafverfolgung im Darknet, 254; *Goebel/Berke*, Wie Kriminelle die Packstation missbrauchen, abrufbar unter: https://www.wiwo.de/unternehmen/dienstleister/deutsche-post-wie-kriminelle-die-packstation-missbrauchen/12734012.html (abgerufen am 01.02.2023).

994 *Krause*, NJW 2018, 678 (680); *Göpper*, Kriminalistik 2018, 623 (625); *Zöller*, KriPoZ 2019, 274 (277).

995 *Fünfsinn/Ungefuk/Krause*, Kriminalistik 2017, 440 (444); *Krause*, NJW 2018, 678 (680); *Zöller*, KriPoZ 2019, 274 (277).

996 *Rath*, DRiZ 2016, 292 (293); *Zöller*, KriPoZ 2019, 274 (277); *Wittmer*, Straftaten und Strafverfolgung im Darknet, 173.

997 *Göpper*, Kriminalistik 2018, 623 (625).

in Betracht. Sollten sie die Standorte der Server oder Endgeräte innerhalb Deutschlands lokalisieren können, lassen sich darüber hinaus Durchsuchungsmaßnahmen in den entsprechenden Räumlichkeiten der tatverdächtigen Personen gem. §§ 102 ff. StPO durchführen.[998] Aufgefundene Datenträger können von den Strafverfolgungsbehörden sichergestellt und über die Vorschriften der §§ 94, 98 StPO beschlagnahmt werden, soweit sie beweisrelevante Informationen enthalten.[999]

998 *Wittmer*, Straftaten und Strafverfolgung im Darknet, 205.
999 *Wittmer*, Straftaten und Strafverfolgung im Darknet, 205.

Zusammenfassung, Bewertung und rechtpolitischer Ausblick

Im letzten Kapitel werden die Untersuchungsergebnisse in einem Gesamtüberblick noch einmal zusammengefasst und bewertet. Darüber hinaus werden aktuelle rechtspolitische Bestrebungen umrissen und weitere rechtliche Fragestellungen, die sich im Rahmen der Strafverfolgung im *Darknet* auftun, skizziert. In einem abschließenden Schlusswort wird nochmals resümiert, vor welchen Herausforderungen Strafverfolgungsbehörden im virtuellen Raum stehen und dass es sich beim *Darknet* keinesfalls um einen ermittlungsfreien Raum handelt.

1. Zusammenfassung der Ergebnisse

In der vorliegenden Arbeit wurden die derzeitigen Ermittlungsbefugnisse der Strafverfolgungsbehörden im *Darknet* untersucht. Hierfür wurden eingangs die technischen Grundlagen des *Darknets* erläutert und die dort herrschende Kriminalität sowie ihr Ausmaß untersucht. In der sich anschließenden rechtsdogmatischen Untersuchung wurde die rechtliche Zulässigkeit verschiedener Ermittlungsansätze zur Deanonymisierung tatverdächtiger Personen im *Darknet* eingehend geprüft.

1.1. Ergebnisse auf rechtstatsächlicher Ebene

Auf rechtstatsächlicher Ebene wurde festgestellt, dass sich im vergangenen Jahrzehnt eine Schattenwirtschaft im *Darknet* etabliert hat. Studien und internationale Ermittlungserfolge belegen, dass von den dort herrschenden kriminellen Strukturen eine Bedrohungslage ausgeht, die weder bagatellisiert noch unterschätzt werden sollte. Die Kriminalität im *Darknet* erstreckt sich dabei auf eine Vielzahl von Deliktsbereichen. Hierzu zählen vornehmlich der Handel mit Betäubungsmitteln und Waffen sowie die Verbreitung von kinderpornographischem Material. Des Weiteren wird auf einschlägigen Plattformen mit gestohlenen Daten, gefälschten Urkunden und Falschgeld gehandelt, es werden aber auch kriminelle Dienstleistungen, wie beispielsweise Hacking oder Auftragsmorde angeboten. Um auch bei der Zahlungsabwicklung unerkannt zu bleiben, wird im *Darknet* nahezu ausschließlich mit Kryptowährungen bezahlt. Dabei hat sich Bitcoin als Leitwährung etabliert. Die Gesamtheit aller deliktisch ausgerichteten Plattformen im *Darknet* bezeichnet man als „Underground Economy". Abhängig von ihrer inhaltlichen Ausrichtung lassen sie sich in Handelsplattformen, Foren und pädokriminelle Tauschbörsen aufgliedern. Während eine Registrierung auf Handelsplattformen oder Foren in der Regel keine besonderen Angaben erfordert, ist der Zugang zu den pädokriminellen Tauschbörsen oftmals durch das Bestehen einer sogenannten „Keuschheitsprobe" erschwert. Hierfür muss man zunächst selbst kinderpornographische Inhalte hochladen, um sich strafbar zu machen, damit man sich als vertrauenswürdig erweist.

1.2. Ergebnisse auf rechtsdogmatischer Ebene

Im Rahmen der rechtsdogmatischen Untersuchung wurde analysiert, über welche Eingriffsbefugnisse Strafverfolgungsbehörden im *Darknet* de lege lata verfügen.

1.2.1. Verfassungsrechtliche Rahmenbedingungen

Die Komplexität der Aufgabenstellung ergab sich nicht zuletzt daraus, dass Ermittlungen im *Darknet* nicht ausschließlich aus dem Blickwinkel des Strafprozessrechts, sondern aufgrund ihrer hohen Grundrechtsrelevanz auch im Lichte des Verfassungsrechts zu betrachten sind. Es wurden daher zunächst die verfassungsrechtlichen Rahmenbedingungen für die Strafverfolgung im *Darknet* herausgearbeitet. Neben der Erläuterung einschlägiger verfassungsrechtlicher Grundsätze, die Rahmen und Grenzen strafprozessualer Ermittlungsmaßnahmen abstecken, wurde der grundrechtliche Schutz im *Darknet* näher beleuchtet. Dabei wurde festgestellt, dass das Bedürfnis nach Anonymität und verschlüsselter Kommunikation im Internet umfassend durch das Telekommunikationsgeheimnis aus Art. 10 Abs. 1 Var. 3 GG sowie durch das allgemeine Persönlichkeitsrecht aus Art. 2 Abs. 1 i. V. m. Art. 1 Abs. 1 GG in seinen Ausprägungen als Recht auf informationelle Selbstbestimmung und Recht auf Gewährleistung der Vertraulichkeit und Integrität informationstechnischer Systeme gewährleistet wird.

1.2.2. Strafprozessuale Eingriffsbefugnisse

Auf einfachgesetzlicher Ebene wurden Methoden zur Deanonymisierung tatverdächtiger Personen im *Darknet* vorgestellt und aus rechtlicher Perspektive bewertet, inwieweit diese von den derzeit existierenden Ermächtigungsgrundlagen der StPO gedeckt sind. Hierbei wurde zunächst erläutert, warum „klassische" Ermittlungsmaßnahmen aufgrund der Gegebenheiten des *Darknets* meist unergiebig sind. Dies ist einerseits darauf zurückzuführen, dass sich die StPO überwiegend an körperlichen Beweisgegenständen orientiert. Andererseits führt die Verschlüsselungskonzeption des *Darknets* und die Nutzung von Kryptowährungen dazu, dass technische Ermittlungsmaßnahmen und Finanzermittlungen leerlaufen. Einziger Anhaltspunkt für die Strafverfolgungsbehörden sind die anonymen Benutzerkennungen oder Datenspuren, die tatverdächtige Personen im *Darknet* hinterlassen. Die meisten Techniken zur Deanonymisierung setzen daher dort an, wo tatverdächtige Personen es versäumen, konsequent anonym aufzutreten.

Bei der Prüfung neuer Ermittlungsansätze waren insbesondere verdeckte personale Ermittlungen von zentraler Bedeutung. Über fiktive Accounts oder durch Übernahme bestehender Accounts kann es den Strafverfolgungsbehörden gelingen, die hohe Konspiration der Szene zu überwinden und in die abgeschotteten virtuellen Bereiche des *Darknets* vorzudringen. Ob diese verdeckten Ermittlungsformen noch von der StPO gedeckt sind, hängt wiederum maßgeblich von ihrer Grundrechtsrelevanz ab. Entgegen der Auffassung des Bundesverfassungsgerichts und der herrschenden Literatur können durchaus vertrauliche Kommunikationsbeziehungen im *Darknet* entstehen. Beim Einsatz einer virtuellen verdeckten Ermittlungsperson kommt es insoweit maßgeblich darauf an, ob die betroffene Person in die Identität und Motivation des Gegenübers vertrauen darf. Ist dies der Fall, liegt ein Eingriff in das von Art. 2 Abs. 1 i. V. m. Art. 1 Abs. 1 GG geschützte Recht auf informationelle Selbstbestimmung vor. Sollte der Eingriff die Grenzen der Geringfügigkeit nicht überschreiten, lässt sich die Maßnahme noch über die Ermittlungsgeneralklausel der §§ 161 Abs. 1 S. 1 163 Abs. 1 S. 2 StPO legitimieren. Anderenfalls ist sie unzulässig und muss nach geltender Rechtslage unterbleiben. Ein Rückgriff auf die §§ 110a ff. StPO scheidet in jedem Fall aus. Zwar mag der Einsatz einer virtuellen verdeckten Ermittlungsperson noch vom Wortlaut der Vorschriften erfasst sein. Ihnen liegt jedoch eine analoge Zweckrichtung zu Grunde. Ähnliches gilt für die verdeckte Identitätsübernahme, bei der die Strafverfolgungsbehörden einen bereits bestehenden Account übernehmen. Dabei ist danach zu differenzieren, ob die Übernahme und Weiterführung mit oder gegen den Willen der den Account innehabenden Person erfolgt. Letzteres greift obendrein in das vom Allgemeinen Persönlichkeitsrecht umfasste Recht auf Selbstdarstellung sowie in das Telekommunikationsgeheimnis aus Art. 10 Abs. 1 Var. 3 StPO ein. Darin ist nicht mehr ein nur geringfügiger Grundrechtseingriff zu erkennen, sodass eine Rechtfertigung über die strafprozessuale Ermittlungsgeneralklausel ausscheidet.

Neben verdeckten personalen Ermittlungen kann es zur Deanonymisierung tatverdächtiger Personen zielführend sein, öffentlich zugängliche Informationen im *Darknet* zu sammeln und ggf. mit anderen Informationsquellen zusammenzuführen, um sie anschließend auszuwerten. Diese als OSINT bezeichnete Vorgehensweise greift in das Recht auf informationelle Selbstbestimmung jedenfalls dann ein, wenn personenbezogene Daten betroffen sind. In diesem Fall bedarf es einer gesetzlichen Ermächtigungsgrundlage. Zwar besteht eine gewisse Verwandtschaft zur Rasterfahndung (§§ 98a, 98b StPO) und zum maschinellen Datenabgleich (§ 98c StPO). Anders als OSINT erschöpfen sich diese beiden gesetzlich geregelten Ermittlungsmaßnahmen jedoch in einem Abgleich bereits erhobener Daten. Eine Erhebung neuer Daten sowie eine weitergehende Datenverarbeitung sind dagegen nicht vorgesehen. Ein Rückgriff scheidet folglich aus. Abhängig vom konkreten Einzelfall kann jedoch auch hier die Ermittlungsgeneralklausel zur Legitimation herangezogen werden. Hierfür ist eine Gesamtabwägung aller Faktoren vorzunehmen, die sich auf die Eingriffsintensität der konkreten OSINT-Maßnahme auswirken. Dabei gilt als Faustregel: Je effektiver, effizienter und weitreichender die Maßnahme ist, desto höher ist im Zweifel ihre Eingriffsintensität. Sollte die Eingriffsintensität die Grenzen zur Geringfügigkeit übersteigen, ist die Maßnahme de lege lata unzulässig.

Das Gleiche gilt für die Blockchain-Forensik, die als Unterart von OSINT einzuordnen ist. Hierunter fasst man die Rückverfolgung digitaler Zahlungsströme in der öffentlich einsehbaren Blockchain einer Kryptowährung. Sie ist nur dann zulässig, wenn mit ihr lediglich geringfügige Grundrechtseingriffe einhergehen. In diesem Fall lässt sie sich noch über die strafprozessuale Ermittlungsgeneralklausel rechtfertigen.

Einen weiteren zulässigen Ermittlungsansatz bietet das IP-Tracking. Hierunter fasst man das unkenntliche Einbetten von Lesebestätigungsfunktionen in Dateien, durch deren Öffnen die IP-Adresse von einem externen Server unverschlüsselt nachgeladen wird. Zwar besteht in Rechtsprechung und Literatur Uneinigkeit darüber, ob eine entsprechende Maßnahme richtigerweise als eine Verkehrsdatenerhebung nach § 100g StPO oder als Verwendung eines sonstigen für Observationszwecke bestimmten technischen Mittels i. S. d. § 100h Abs. 1 S. 1 Nr. 2 StPO ergeht. Nach geltender Rechtslage besteht jedoch eine ausreichende rechtliche Grundlage, die ein entsprechendes Vorgehen der Strafverfolgungsbehörde legitimiert.

Einen anderen technischen Ermittlungsansatz, der sich in der Praxis ausländischer Strafverfolgungsbehörden bereits als effektiv erwiesen hat, bietet der Einsatz sogenannter *Honeypots*. Denkbare Einsatzszenarien für die Strafverfolgung im *Darknet* sind das Aufsetzen einer illegalen Plattform, die Übernahme und Weiterführung bestehender Plattformen oder das Nachbauen als Phishing-Webseite. Nach geltender Rechtslage ist der Einsatz eines *Honeypots* zum Zwecke der Strafverfolgung jedoch unzulässig. Er zielt darauf ab, Informationen über Sachverhalte und Personen zu erlangen, die zum Zeitpunkt der Anordnung noch gänzlich unbekannt sind. Es fehlt daher oftmals bereits an einem hinreichenden Anfangsverdacht i. S. d. § 152 Abs. 2 StPO. Darüber hinaus ist auch keine der gesetzlichen Ermächtigungsgrundlagen geeignet, den Einsatz eines *Honeypots* zu legitimieren. Ein Rückgriff auf die Vorschriften zur Quellen-TKÜ (§ 100a Abs. 1 S. 2 StPO) und zur Online-Durchsuchung (§ 100b StPO) kommt nicht in Betracht, da es zum Zeitpunkt der Anordnung an einem qualifizierten Tatverdacht gegen sämtliche registrierte Personen fehlt, der erforderlich ist, um eine derartige Massenüberwachung zu rechtfertigen. Da ein *Honeypot* auch nicht nur geringfügig in die Grundrechte Betroffener eingreift, scheidet die strafprozessuale Ermittlungsgeneralklausel ebenfalls aus.

Aus ähnlichen Gründen scheitert auch die großflächige Analyse des Datenverkehrs in einem *Darknet*. Hierüber lassen sich Anschlüsse von Personen allenfalls dann ermitteln, wenn die Strafverfolgungsbehörden eine große Anzahl von Knoten kontrollieren. Neben praktischem Bedenken scheitert die Maßnahme auch in rechtlicher Hinsicht am Fehlen eines zureichenden Anfangsverdachts i. S. d. § 152 Abs. 2 StPO. In der bloßen Nutzung des *Darknets* liegen noch keine zureichenden tatsächlichen Anhaltspunkte, die auf die Begehung einer Straftat schließen lassen.

Im Übrigen existieren weitere Ermittlungsansätze, die in der Praxis von untergeordneter Bedeutung sind, weshalb ihre rechtliche Zulässigkeit nicht vertieft geprüft wurde. Hierzu zählen das Ausnutzen von Sicherheitslücken, die Analyse von EXIF-Metadaten sowie das Cross-Device Tracking.

2. Bewertung der Ergebnisse

Die Untersuchungsergebnisse bestätigen das in der Gesellschaft vorherrschende Bild des *Darknets* als ein ermittlungsfreier Raum, in dem Kriminelle keine Strafverfolgung zu befürchten haben, nur teilweise. Primär handelt es um ein Privileg freiheitlich-demokratischer Staaten, das dem Einzelnen gewährleistet, anonym im Internet zu kommunizieren. Gleichzeitig ist nicht von der Hand zu weisen, dass im *Darknet* Straftaten begangen werden und Ermittlungen ungleich aufwändiger sind als im *Clearnet*.[1000]

Trotz der zahlreichen Änderungen in der StPO zur Erfassung neuer Ermittlungsmaßnahmen zeigt sich hier besonders deutlich, dass die Gesetzgebung nur bedingt mit der Entwicklung der Informationstechnologie Schritt halten kann. Dies mag stellenweise zwar auf die Kontrollresistenz des *Darknets* zurückzuführen sein. Es gibt nach wie vor keine technische Möglichkeit, um den Datenverkehr im *Darknet* zu entschlüsseln. Schwierigkeiten ergeben sich aber auch dort, wo ein neuer Ermittlungsansatz auf ein analoges Gesetz trifft. Oftmals bleibt nur ein Rückgriff auf die strafprozessuale Ermittlungsgeneralklausel, um ein innovatives Vorgehen zu legitimieren. In diesem Fall dürfen die Grenzen der grundrechtlichen Geringfügigkeit jedoch nicht überschritten werden. Hierfür gibt es bislang keine klaren Abgrenzungskriterien. Dies führt nicht nur zu Rechtsunsicherheit. Es entsteht auch ein bedenkliches Missbrauchspotential. Strafverfolgungsbehörden könnten ggf. versuchen, die grundrechtsbeeinträchtigende Wirkung ihrer Ermittlungen noch als geringfügig zu subsumieren, um effektiv im *Darknet* ermitteln zu können. Die Entwicklung von effektiven und gleichzeitig grundrechtswahrenden

[1000] *Krause*, NJW 2018, 678 (679).

Ermittlungsmethoden ist daher notwendig, um Rechtssicherheit zu gewährleisten und staatlicher Willkür zu begegnen. Anderenfalls besteht die Gefahr unverantwortbarer Regelungslücken. Der flankierende Schutz der Informationstechnologie durch ein zeitgemäßes Strafprozessrecht ist auch als wesentliche Bedingung für das Gelingen der Digitalisierung zu betrachten.[1001]

3. Rechtspolitische Bestrebungen

Die politischen Bestrebungen in den vergangenen Jahren zeigen, dass sich der Gesetzgeber der Herausforderungen bei der Strafverfolgung im *Darknet* zumindest teilweise angenommen hat. Hierzu zählen im Besonderen die erst kürzlich in Kraft getretene gesetzliche Befugnis, computergenerierte kinderpornographische Abbildungen zu Ermittlungszwecken einzusetzen (§ 184b Abs. 6 StGB, § 110d StPO) oder die Einführung der Strafbarkeit des Betreibens krimineller Plattformen (§ 127 Abs. 1StGB).

Die ursprünglich im Referentenentwurf zum IT-Sicherheitsgesetz 2.0 aufgenommene Regelung des § 163g StPO-E sollte Strafverfolgungsbehörden sogar dazu ermächtigen, bei Vorliegen eines qualifizierten Tatverdachts auf Benutzerkonten einer tatverdächtigen Person auch gegen ihren Willen zugreifen und diese weiterführen zu können.[1002] Zwar wurde die Vorschrift im weiteren Gesetzgebungsverfahren ersatzlos gestrichen. Sie zeigt jedoch, dass es der Rechtspolitik offensichtlich ein Anliegen ist, Strafverfolgungsbehörden mit den notwendigen Ermittlungsinstrumenten auszustatten.

Weitere relevante Regulierungsansätze finden sich im Bereich der Kryptowährungen. Neben der nunmehr eingeführten Verifizierungspflicht der Krypto-Börsen[1003] gibt es auch Bestrebungen, die Kryptowährungen selbst zu regulieren. Während sich der Vorschlag der Europäischen Kommission, Intermediäre in die Kryptowährungen zu integrieren, sowohl aufgrund

---

[1001] *Franosch*, in: Sensburg, Sicherheit in einer digitalen Welt, 23 (43).

[1002] Referentenentwurf eines Zweiten Gesetzes zur Erhöhung der Sicherheit informationstechnischer Systeme, Bearbeitungsstand 27.03.2019, abrufbar unter: http://intrapol.org/wp-content/uploads/2019/04/IT-Sicherheitsgesetz-2.0-_-IT-SiG-2.0.pdf (abgerufen am 01.12.2022); kritisch hierzu *Oehmichen/Weißenberger*, KriPoZ 2019, 174 (180 f.); *Wittmer*, Straftaten und Strafverfolgung im Darknet, 165 ff.

[1003] Hierzu ausführlich s. Kap. 4 Abschn. 2.2.4.2.

praktischer als auch grundrechtlicher Erwägungen als verfehlt erweist,[1004] scheint die Idee von Transaktionssperrlisten (sogenanntes „*Blacklisting*") ein geeignetes Mittel zur Bekämpfung der organisierten Finanzkriminalität.[1005]

Neben den aktuellen Regulierungsversuchen muss im vorliegenden Zusammenhang allerdings auch auf den Mangel an personellen Ressourcen reagiert werden, mit denen sich Strafverfolgungsbehörden hierzulande konfrontiert sehen.[1006] Um Ermittlungen im *Darknet* effektiv durchführen und eine hohe Aufklärungsquote erzielen zu können, bedarf es eines hinreichend geschulten Fachpersonals.[1007] Die technische Ausstattung der Strafverfolgungsbehörden muss ebenfalls gewährleistet werden.[1008] Anderenfalls könnten selbst neue Ermittlungsbefugnisse die fehlende Fachkompetenz im Bereich der Computerkriminalität nicht ausgleichen. Insoweit ist zu begrüßen, dass in einigen Staatsanwaltschaften bereits spezielle Dienststellen eingerichtet wurden, die ausschließlich mit der Bekämpfung von Straftaten im Internet befasst sind. Hervorzuheben ist dabei im Besonderen die Zentralstelle zur Bekämpfung der Internet und Computerkriminalität (ZIT) der Generalstaatsanwaltschaft Frankfurt am Main, die Zentralstelle Cybercrime Bayern (ZCB) der Generalstaatsanwaltschaft Bamberg sowie die Zentral und Ansprechstelle Cybercrime (ZAC) der Staatsanwaltschaft Köln, die sich unter anderen auf die Strafverfolgung im *Darknet* spezialisiert haben.

4. Weitere rechtliche Fragestellungen der Strafverfolgung im Darknet

Im Übrigen wirft die Strafverfolgung im *Darknet* neben der in der vorliegenden Arbeit nachgegangenen Frage nach der rechtlichen Zulässigkeit neuer

---

[1004] Hierzu ausführlich *Pesch/Böhme*, DuD 2017, 93 (96 ff.).

[1005] *Grzywotz/Köhler/Rückert*, StV 2016, 753 (759); *Pesch/Böhme*, DuD 2017, 93 (97 f.); *Safferling/Rückert*, Konrad-Adenauer-Stiftung Analysen & Argumente 2018, 8.

[1006] *Bachmann/Arslan*, NZWiSt 2019, 241 (245).

[1007] *Fünfsinn/Ungefuk/Krause*, Kriminalistik 2017, 440 (444); *Vogt*, Die Kriminalpolizei 2017, 4 (7); *Krause*, NJW 2018, 678 (681); *Bachmann/Arslan*, NZWiSt 2019, 241 (245); *Rückert*, Politische Studien 2018, 12 (19).

[1008] *Vogt*, Die Kriminalpolizei 2017, 4 (7); *Rückert*, Politische Studien 2018, 12 (19); *Göpper*, Kriminalistik 2018, 623 (625). *Bachmann/Arslan*, NZWiSt 2019, 241 (245).

Ermittlungsansätze weitere Aspekte auf, aus denen sich interessante Fragestellungen für eine vertiefte rechtliche Untersuchung ergeben.

4.1. Allgemeine Kontrollresistenz des Darknets

Hierzu zählt insbesondere die Kontrollresistenz des *Darknets* und anderer Verschlüsselungstechnologien. Denn die Durchsetzung strafrechtlicher Verbote wird hauptsächlich durch den Umstand erschwert, dass das *Darknet* aufgrund seiner Sicherheitsarchitektur resistent gegen die Implementierung staatlicher Kontrollinstrumente ist. Neben der fehlenden Möglichkeit zur Entschlüsselung des Datenverkehrs gibt es keine Sollbruchstellen in der Netzwerkarchitektur. In den vergangenen Jahren führte dies unter anderem zu einer andauernden rechtspolitischen Debatte über die Einschränkung von Anonymität im Internet, die letztlich sogar in der Forderung nach einem allgemeinen Verbot des *Darknets* gipfelte.[1009] Dabei ist ein Verbot nicht nur auf technischer Ebene kaum umsetzbar.[1010] Auch aus rechtlicher Perspektive bestehen erhebliche Bedenken.[1011] Wie ausführlich erläutert, ist die Nutzung des *Darknets* umfassend durch die Grundrechte geschützt. Dem *Darknet* kommt zudem ein hoher gesellschaftlicher Nutzen zu. In Zeiten fortschreitender staatlicher Überwachung im Internet bietet seine Verschlüsselungstechnologie insbesondere Oppositionellen und journalistisch tätigen Personen, die unter hohem persönlichem Risiko arbeiten, einen geeigneten Rückzugsort. Das Spannungsfeld zwischen effektiver Ermittlungsarbeit und dem Recht auf Anonymität im Internet sollte daher jedenfalls nicht einseitig durch ein Verbot von Anonymisierungsnetzwerken gelöst werden.[1012] Im Übrigen handelt es sich beim *Darknet* zwar um einen treibenden, im Vergleich zum gesamten *Clearnet* aber nur um einen marginalen Faktor für die Begehung

---

[1009] *Borchers*, Europäischer Polizeikongress: Weg mit dem Darknet, abrufbar unter: https://www.heise.de/newsticker/meldung/Europaeischer-Polizeikongress-Weg-mit-dem-Darknet-4313276.html (abgerufen am 03.01.2023); *Schulze*, SWP-Aktuell 2019, 1 (1).

[1010] *Wittmer/Platzer/Steinebach/Yannikos*, in: Friedewald/Kreutzer/Hansen, Selbstbestimmung, Privatheit und Datenschutz, 151 (155); *Rückert*, Politische Studien 2018, 12 (19); *Schulze*, SWP-Aktuell 2019, 1 (4 f.).

[1011] *Wittmer/Platzer/Steinebach/Yannikos*, in: Friedewald/Kreutzer/Hansen, Selbstbestimmung, Privatheit und Datenschutz, 151 (155); *Rückert*, Politische Studien 2018, 12 (19).

[1012] *Wittmer/Platzer/Steinebach/Yannikos*, in: Friedewald/Kreutzer/Hansen, Selbstbestimmung, Privatheit und Datenschutz, 151 (155).

von Cyberkriminalität.[1013] Dies muss sich in der Rechtsordnung hinreichend widerspiegeln.

4.2. Überwinden von Keuschheitsproben

Darüber hinaus birgt die Problematik rund um die Überwindung von Keuschheitsproben zur Bekämpfung der Verbreitung von Kinderpornographie ein enormes rechtliches Diskussionspotential. Verdeckte Ermittler*innen stoßen hierbei regelmäßig an ihre Grenzen. Während in anderen Ländern einsatzbedingte Straftaten im Bereich der Kinderpornographie zum Teil erlaubt sind, lässt die Strafprozessordnung hierzulande eine vergleichbare Abkehr vom Legalitätsprinzip nicht zu.[1014] Strafverfolgungsbehörden verfügen de lege lata nicht über das erforderliche Werkzeug, um sich Zugang zu den pädokriminellen Tauschbörsen im *Darknet* zu verschaffen. Sie dürfen allenfalls im *Darknet* kursierende Bilder missbrauchter Kinder downloaden, um sie als Beweise sicherzustellen und nach weiteren Hinweisen zu suchen. Das Hochladen von entsprechenden Missbrauchsabbildungen ist ihnen dagegen untersagt. Gleichwohl kommen immer wieder Forderungen auf, wonach nicht nur der staatliche Strafverfolgungsanspruch, sondern auch der Schutzauftrag gegenüber den Opfern gebiete, alle rechtstaatlichen Möglichkeiten des Ermittlungsverfahrens auszuschöpfen, um die Täter*innen aus der Anonymität zu holen und den Missbrauch zu beenden.[1015] Das Schaffen einer kontrovers diskutierten Ermächtigung zur Begehung milieubedingter Straftaten würde jedoch nicht nur an verfassungsrechtlichen Grenzen stoßen, sondern auch zu einer erneuten Viktimisierung der Opfer und damit zu einer Erschütterung des öffentlichen Vertrauens in die Strafverfolgungsbehörden führen. Nicht nur aus rechtlicher Perspektive handelt es sich insoweit um eine Gratwanderung. Auch aus gesellschaftspolitischer Sicht betritt man ein ethisches Minenfeld. Wohl auch aus diesem Grund hat der Gesetzgeber erst kürzlich regelungstechnisch neue Wege beschritten, indem er Strafverfolgungsbehörden unter bestimmten Voraussetzungen nunmehr erlaubt, künstlich erzeugtes kinderpornographisches Material hochzuladen. Gleichwohl steht die Frage nach der Praktikabilität dieser Lösung im Raum. Zwar

---

[1013] *Schulze*, SWP-Aktuell 2019, 1 (4).
[1014] *Wittmer/Steinebach*, MMR 2019, 650 (651).
[1015] *Rückert/Goger*, MMR 2020, 373 (374).

ist die Erzeugung authentisch wirkender kinderpornographischer Bilddateien aus technischer Sicht möglich.[1016] Beispielhaft ist hierfür der Fall „Sweetie" zu nennen, bei der die Hilfsorganisation „Terre des Hommes" computergenerierte Aufnahmen eines Kindes erfolgreich als Lockvogel für Pädophile eingesetzt hat.[1017] Unklar bleibt jedoch, ob Strafverfolgungsbehörden über entsprechende Kapazitäten zur Erstellung des Bildmaterials verfügen. Darüber hinaus ist damit zu rechnen, dass die Regelung in einschlägigen Kreisen bekannt wird und nunmehr Bilder verlangt werden, die sich nicht durch computergeneriertes Material ersetzen lassen.[1018] In diesem Fall bleibt weiterhin die Kreativität der Strafverfolgungsbehörden gefragt, sollte der Gesetzgeber in Zukunft keine andere Regelung vorsehen.

4.3. Globale Dimension des Darknets

Ein weiterer bedeutsamer Aspekt der Strafverfolgung im *Darknet* ist seine globale Dimension. Als Teilbereich des Internets kennt das *Darknet* weder räumliche noch zeitliche Grenzen.[1019] Grenzüberschreitende Sachverhalte sind somit eher die Regel als die Ausnahme. Ermittlungsmaßnahmen im *Darknet* lassen sich folglich nicht immer auf das eigene Staatsgebiet begrenzen. Dabei stoßen Strafverfolgungsbehörden auf eine Vielzahl nicht abschließend geklärter Rechtsprobleme. Es stellen sich dieselben völkerrechtlichen Fragen wie bei sonstigen Ermittlungen im Internet.[1020] Hierzu zählt insbesondere die extraterritoriale Rechtsanwendung im Strafrecht und Strafprozessrecht. Fraglich ist, ob und in welchem Umfang deutsche Strafverfolgungsbehörden bei transnationalen Sachverhalten im *Darknet* ermitteln dürfen. Die Technik ermöglicht immerhin grenzüberschreitende staatliche Überwachung und

---

1016 *Wittmer/Steinebach*, MMR 2019, 650 (651 ff.); *Rückert/Goger*, MMR 2020, 373 (376).

1017 *Wittmer/Steinebach*, MMR 2019, 650 (651 f.); *Leurs*, „Die Männer sind von sich aus auf Sweetie zugegangen", abrufbar unter: https://www.spiegel.de/panorama/justiz/webcam-sextourismus-terre-des-hommes-erschafft-virtuelle-zehnjaehrige-a-931939.html (abgerufen am 03.01.2023).

1018 *Weigend*, Stellungnahme in der Öffentlichen Anhörung des Ausschusses für Recht und Verbraucherschutz des Deutschen Bundestages am 6.11.2019 zum Entwurf eines Gesetzes zur Änderung des Strafgesetzbuches – Versuchsstrafbarkeit des Cybergroomings (BT-Drs. 19/13836), abrufbar unter: https://kripoz.de/wp-content/uploads/2019/11/stellungnahme-weigend-cybergrooming-.pdf (abgerufen am 12.12.2022).

1019 *Safferling/Rückert*, Konrad-Adenauer-Stiftung Analysen & Argumente 2018, 8.

1020 *Safferling/Rückert*, Konrad-Adenauer-Stiftung Analysen & Argumente 2018, 8.

Datenzugriffe ohne physischen Übergriff auf fremdes Staatsterritorium. Ausgangspunkt der Diskussion ist daher, inwieweit der völkerrechtliche Grundsatz der Territorialhoheit als Ausfluss des Gebots der Achtung der souveränen Staatengleichheit auf Internetsachverhalte Anwendung findet.[1021] Völkerrechtliche und unionsrechtliche Abkommen schaffen hierfür bislang keine befriedigende Abhilfe. Alternativ kann die Beschaffung von Beweismitteln zwar über ein Rechtshilfeersuchen erfolgen. Dabei handelt es sich jedoch um aufwendige und langwierige Verfahren. Dadurch könnte tatverdächtigen Personen die Möglichkeit eingeräumt werden, beweisrelevante Informationen zwischenzeitlich zu löschen.[1022]

Aus diesem Grund werden Ermittlungsverfahren im *Darknet* bereits jetzt regelmäßig im Rahmen internationaler Polizeikooperationen geführt.[1023] In diesem Fall arbeiten die Strafverfolgungsbehörden mehrerer betroffener Staaten innerhalb einer Ermittlungsgruppe zusammen.[1024] In der Praxis führen solche international geführten Ermittlungsgruppen allerdings häufig zum Phänomen des sogenannten „Forum Shoppings".[1025] Da die Befugnisse ausländischer Strafverfolgungsbehörden zum Teil weiter reichen als hierzulande, führen sie die Ermittlungsmaßnahmen aus und stellen anschließend die gewonnenen Beweisdaten innerhalb der internationalen Ermittlergruppe zur Verfügung.[1026] Ein solches Vorgehen wirft nicht nur die Frage auf, inwieweit es mit dem verfassungsrechtlich gesicherten Recht auf ein faires Verfahren in Einklang zu bringen ist. Fraglich ist auch, inwieweit im Ausland gewonnene Beweise im deutschen Strafprozess verwertet werden dürfen. Dies zeigt auch die aktuelle Diskussion zu EncroChat sehr deutlich auf.[1027]

1021 Siehe hierzu ausführlich die Dissertation von *Dombrowski*, Extraterritoriale Strafrechtsanwendung im Internet.

1022 *Bär*, in: Wabnitz/Janovsky/Schmitt, Hdb Wirtschafts- und Steuerstrafrecht, 28. Kap. Rn. 26.

1023 *Göpper*, Kriminalistik 2018, 623 (626).

1024 *Göpper*, Kriminalistik 2018, 623 (626).

1025 *Rückert*, in: Hoven/Kudlich, Digitalisierung und Strafverfahren, 9 (24); *Fiebig*, DRiZ 2019, 50 (51).

1026 *Rückert*, in: Hoven/Kudlich, Digitalisierung und Strafverfahren, 9 (24); *Rückert/Goger*, MMR 2020, 373 (374 f.).

1027 Zur Verwertbarkeit ausländischer Beweise ausführlich: *Schuster*, Verwertbarkeit im Ausland gewonnener Beweise im deutschen Strafprozess; *Zöller*, ZIS 2011, 64.

5. Rechtspolitischer Ausblick und Schlusswort

Im Zeitalter der digitalen Informationsgesellschaft bleibt Cybercrime eine der größten Herausforderungen für die Strafverfolgung. Aufgrund seines hohen Maßes an Anonymität bietet das *Darknet* hierbei einen geeigneten Kanal, um einschlägige Straftaten zu begehen. Aufgrund seiner technischen Konzeption, der Verwendung von Pseudonymen und der Nutzung von Kryptowährungen entsteht ein geschützter Raum, in dem Kriminelle ein geringeres Entdeckungsrisiko fürchten. Strafverfolgungsbehörden müssen daher über effektive Ermittlungsinstrumente verfügen, um in die hoch konspirative Szene des *Darknets* eindringen und dort effektiv ermitteln zu können.

Zudem erfordern die grenzüberschreitenden Sachverhalte eine harmonisierte Rechtsordnung, um auch die internationale Zusammenarbeit zu gewährleisten. Die deutsche Rechtspolitik steht daher nicht nur vor der Herausforderung, das Spannungsfeld zwischen Rechtsstaatlichkeit und einer effektiven Strafverfolgung zu lösen. Sie muss auch auf völkerrechtlicher Ebene die Werte und Grundentscheidungen des deutschen Strafprozessrechts mit dem internationalen Strafverfolgungsinteresse in einen angemessenen Ausgleich bringen.[1028] Anderenfalls besteht die Gefahr unverantwortbarer Regelungslücken und der Aushöhlung grundrechtlicher Schutzbereiche.

Gleichwohl belegen die vorliegenden Untersuchungsergebnisse, dass das *Darknet* keinen rechts und ermittlungsfreien Raum bietet, in dem Kriminelle ungehindert agieren können. Den Strafverfolgungsbehörden gelingt es bereits jetzt, Straftaten im *Darknet* aufzuklären und tatverdächtige Personen zu identifizieren. Vollständige Anonymität erreichen Kriminelle somit auch im *Darknet* nicht. Um die Arbeit mit den Worten des ehemaligen Bundesinnenministers Thomas de Maizière zu schließen: „*Tarnkappen gibt es nur bei Harry Potter.*“[1029]

1028 *Rückert*, in: Hoven/Kudlich, Digitalisierung und Strafverfahren, 9 (25).

1029 *Böhm/Gruber*, „Tarnkappen gibt es nur bei Harry Potter“, abrufbar unter: https://www.spiegel.de/netzwelt/netzpolitik/thomas-de-maiziere-zur-re-publica-2017-tarnkappen-gibt-es-nur-bei-harry-potter-a-1147021.html (abgerufen am 04.01.2023).

Literaturverzeichnis

Abdallah, Tarek/Gercke, Björn, Strafrechtliche und strafprozessuale Probleme der Ermittlung nutzerbezogener Daten im Internet, ZUM 2005, S. 368–376

AFP, FBI schließt mutmaßlichen Online-Drogenhandelplatz, FAZ.NET (03.10.2013), abrufbar unter: https://www.faz.net/aktuell/wirtschaft/unternehmen/drogenportal-silk-road-fbi-schliesst-mutmasslichen-online-drogenhandelplatz-12601933.html#void (abgerufen am 01.02.2023)

Angerer, Jörg, Kampf gegen Cybercrime – Phänomene und Ermittlungsprobleme, DRiZ 2019, S. 428–431

Antonatos, Spiros/Anagnostakis, Kostas/Markatos, Evangelos, Honey@home: A New Approach to Large-Scale Threat Monitoring, WOMBAT Workshop on Information Security Threats Data Collection and Sharing, Amsterdam (Niederlande) 2008, S. 3–16, abrufbar unter: https://www.researchgate.net/publication/262160662_Honeyhome_a_new_approach_to_large-scale_threat_monitoring#fullTextFileContent (abgerufen am 01.02.2012)

Auer-Reinsdorff, Astrid/Conrad, Isabelle (Hrsg.), Handbuch IT und Datenschutzrecht, 3. Auflage, München 2019

Bachman, Mario/Arslan, Nergiz, „Darknet"-Handelsplätze für kriminelle Waren und Dienstleistungen: Ein Fall für den Strafgesetzgeber?, NZWiSt 2019, S. 241–248

Bäcker, Matthias/Denninger, Erhard/Graulich, Kurt (Hrsg.), Handbuch des Polizeirechts, 7. Auflage 2021, München 2021 (zitiert: *Bearbeiter* in: Lisken/Denninger)

Bär, Wolfgang, Die Neuregelung zur Erhebung von Verkehrsdaten (§ 100g StPO) – Inhalt und Auswirkungen, NZWiSt 2017, S. 81–86

Bär, Wolfgang, Strafrechtliche Kontrolle in Datennetzen, MMR 1998, S. 463–468

Bär, Wolfgang, Transnationaler Zugriff auf Computerdaten, ZIS 2011, S. 53–59

Bauer, Sebastian, Soziale Netzwerke und strafprozessuale Ermittlungen, Berlin 2018

Becker, Florian, Grundrechtliche Grenzen staatlicher Überwachung zur Gefahrenabwehr, NVwZ 2015, S. 1335–1340

Becker, Jörg-Peter/Erb, Volker/Hilger, Hans/Ignor, Alexander (Hrsg.), Löwe-Rosenberg. Die Strafprozessordnung und das Gerichtsverfassungsgesetz. Großkommentar, Band 3/1: §§ 94–111a, Berlin 2019 (zitiert: *Bearbeiter* in: Löwe-Rosenberg)

Bell, Senta, Strafverfolgung und die Cloud, Berlin 2019

Beuth, Patrick, Behörden schließen Drogen-Plattformen im Dark Web, ZEIT ONLINE (07.11.2014), abrufbar unter: https://www.zeit.de/digital/internet/2014-11/operation-onymous-silk-road-betreiber-festgenommen?utm_referrer=https%3A%2F%2Fwww.google.com%2F (abgerufen am 01.02.2023)

Biddle, Peter/England, Paul/Peinado, Marcus/Willman, Bryan, The Darknet and the Future of Content Distribution, in: *Becker, Eberhard/Buhse, Willms/ Günnewig, Dirk/Rump, Nils* (Hrsg.), Digital Right Management. Technological, Economic, Legal and Political Aspects, Berlin 2003, S. 344–365

Biemann, Jens, „Streifenfahrten" im Internet, Stuttgart 2014

Bitcrime, Verfolgung und Prävention organisierter Finanzkriminalität mit virtuellen Währungen (BITCRIME), abrufbar unter: https://www.bitcrime.de/index.html (abgerufen am 01.02.2023)

BKA, Informationen zum Darknet, Presseinformation v. 27.07.2016, abrufbar unter: https://www.bka.de/SharedDocs/Pressemitteilungen/DE/Presse_2016/pi160727_Darknet.pdf?__blob=publicationFile&v=2 (abgerufen am 01.02.2023)

BKA, Festnahme von mutmaßlichen Verantwortlichen und Mitgliedern der kinderpornographischen Darknet-Plattform „ELYSIUM" und Abschaltung dieser Plattform, Pressemitteilung v. 07.07.2017, abrufbar unter: https://www.presseportal.de/blaulicht/pm/7/3678706 (abgerufen am 01.02.2023)

BKA, Illegaler Darknet-Marktplatz „Hydra Market" abgeschaltet, Pressemitteilung v. 05.04.2022, abrufbar unter: https://www.bka.de/DE/Presse/Listenseite_Pressemitteilungen/2022/Presse2022/220405_PM_IllegalerDarknetMarktplatz.html (abgerufen am 01.02.2023)

BKA, Schlag gegen Darknet-Plattformen wegen der Verbreitung von Abbildungen sexualisierter Gewalt an Kindern, Pressemitteilung v. 16.12.2022, abrufbar unter: https://www.bka.de/DE/Presse/Listenseite_Pressemitteilungen/2022/Presse2022/221216_SchlagGegenDarknetPlattformen.html (abgerufen am 01.02.2023)

BKA, Festnahme der mutmaßlichen Verantwortlichen des weltweit zweitgrößten illegalen Online-Marktplatzes im Darknet „WALL STREET MARKET", Presseeinladung v. 03.05.2019, abrufbar unter: https://www.bka.de/DE/Presse/Listenseite_Pressemitteilungen/2019/Presse2019/190503_WallStreetMarket.html (abgerufen am 01.02.2023)

BKA, Bundeslagebild Cybercrime 2019, abrufbar unter: https://www.bka.de/SharedDocs/Downloads/DE/Publikationen/JahresberichteUndLagebilder/Cybercrime/cybercrimeBundeslagebild2019.pdf?__blob=publicationFile&v=3 (abgerufen am 01.02.2023)

BKA, Bundeslagebild Cybercrime 2020, abrufbar unter: https://www.bka.de/SharedDocs/Kurzmeldungen/DE/Kurzmeldungen/210507_BLBCyber.html (abgerufen am 01.02.2023)

BKA, Bundeslagebild Cybercrime 2021, abrufbar unter: https://www.bka.de/DE/Presse/Listenseite_Pressemitteilungen/2022/Presse2022/220509_PM_CybercrimeBLB.html (abgerufen am 01.02.2023)

BKA, Bundeslagebild Menschenhandel und Ausbeutung 2019, abrufbar unter: https://www.bka.de/SharedDocs/Downloads/DE/Publikationen/JahresberichteUndLagebilder/Menschenhandel/menschenhandelBundeslagebild2019.html?nn=27956 (abgerufen am 01.02.2023)

BKA, Bundeslagebild Rauschgiftkriminalität 2021, abrufbar unter: https://www.bka.de/SharedDocs/Downloads/DE/Publikationen/JahresberichteUndLagebilder/Rauschgiftkriminalitaet/2021RauschgiftBundeslagebild.html?nn=27972 (abgerufen am 01.02.2023)

BKA, Bundeslagebild Waffenkriminalität 2021, abrufbar unter: https://www.bka.de/SharedDocs/Downloads/DE/Publikationen/JahresberichteUndLagebilder/Waffenkriminalitaet/waffenkriminalitaetBundeslagebild2021.html?nn=28062 (abgerufen am 01.02.2023)

BLKA, Verbreitung von Kinderpornografie im Darknet – mehrere Plattformbetreiber festgenommen, Pressemitteilung v. 03.02.2023, abrufbar unter: https://www.polizei.bayern.de/aktuelles/pressemitteilungen/043303/index.html (abgerufen am 16.02.2023)

BND, Spurensuche im Darknet, abrufbar unter: https://www.bnd.bund.de/DE/Die_Themen/Stories/Darknet/darknet_node.html (abgerufen am 01.02.2023)

Böckenförde, Thomas, Die Ermittlung im Netz. Möglichkeiten und Grenzen neuer Erscheinungsformen strafprozessualer Ermittlungstätigkeit, Tübingen 2003

Böhm, Markus, Ermittler zerschlagen zwei der größten Darknet-Marktplätze, Spiegel Online (20.07.2017), abrufbar unter: https://www.spiegel.de/netzwelt/netzpolitik/darknet-ermittler-zerschlagen-grosse-marktplaetze-alphabay-und-hansa-a-1158933.html (abgerufen am 01.02.2023)

Böhm, Markus/Gruber, Angela, „Tarnkappen gibt es nur bei Harry Potter“, Spiegel Online (10.05.2017), abrufbar unter: https://www.spiegel.de/netzwelt/netzpolitik/thomas-de-maiziere-zur-re-publica-2017-tarnkappen-gibt-es-nur-bei-harry-potter-a-1147021.html (abgerufen am 01.02.2023)

Bongen, Robert/Moßbrucker, Daniel, Darstellungen von Kindesmissbrauch. Das Netz vergisst nichts, solange es nicht vergessen soll, netzpolitik.org (28.01.2022), abrufbar unter: https://netzpolitik.org/2022/darstellungen-von-kindesmissbrauch-das-netz-vergisst-nichts-solange-es-nicht-vergessen-soll/ (abgerufen am 01.02.2023)

Bongen, Robert/Moßbrucker, Daniel/Flade, Florian, BKA gelingt Schlag gegen Plattformen, Tagesschau (16.12.2022), abrufbar unter: https://www.tagesschau.de/investigativ/ndr-wdr/paedokriminelle-darknet-101.html (abgerufen am 01.02.2023)

Bönisch, Markus/Bretschneider, Harald, Der verdeckte polizeiliche Einsatz im Internet, Die Polizei 2013, S. 99–105

Borchers, Daniel, Europäischer Polizeikongress: Weg mit dem Darknet, heise online (20.02.2019), abrufbar unter: https://www.heise.de/newsticker/meldung/Europaeischer-Polizeikongress-Weg-mit-dem-Darknet-4313276.html (abgerufen am 01.02.2023)

Borges, Georg/Hilber, Marc (Hrsg.), BeckOK IT-Recht, 9. Edition, Stand: 01.01.2023, München 2023

Bötticher, Astrid, Open Source Intelligence. Ein Diskussionsbeitrag, in: *Lange, Hans-Jürgen/Bötticher, Astrid* (Hrsg.), Cyber-Sicherheit, Wiesbaden 2015, S. 181–212

Brenneisen, Hartmut/Staack, Dirk, Die virtuelle Streife in der Welt der Social Media, Kriminalistik 2012, S. 627–631

Brodowski, Dominik/Eisenmenger, Florian, Zugriff auf Cloud-Speicher und Internetdienste durch Ermittlungsbehörden – Sachliche und zeitliche Reichweite der „kleinen Online-Durchsuchung" nach § 110 Abs. 3 StPO, ZD 2014, S. 119–126

Bull, Hans Peter, Sind Video-Verkehrskontrollen „unter keinem rechtlichen Aspekt vertretbar"?, NJW 2009, S. 3279–3282

Buschmann, Rafael/Höfner, Roman/Locker, Theresa/Wess, Sarah, Bitcoin für den Killer, Spiegel online (23.12.2021), abrufbar unter: https://www.spiegel.de/panorama/justiz/mordauftraege-uebers-darknet-bitcoin-fuer-den-killer-a-716890df-7775-4244-bbdd-924b92b25a33 (abgerufen am 01.02.2023)

Bussweiler, Julia, Schriftliche Stellungnahme im Rahmen der öffentlichen Anhörung im Ausschuss für Recht und Verbraucherschutz des Deutschen Bundestages am 07.12.2020 in Berlin u. a. zu Entwurf eines Gesetzes zur Bekämpfung sexualisierter Gewalt gegen Kinder, abrufbar unter: https://kripoz.de/wp-content/uploads/2020/12/bussweilier-data.pdf (abgerufen am 01.02.2023)

Ceffinato, Tobias, Einführung in das Internetstrafrecht, JuS 2019, S. 337–343

Clarke, Ian/Miller, Scott/Hong, Theodor/Sandberg, Oskar/Wiley, Brandon, Protecting Free Expression Online with Freenet, IEEE Internet Computing 2002, Vol. 6, Iss. 3, S. 40–49

Clarke, Ian/Sandberg, Oskar/Toseland, Matthew/Verendel, Vilhelm, Private Communication Through a Network of Trusted Connections: The Dark Freenet, 2010, abrufbar unter: https://freenetproject.org/papers/freenet-0.7.5-paper.pdf (abgerufen am 01.02.2023)

Cox, Joseph, The FBI Hacked Over 8,000 Computers In 120 Countries Based on One Warrant, vice (23.11.2016), abrufbar unter: https://www.vice.com/en/article/53d4n8/fbi-hacked-over-8000-computers-in-120-countries-based-on-one-warrant (abgerufen am 01.02.2023)

Dalby, Jakob, Grundlagen der Strafverfolgung im Internet und in der Cloud. Möglichkeiten, Herausforderungen und Chancen, Wiesbaden 2016

Davies, Gemma, Shining a Light on Policing of the Dark Web: An Analysis of UK Investigatory Powers, The Journal of Criminal Law 2020, Vol. 84, Iss. 5, S. 407–426

Derin, Benjamin/Golla, Sebastian, Der Staat als Manipulant und Saboteur der IT-Sicherheit?, NJW 2019, S. 1111–1116

Derin, Benjamin/Singelnstein, Tobias, Verwendung und Verwertung von Daten aus massenhaften Eingriffen in informationstechnische Systeme aus dem Ausland (Encrochat), NStZ 2021, S. 449–454

Derksen, Roland, Strafrechtliche Verantwortung für in internationalen Computernetzen verbreitete Daten mit strafbarem Inhalt, NJW 1997, S. 1878–1885

Dietrich, Jan-Hendri, Der Einsatz von Verschlüsselungstechniken zwischen Grundrechtsschutz und staatlicher Sicherheitsgewährleistung, GSZ 2021, S. 1–6

Dindledine, Roger/Mathewson, Nick/Syverson, Paul, Tor: The Second-Generation Onion Router, Proceedings of the 13th USENIX Security Symposium, Berkeley CA (USA) 2004, abrufbar unter: https://svn.torproject.org/svn/projects/design-paper/tor-design.pdf (abgerufen am 01.02.2023)

Dirnberger, Frank/Henneke, Hans-Günter/Utz Schliesky/Schwartin, Gunnar/Steger, Christian O./Stubenrauch, Hubert/Winkel, Johannes/Bülow, Jörg/Dieter, Jürgen/Haßenkamp, Werner/Zimmermann, Uwe (Hrsg.), PdK Bund L16. Soziale Medien in der öffentlichen Verwaltung, München 2019

Dölle, Mirko, Spur des Geldes. Wie das größte deutsche Darknet-Forum aufflog, heise Magazin 2018, Heft 25, S. 16–17, abrufbar unter: https://www.heise.de/select/ct/2018/25/1544254736623078 (abgerufen am 01.02.2023)

Dombrowski, Nadine, Extraterritoriale Strafrechtsanwendung im Internet, Freiburg 2014

dpa/Reuters/TSP, Chaos Computer Club und BKA über das Darknet: Hort für Verbrechen oder Schutzbereich für Oppositionelle, abrufbar unter: https://www.tagesspiegel.de/politik/hort-fur-verbrechen-oder-schutzbereich-fur-oppositionelle-3743896.html (abgerufen am 01.02.2023)

Drackert, Stefan, Die Verwendung fiktiver Identitäten für strafprozessuale Ermittlungen in sozialen Netzwerken, eucrim 2011, S. 122–127

Dreier, Horst, Grundgesetz-Kommentar, Band 1: Präambel, Artikel 1–19, 3. Auflage, Tübingen 2013

Dreimann, Annika, Das Darknet – ein rechtsfreier Raum, Die Polizei 2017, S. 135–143

Eifert, Martin, Informationelle Selbstbestimmung im Internet. Das BVerfG und die Online-Durchsuchungen. Zugleich Besprechung von BVerfG, Urt. v. 27.2.2008 – 1 BvR 370, 595/07, NVwZ 2008, S. 521–523

Eisenberg, Ulrich, Beweisrecht der StPO. Spezialkommentar, 10. Auflage, München 2017

Engländer, Armin, Das nemotenetur-Prinzip als Schranke verdeckter Ermittlungen, ZIS 2008, S. 163–168

Epping, Volker/Hillgruber, Christian (Hrsg.), BeckOK Grundgesetz, 54. Edition, Stand: 15.02.2023, München 2023

Europol, Global action against dark markets on Tor network, Pressemitteilung v. 07.11.2014, abrufbar unter: https://www.europol.europa.eu/media-press/newsroom/news/global-action-against-dark-markets-tor-network (abgerufen am 01.02.2023)

Europol, Major Online Child Sexual Abuse Operation Leads to 368 Arrests in Europe, Pressemitteilung v. 05.05.2017, abrufbar unter: https://www.europol.europa.eu/media-press/newsroom/news/major-online-child-sexual-abuse-operation-leads-to-368-arrests-in-europe (abgerufen am 01.03.2023)

Europol, Massive blow to criminal Dark Web activities after globally coordinated operation, Pressemitteilung v. 20.07.2017, abrufbar unter: https://www.europol.europa.eu/media-press/newsroom/news/massive-blow-to-criminal-dark-web-activities-after-globally-coordinated-operation (abgerufen am 01.02.2023)

Europol, Disruptive efforts by industry and law enforcement force jihadist sympathisers to seek new platforms to disseminate terrorist propaganda, Pressemitteilung v. 15.09.2017, abrufbar unter:

https://www.europol.europa.eu/media-press/newsroom/news/disruptive-efforts-industry-and-law-enforcement-force-jihadist-sympathisers-to-seek-new-platforms-to-disseminate-terrorist (abgerufen am 01.02.2023)

Europol, Internet organized Crime threat assessment (IOCTA) 2019, abrufbar unter: https://www.europol.europa.eu/publications-events/main-reports/internet-organised-crime-threat-assessment-iocta-2019 (abgerufen am 01.02.2023)

Europol, Internet organized Crime threat assessment (IOCTA) 2020, abrufbar unter: https://www.europol.europa.eu/publications-events/main-reports/internet-organised-crime-threat-assessment-iocta-2020 (abgerufen am 01.02.2023)

Europol, Europol, International sting against Dark Web Vendors leads to 179 arrests, Pressemitteilung v. 22.09.2020, abrufbar unter: https://www.europol.europa.eu/media-press/newsroom/news/international-sting-against-dark-web-vendors-leads-to-179-arrests (abgerufen am 01.02.2023)

Fezer, Gerhard, Überwachung der Telekommunikation und Verwertung eines „Raumgesprächs“, NStZ 2003, S. 625–630

Fezer, Karl-Heinz/Büscher, Wolfgang/Obergfell, Inés (Hrsg.), Lauterkeitsrecht: UWG Kommentar, Band 1: Internationales Lauterkeitsrecht, Lauterkeitsrechtliche Spezialthemen, Geschichte, Systematik, Grundlagen, §§ 1–3 UWG, 3. Auflage, München 2016

Fiebig, Peggy, Wie der Staat im Netz nach Kriminellen fahndet, Deutschlandfunk (19.12.2018), abrufbar unter: https://www.deutschlandfunk.de/strafverfolgung-im-darknet-wie-der-staat-im-netz-nach-100.html (abgerufen am 01.02.2023)

Fiebig, Peggy, Verbrecherjagd im Darknet, DRiZ 2019, S. 50–51

Forkert-Hosser, Sandra, Vorermittlungen im Strafprozessrecht: Erhebung und Verwendung von Daten vor dem Anfangsverdacht, Frankfurt am Main 2010

Franceschi-Bicchierai, Lorenzo, The Silk Road Online Drug Marketplace by the Numbers, Mashable (04.10.2013), abrufbar unter: https://mashable.com/archive/silk-road-by-the-numbers (abgerufen am 01.02.2023)

Franosch, Rainer, Das Darknet – ein rechtsfreier Raum? Überlegungen zur Notwendigkeit einer Digitalen Agenda für das Straf und

Strafprozessrecht, in: *Sensburg, Patrick Ernst* (Hrsg.), Sicherheit in einer digitalen Welt, Baden-Baden 2017, S. 23–44

Fünfsinn, Helmut/Ungefuk, Georg/Krause, Benjamin, Das Darknet aus Sicht der Strafverfolgungsbehörden, Kriminalistik 2017, S. 440–445

Gercke, Marco/Brunst, Phillip W., Praxishandbuch Internetstrafrecht, Stuttgart 2009

Gersdorf, Hubertus/Paal, Boris P. (Hrsg.), BeckOK Informations und Medienrecht, 39. Edition, Stand: 01.02.2023, München 2023

Goebel, Jacqueline/Berke, Jürgen, Wie Kriminelle die Packstation missbrauchen, Wirtschaftswoche (22.12.2015), abrufbar unter: https://www.wiwo.de/unternehmen/dienstleister/deutsche-post-wie-kriminelle-die-packstation-missbrauchen/12734012.html (abgerufen am 01.02.2023)

Goger, Thomas, Bitcoins im Strafverfahren. Virtuelle Währung und reale Strafverfolgung, MMR 2016, S. 432–434

Göpper, Martin, Das Darknet – Bedrohung und Herausforderung für die Polizei?, Kriminalistik 2018, S. 623–627

Graf, Jürgen (Hrsg.), BeckOK StPO mit RiStBV und MiStra, 46. Edition, Stand: 01.01.2023, München 2023

Greenberg, Andy, End Of The Silk Road: FBI Says It's Busted The Web's Biggest Anonymous Drug Black Market, Forbes (02.10.2013), abrufbar unter: https://www.forbes.com/sites/andygreenberg/2013/10/02/end-of-the-silk-road-fbi-busts-the-webs-biggest-anonymous-drug-black-market/?sh=df2838b5b4f9 (abgerufen am 01.02.2023)

Greenberg, Andy, The FBI Finally Says How It ‚Legally' Pinpointed Silk Road's Server, wired (05.09.2014), abrufbar unter: https://www.wired.com/2014/09/the-fbi-finally-says-how-it-legally-pinpointed-silk-roads-server/ (abgerufen am 01.02.2023)

Greenberg, Andy, Operation Bayonet: Inside the Sting That Hijacked an Entire Dark Web Drug Market, wired (08.03.2018), abrufbar unter: https://www.wired.com/story/hansa-dutch-police-sting-operation/ (abgerufen am 01.02.2023)

Greenberg, Andy, Inside the Bitcoin Bust That Took Down the Web's Biggest Child Abuse Site, wired (07.02.2022), abrufbar unter: https://www.wired.com/story/tracers-in-the-dark-welcome-to-video-crypto-anonymity-myth/ (abgerufen am 01.02.2023)

Gruber, Angela/Sickert, Theresa, Was ist eigentlich das Darknet?, Spiegel online (25.07.2016), abrufbar unter: https://www.spiegel.de/netzwelt/web/waffe-des-muenchen-amoklaeufers-was-ist-eigentlich-das-darknet-a-1104549.html (abgerufen am 01.02.2023)

Gruber, Jan/Brodowski, Dominik/Freiling, Felix, Die polizeiliche Aufgabe und Pflicht zur digitalen Gefahrenabwehr, GSZ 2022, S. 171–176

Grün, Ursula-Isabel von der, Verdeckte Ermittlungen, München 2018

Grzywotz, Johanna/Köhler, Olaf Markus/Rückert, Christian, Cybercrime mit Bitcoins – Straftaten mit virtuellen Währungen deren Verfolgung und Prävention, StV 2016, S. 753–759

Günther, Judith, Drogen und Kinderpornografie. So nutzen Kriminelle das Darknet, ntv (10.10.2017), abrufbar unter: https://www.n-tv.de/panorama/So-nutzen-Kriminelle-das-Darknet-article20075295.html (abgerufen am 01.02.2023)

Halvani, Oren/Winter, Christian/Pflug, Anika, Authorship verification for different languages, genres and topics, Digital Investigations 2016, Vol. 16, S. 33–44

Halvemaan, Kees C. N., Freenet Darknet Mapping, Amsterdam (Holland) 2017

Barte, Christoph/Gericke, Jan (Hrsg.), Karlsruher Kommentar zur Strafprozessordnung mit GVG, EGGVG und EMRK, 9. Auflage, München 2023 (zitiert: *Bearbeiter* in: KK-StPO)

Hauschka, Christoph E./Moosmeyer, Klaus/Lösler, Thomas (Hrsg.), Corporate Compliance. Handbuch der Haftungsvermeidung, 3. Auflage, München 2016

Hayon, Dominik, Das Amazon des Darknets: Illegaler Marktplatz nicht mehr zu stoppen, CHIP (16.04.2017), abrufbar unter: https://www.chip.de/news/Das-Amazon-des-Darknets-Illegaler-Marktplatz-waechst-und-waechst_112339369.html (abgerufen am 01.02.2023)

Hein, Matthias von, Kinderhölle im Darknet, Deutsche Welle (02.08.2018), abrufbar unter: https://www.dw.com/de/kinderh%C3%B6lle-im-darknet/a-44898717 (abgerufen am 01.02.2023)

Heinson, Dennis, IT-Forensik, Tübingen 2015

Hendricks, Keven, Dark Web Investigations and I2P, The Cyber Social Hub (24.03.2022), abrufbar unter: https://cybersocialhub.com/csh/dark-web-investigations-and-i2p/ (abgerufen am 01.02.2023)

Hennig, Sven, Warum Bitcoin nicht wirklich anonym ist, Blockchainwelt (23.08.2022), abrufbar unter: https://blockchainwelt.de/warum-bitcoin-nicht-wirklich-anonym-ist/ (abgerufen am 01.02.2023)

Henrich, Axel/Wilhelm, Jörg, Polizeiliche Ermittlungen in sozialen Netzwerken, Kriminalistik 2010, S. 30–36

Henrich, Axel, Verdeckte personale Ermittlungen im Internet, Kriminalistik 2012, S. 632–636

Hertel, Florian, Virtuelle verdeckte personale Ermittlungen, Kriminalistik 2019, S. 162–168

Herzog, Roman/Scholz, Rupert/Herdegen, Matthias/ Klein, Hans H. (Hrsg.), Grundgesetz-Kommentar, Band 2: Art. 6–16a, 99. Ergänzungslieferung, Stand: September 2022, München 2022 (zitiert: *Bearbeiter* in: Dürig/Herzog/Scholz)

Hiéramente, Mayeul, „Räumliche" Grenzen von (IT)Durchsuchungen in Unternehmen – ein Beitrag zur Abgrenzung zwischen § 102 StPO und § 103 StPO, NStZ 2021, S. 390–395

Hitzemann, Steffen, Ach wie gut, dass niemand weiß …, <kes> online 2007, Ausgabe 6, S. 78–85, abrufbar unter: http://2014.kes.info/archiv/heft/abonnent/07-6/07-6-078.htm (abgerufen am 01.02.2023)

Hoeren, Thomas/Sieber, Ulrich/Holznagel, Bernd (Hrsg.), Handbuch Multimedia-Recht. Rechtsfragen des elektronischen Geschäftsverkehrs, 58. Ergänzungslieferung, Stand: März 2022 München 2022

Hoffmann-Riem, Wolfgang, Der grundrechtliche Schutz der Vertraulichkeit und Integrität eigener informationstechnischer Systeme, JZ 2008, S. 1009–1022

Honsell, Heinrich, Die rhetorischen Wurzeln der juristischen Auslegung, ZfPW 2016, S. 106–128

Hoppenstedt, Max, Künstliches Grauen, Süddeutsche Zeitung (17.12.2019), abrufbar unter: https://www.sueddeutsche.de/politik/kinderpornografie-kuenstliches-grauen-1.4727148 (abgerufen am 01.02.2023)

Hoppenstedt, Max/Mützel, Daniel/Pfaffenzeller, Martin, Das FBI hat Hunderte deutsche Tor-Nutzer gehackt, vice (15.05.2018), abrufbar unter: https://www.vice.com/de/article/59qpwz/das-fbi-hat-hunderte-deutsche-tor-nutzer-gehackt (abgerufen am 01.02.2023)

Hornung, Geritt, Ein neues Grundrecht – Der verfassungsrechtliche Schutz der „Vertraulichkeit und Integrität informationstechnischer Systeme“, CR 2008, S. 299–306

Hostettler, Otto, Hilflose Ermittler. Warum Kriminelle im Darknet wenig zu befürchten haben, APuZ 2017, S. 10–15

Huber, Peter/Voßkuhle, Andreas (Hrsg.), Grundgesetz, Band 1: Präambel, Art. 1–19, 7. Auflage, München 2018 (zitiert: *Bearbeiter* in: v. Mangoldt/Klein/Starck)

Hund, Horst, Verdeckte Ermittlungen – ein gelöstes Problem?, StV 1993, S. 379–381

I2P, Garlic Routing and „Garlic“ Terminology, abrufbar unter: https://geti2p.net/de/docs/how/garlic-routing (abgerufen am 01.02.2023)

I2P, Tunnel-Routing, abrufbar unter: https://geti2p.net/de/docs/how/tunnel-routing (abgerufen am 01.02.2023)

I2P, I2P Tunnel-Dienste, abrufbar unter: https://geti2p.net/de/misc/i2ptunnel-services (abgerufen am 01.02.2023)

I2P, FAQ, abrufbar unter: https://geti2p.net/de/faq (abgerufen am 01.02.2023)

I2P, Webbrowser-Konfiguration, abrufbar unter: https://geti2p.net/de/about/browser-config (abgerufen am 01.02.2023)

I2P, Intro, abrufbar unter: https://geti2p.net/de/about/intro (abgerufen am 01.02.2023)

Ihwas, Saleh R., Strafverfolgung in Sozialen Netzwerken. Facebook & Co. als moderne Ermittlungswerkzeuge, Baden-Baden 2014

Ihwas, Saleh R., „Die digitale Unterwelt“ – Strafprozessuale Ermittlungsmöglichkeiten im Darknet, WIJ 2018, S. 136–147

Iliou, Christos/Kalpakis, George/Tsikrika, Theodora/Vrochidis, Stefanos/Kompatsiaris, Ioannis, Hybrid focused crawling on the Surface and the Dark Web, EURASIP Journal on Information Security 2017, Artikelnr. 11, abrufbar unter: https://jis-eurasipjournals.springeropen.com/articles/10.1186/s13635-017-0064-5#citeas (abgerufen am 01.02.2023)

Intelliag, Shining a light on the Dark Web, abrufbar unter: https://onyxcomms.com/wp-content/uploads/2017/01/intelliagg-deeplight-report.pdf (abgerufen am 01.02.2023)

Jahn, Matthias, BVerfG: Strafprozessrecht. Beschluß vom 03.07.*2006* – 2 BvR 2030/04, JuS 2006, S. 946–948

Jahn, Matthias, Die Aufgaben des Strafverteidigers im Verfassungsbeschwerdeverfahren, ZIS 2009, S. 511–518

Jandt, Silke/Steidle, Roland (Hrsg.), Datenschutz im Internet. Rechtshandbuch zu DSGVO und BDSG, Baden-Baden 2018

Jarass, Hans Dieter/Pieroth, Bodo, Grundgesetz für die Bundesrepublik Deutschland. Kommentar, 17. Auflage, München 2022

Jardine, Eric, The Dark Web Dilemma: Tor, Anonymity and Online Policing, Global Commission on Internet Governance Paper Series, No. 21, 2015, abrufbar unter: https://www.cigionline.org/publications/dark-web-dilemma-tor-anonymity-and-online-policing/ (abgerufen am 01.02.2023)

Jardine, Eric/Lindner, Andrew/Owenson, Gareth, The potential harms of the Tor anonymity network cluster disproportionately in free countries, Proceedings of the National Academy of Sciences, Washington, D.C. (USA) 2020, Vol. 117, No. 50, S. 31716–31721

Johannes, Paul, Analyse offener Datenquellen durch die Polizei: Entgrenzte Internet und Darknetaufklärung in der Strafverfolgung, in: *Roßnagel, Alexander/Friedewald, Michael/Hansen, Marit* (Hrsg.), Wiesbaden 2018, S. 151–172

Jones, Melissa Rose, Law enforcement techniques in Darknet Markets, Ann Arbor (USA) 2020

Kalpakis, George/Tsikrika, Theodora/Cunningham, Neil/Iliou, Christos/Vrochidis, Stefanos/Middleton, Jonathan/Kompatsiaris, Ioannis, OSINT and the Dark Web, in: *Babak, Akhgar/Bayerl, Saskia/Sampson, Fraser* (Hrsg.), Open Source Intelligence Investigation, Cham (Schweiz) 2016, S. 111–132

Kämmerer, Jörn Axel/Kotzur, Markus, Grundgesetz-Kommentar, Band 1: Präambel bis Art. 69, 7. Auflage, München 2021 (zitiert: *Bearbeiter* in: Münch/Kunig)

Kannenberg, Axel, Operation Onymous: 17 Verhaftungen bei Schlag gegen Darknet-Drogenplattformen, heise online (07.11.2014), abrufbar unter: https://www.heise.de/newsticker/meldung/Operation-Onymous-17-Verhaftungen-bei-Schlag-gegen-Darknet-Drogenplattformen-2444615.html (abgerufen am 01.02.2023)

Karg, Moritz, IP-Adressen sind personenbezogene Verkehrsdaten, MMR-Aktuell 2011, 315811

Keller, Christoph/Braun, Frank/Roggenkamp, Jan Dirk, in: *Clages, Horst/Gatzke, Wolfgang* (Hrsg.), Lehr und Studienbriefe Kriminalistik/Kriminologie, Band 26, Hilden 2020

Kipker, Dennis-Kenji, Monatliches Themen-Update aus den Bereichen Digitalisierung, Datenschutz & Cybersecurity, MMR-Aktuell 2020, 433456

Kirkpatrick, David Ryan, Der Einsatz von Verdeckten Ermittlern in Wirtschaftsstrafverfahren, NStZ 2019, S. 177–182

Kittlitz, Alard, In den dunklen Gassen von „Lolita City", FAZ.NET (20.10.2011), abrufbar unter: https://www.faz.net/aktuell/feuilleton/medien/jagd-auf-kinderpornographie-in-den-dunklen-gassen-von-lolita-city-11499618.html (abgerufen am 01.02.2023)

Knaus, Christopher, Australian police sting brings down paedophile forum on Dark Web, The Guardian (07.10.2017), abrufbar unter: https://www.theguardian.com/society/2017/oct/07/australian-police-sting-brings-down-paedophile-forum-on-dark-web (abgerufen am 01.02.2023)

Kochheim, Dieter, Cybercrime und Strafrecht in der Informations und Kommunikationstechnik, 2. Auflage, München 2018

Koenen, Michael, KIgestützte Auswertung von Blockchain-Inhalten zur Strafverfolgung, KSV Polizeipraxis (27.05.2021), abrufbar unter: https://ksv-polizeipraxis.de/ki-gestuetzte-auswertung-von-blockchain-inhalten-zur-strafverfolgung/ (abgerufen am 01.02.2023)

Körffer, Barbara, Auswertung personenbezogener Daten für Strafverfolgung und Gefahrenabwehr, DANA 2014, S. 146–150

Krause, Benjamin, IP-Tracking durch Ermittlungsbehörden. Ein Fall für § 100g StPO? Zugleich Besprechung des BGH-Beschl. v. 23.9.2014 – 1 BGs 210/14, NStZ 2016, S. 139–144

Krause, Benjamin, Ermittlungen im Darknet – Mythos und Realität, NJW 2018, S. 678–681

Kraushaar, Horst, Der „polizeiliche Scheinkäufer" – ein Verdeckter Ermittler im Sinne des 110a Abs. 2 StPO?, Kriminalistik 1994, S. 481–485

Krempl. Stefan, 33C3: Tor-Angriff mit Ultraschall-Spyware und verräterische Selfies, heise online (31.12.2016), abrufbar unter: https://www.heise.de/newsticker/meldung/33C3-Tor-Angriff-mit-Ultraschall-Spyware-und-verraeterische-Selfies-3583185.html (abgerufen am 01.02.2023)

Krüger, Stefan/Maucher, Svenja-Ariane, Ist die IP-Adresse wirklich ein personenbezogenes Datum? Ein falscher Trend mit großen Auswirkungen auf die Praxis, MMR 2011, S. 433–439

Kudlich, Hans, Münchener Kommentar zu Strafprozessordnung, Band 1: §§ 1–150 StPO, 2. Auflage, München 2023 (zitiert: *Bearbeiter* in: MüKo-StPO)

Kudlich, Hans, Strafverfolgung im Internet, GA 2011, S. 193–208

Kudlich, Hans, Straftaten und Strafverfolgung im Internet, GA 2012, S. 560–566

Kühling, Jürgen/Buchner, Benedikt, Datenschutz-Grundverordnung / Bundesdatenschutzgesetz, 3. Auflage, München 2020

Kutscha, Martin, Mehr Schutz von Computerdaten durch ein neues Grundrecht? Zugleich Besprechung von *BVerfG*, Urt. v. 27.2.2008 – 1 BvR 370/07 u. 1 BvR 595/07, NJW 2008, S. 1042–1044

Leurs, Rainer, Pädophilen-Jagd im Netz. „Die Männer sind von sich aus auf Sweetie zugegangen", Spiegel online (06.11.2013), abrufbar unter: https://www.spiegel.de/panorama/justiz/webcam-sextourismus-terre-des-hommes-erschafft-virtuelle-zehnjaehrige-a-931939.html (abgerufen am 01.02.2023)

Lisker, Paul/Rose, Michael, Illuminating the Dark Web. Searching for geotags in dark net markets, medium (13.09.2016), abrufbar unter: https://medium.com/@roselisker/illuminating-the-dark-web-d088a9c80240#.p6mkbkwjp (abgerufen am 01.02.2023)

Locker, Theresa/Hoppenstedt, Max, Jagd auf ‚Elysium': Das Ende der größten deutschen Kinderporno-Plattform, vice (07.02.2019), abrufbar unter: https://www.vice.com/de/article/panv87/jagd-auf-elysium-das-ende-der-grossten-deutschen-kinderporno-plattform (abgerufen am 01.02.2023)

Makrutzki, Patric, Verdeckte Ermittlungen im Strafprozeß, Berlin 2000

Martini, Mario, Das allgemeine Persönlichkeitsrecht im Spiegel der jüngeren Rechtsprechung des Bundesverfassungsgerichts, JA 2009, S. 839–845

Martini, Mario, Wie neugierig darf der Staat im Cyberspace sein? Social Media Monitoring öffentlicher Stellen – Chancen und Grenzen, VerwArch 2016, S. 307–358

Martini, Mario/Weinzierl, Quirin, Die Blockchain-Technologie und das Recht auf Vergessenwerden, NVwZ 2017, S. 1251–1259

Maume, Philipp/Maute, Lena (Hrsg.), Rechtshandbuch Kryptowerte, München 2020

Mavroudis, Vasilios/Maggi, Federico, Talking Behind Your Back. On the Privacy & Security of the Ultrasound Tracking Ecosystem, Chaos Communication Congress 2016, Hamburg 27.–30.12.2016, abrufbar unter: https://media.ccc.de/v/33c3-8336-talking_behind_your_back (abgerufen am 01.02.2023)

McCromick, Ty, The Darknet: A short History, Foreign Policy (09.12.2013), abrufbar unter: https://foreignpolicy.com/2013/12/09/the-darknet-a-short-history/ (abgerufen am 01.02.2023)

Meister, Andre, Geheime Dokumente: Der BND hat das Anonymisierungs-Netzwerk Tor angegriffen und warnt vor dessen Nutzung, netzpolitik.org (14.09.2017), abrufbar unter: https://netzpolitik.org/2017/geheime-dokumente-der-bnd-hat-das-anonymisierungs-netzwerk-tor-angegriffen-und-warnt-vor-dessen-nutzung/ (abgerufen am 01.02.2023)

Mey, Stefan, Darknet. Waffen, Drogen, Whistleblower. Wie die digitale Unterwelt funktioniert, München 2017

Mey, Stefan, „TOR" in eine andere Welt? Begriffe, Technologien und Widersprüche des Darknets, APuZ 2017, S. 4–9

Moore, Daniel, Detecting Ransomware with Honeypot Techniques, Conference Paper, 2016 Cybersecurity and Cyberforensics (CCC), Amman (Jordanien) 02.08.2016–04.08.2016

Moore, Daniel/Rid, Thomas, Cryptopolitik and the Darknet, Survival 2016, Vol. 58, Iss. 1, S. 7–38

Morgenstern, Holger/Spendel, Rüdiger, Das Darknet und Ermittlungen zu Strafverfolgungszwecken in: *Albers, Marion/Katsivelas, Ioannis* (Hrsg.), Recht & Netz, Baden-Baden 2018, S. 398–415

Moßbrucker, Daniel, Netz der Dissidenten. Die Helle Seite im Darknet, APuZ 2017, S. 16–22

Müller, Sebastian T., Internetermittlungen und der Umgang mit digitalen Beweismitteln im (Wirtschafts)Strafverfahren, NZWiSt 2020, S. 96–101

Müller, Eckhart/Schlothauer, Reinhold/Knauer, Christoph (Hrsg.), Münchener Anwaltshandbuch Strafverteidigung, 3. Auflage, München 2022

Negi, Neelam, Comparison of Anonymous Communication Networks-Tor, I2P, Freenet, IRJET 2017, Vol. 4, Iss. 7, S. 2542–2544

Note, Claire van, How OSINT Took Down the Dark Web's Silk Road, Skopenow (22.07.2020), abrufbar unter: https://www.skopenow.com/news/how-osint-took-down-the-dark-webs-silk-road (abgerufen am 01.02.2023)

NSA, Tor Stinks, abrufbar unter: https://www.theguardian.com/world/interactive/2013/oct/04/tor-stinks-nsa-presentation-document (abgerufen am 01.02.2023)

Oehmichen, Anna/Weißenberger, Björn, Digitaloffensive im Strafrecht! Verbesserte Bekämpfung von Cyberkriminalität durch das IT-Sicherheitsgesetz 2.0?, KriPoZ 2019, S. 174–182

Paal, Boris P./Pauly, Daniel A., Datenschutz-Grundverordnung Bundesdatenschutzgesetz, 3. Auflage, München 2021

Pany, Thomas, Kinderpornografie: Anonymous will Lolita-City unbewohnbar machen, telepolis (18.10.2011), abrufbar unter: https://www.telepolis.de/features/Kinderpornografie-Anonymous-will-Lolita-City-unbewohnbar-machen-3391692.html (abgerufen 01.02.2023)

Papier, Hans-Jürgen, Beschränkungen der Telekommunikationsfreiheit durch den BND an Datenaustauschpunkten, NVwZ 2016, S. 1057–1059

Pesch, Paulina/Boehm, Franziska, Bitcoins: Rechtliche Herausforderungen einer virtuellen Währung Eine erste juristische Einordung, MMR 2014, S. 75–79

Pesch, Paulina/Böhme, Rainer, Datenschutz trotz öffentlicher Blockchain?, DuD 2017, S. 93–98

Petri, Thomas Bernhard, Das Urteil des Bundesverfassungsgerichts zur „Online-Durchsuchung", DuD 2008, S. 443–448

Platzer, Florian/Landwirth, Robert/Wittmer, Sandra/Yannikos, York, Was ist das Darknet?, Fraunhofer Institut für Sichere Informationstechnologie, Darmstadt 2020

Platzer, Florian/Schäfer, Marcel/Steinebach, Martin, Critical Traffic Analysis on the Tor Network, in: Proceedings of the 15th International Conference on Availability, Reliability and Security, New York (USA) 2020, S. 1–10

Raidl, Melanie/Schiller, Marie, Riesiges Netzwerk für Pädophile, Süddeutsche Zeitung (02.08.2018), abrufbar unter: https://www.sueddeutsche.de/panorama/vor-gericht-riesiges-netzwerk-fuer-paedophile-1.4078025 (abgerufen am 01.02.2023)

Rath, Christian, Das Darknet ist kein justizfreier Raum, DRiZ 2016, S. 292–293

Rebiger, Simon, Wenn die Polizei heimlich Internet-Accounts übernimmt, netzpolitik.org (30.01.2019), abrufbar unter: https://netzpolitik.org/2019/wenn-die-polizei-heimlich-internet-accounts-uebernimmt/ (abgerufen am 01.02.2023)

Rogall, Klaus, Einsatz eines verdeckten Ermittlers. Zugleich Besprechung von BGH, Urteil vom 06.02.1996 – 1 StR 544/95, NStZ 1996, S. 451–452

Roggan, Fredrik, Die „Technikoffenheit“ von strafprozessualen Ermittlungsbefugnissen und ihre Grenzen. Die Problematik der Auslegung von Gesetzen über ihren Wortlaut oder Wortsinn hinaus, NJW 2015, S. 1995–1999

Rönnau, Thomas, Grundwissen – Strafrecht: Agent provocateur, JuS 2015, S. 19–22

Rosengarten, Carsten/Römer, Sebastian, Der „virtuelle verdeckte Ermittler“ in sozialen Netzwerken und Internetboards, NJW 2012, S. 1764–1767

Roßnagel, Alexander/Schnabel, Christoph, Das Grundrecht auf Gewährleistung der Vertraulichkeit und Integrität informationstechnischer Systeme und sein Einfluss auf das Privatrecht, NJW 2008, S. 3534–3538

Roy, Jessica, Feds Raid Online Drug Market Silk Road, Time (02.10.2013), abrufbar unter: https://nation.time.com/2013/10/02/alleged-silk-road-proprietor-ross-william-ulbricht-arrested-3-6m-in-bitcoin-seized/ (abgerufen am 01.02.2023)

Rückert, Christian, Zwischen Online-Streife und Online(Raster) Fahndung – Ein Beitrag zur Verarbeitung öffentlich zugänglicher Daten im Ermittlungsverfahren, ZStW 2017, S. 302–333

Rückert, Christian, Das Darknet: Blick in eine Schattenwelt, Politische Studien 2018, S. 12–21

Rückert, Christian, Herausforderungen der Digitalisierung für das Strafverfahren, in: *Hoven, Elisa/Kudlich, Hans* (Hrsg.), Digitalisierung und Strafverfahren, Baden-Baden 2020, S. 9–38

Rückert, Christian, Mit künstlicher Intelligenz auf Verbrecherjagd, Verfassungsblog (22.01.2021), abrufbar unter: https://verfassungsblog.de/ki-verbrecherjagd/ (abgerufen am 01.02.2023)

Rückert, Christian/Goger, Thomas, Neue Waffe im Kampf gegen Kinderpornografie im Darknet, MMR 2020, S. 373–378

Rückert, Christian/Wüst, Marlene, Erlanger Cybercrime Tag 2018: Darknet und Underground Economy, KriPoZ 2018, S. 247–256

Ruppert, Felix, Die rechtsstaatswidrige Tatprovokation im Lichte des EGMR. Für das legislative Ende eines Disputs, StraFo 2020, S. 445–451

Sachs, Michael (Hrsg.), Grundgesetz Kommentar, 9. Auflage, München 2021

Sachs, Michael/Krings, Thomas, Das neue „Grundrecht auf Gewährleistung der Vertraulichkeit und Integrität informationstechnischer Systeme“, JuS 2008, S. 481–486

Safferling, Christoph, Keuschheitsproben und Verdeckte Ermittler im Darknet, DRiZ 2018, S. 206–207

Safferling, Christoph/Rückert, Christian, Telekommunikationsüberwachung bei Bitcoins?, MMR 2015, S. 788–794

Safferling, Christoph/Rückert, Christian, Das Strafrecht und die Underground Economy, Konrad-Adenauer-Stiftung e.V. (Hrsg.), Analysen & Argumente, Februar 2018, Ausgabe 291, abrufbar unter: https://www.kas.de/documents/252038/253252/7_dokument_dok_pdf_51506_1.pdf/5f5a7ec0-2bb8-6100-6d65-b3ba55564d72?version=1.0&t=1539647924448 (abgerufen am 01.02.2023)

Sawall, Achim, Legale Erfolge gegen Pädophilen-Plattform kaum möglich, golem (25.10.2011), abrufbar unter: https://www.golem.de/1110/87275.html (abgerufen am 01.02.2023)

Satzger, Helmut/Schluckebier, Wilhelm/Widmaier, Gunter, StGB – Strafgesetzbuch Kommentar, 5. Auflage Köln 2020

Scannell, Kara, Ross Ulbricht used ‚altoid' alias to promote Silk Road, Financial Times (26.01.2015), abrufbar unter: https://www.ft.com/content/e4f85510-a58b-11e4-8636-00144feab7de (abgerufen am 01.02.2023)

Scherschel, Fabian, Pimp_Alex_91: AlphaBay-Admin über Hotmail-Adresse aufgeflogen, heise online (21.07.2017), abrufbar unter: https://www.heise.de/security/meldung/Pimp-Alex-91-AlphaBay-Admin-ueber-Hotmail-Adresse-aufgeflogen-3780103.html (abgerufen am 01.02.2023)

Schlegel, Stephan, „Online-Durchsuchung light" – Die Änderung des § 110 StPO durch das Gesetz zur Neuregelung der Telekommunikationsüberwachung, HRRS 2008, S. 23–30

Schmeh, Klaus, Illegale Handelsplattform Silk Road: Wie das Amazon des Darknet aufflog, heise online (26.11.2020), abrufbar unter: https://www.heise.de/hintergrund/Illegale-Handelsplattform-Silk-Road-Wie-das-Amazon-des-Darknet-aufflog-4954604.html (abgerufen am 01.02.2023)

Schmitt, Bertram, Strafprozessordnung. Gerichtsverfassungsgesetz, Nebengesetze und ergänzende Bestimmungen, 65. Auflage, München 2022 (zitiert: *Bearbeiter* in: Meyer-Goßner/Schmitt)

Schneider, Hartmut, Münchener Kommentar zur Strafprozessordnung, Band 2: §§ 151–332 StPO, München 2016 (zitiert: *Bearbeiter* in: MüKo-StPO)

Schneider, Hartmut, Ausgewählte Rechtsprobleme des Einsatzes verdeckter Ermittler, NStZ 2004, S. 359–367

Schrey, Joachim/Thalhofer, Thomas, Rechtliche Aspekte der Blockchain, NJW 2017, S. 1431–1436

Schroeder, Daniela, Die Justizgrundrechte des Grundgesetzes, JA 2010, S. 167–174

Schulz, Benjamin, Australien Polizei betrieb riesige Kinderporno-Plattform, Spiegel online (11.10.2017), abrufbar unter: https://www.spiegel.de/panorama/justiz/australien-polizei-ermittelte-mit-eigener-kinderporno-plattform-a-1172503.html (abgerufen am 01.02.2023)

Schulz, Sönke E./Hoffmann, Christian, Grundrechtsrelevanz staatlicher Beobachtungen im Internet – Internet-Streifen der Ermittlungsbehörden und das „Autorisierungskonzept“ des BVerfG, CR 2010, S. 131–136

Schulz, Sönke E./Hoffmann, Christian, Staatliche Datenerhebung in sozialen Netzwerken, DUD 2012, S. 7–13

Schulze, Matthias, Kriminalitätsbekämpfung im Darknet. Neue Ermittlungsansätze statt Verbote, SWP-Aktuell 2019, Nr. 28, S. 1–8, abrufbar unter: https://www.swp-berlin.org/publications/products/aktuell/2019A28_she.pdf (abgerufen am 01.02.2023)

Schuster, Frank Peter, Verwertbarkeit im Ausland gewonnener Beweise im deutschen Strafprozess, Berlin 2006

Schwabenhauer, Thomas, Kommunikationsschutz durch Art. 10 GG im digitalen Zeitalter, AöR 2012, S. 1–41

Schwan, Ben, Lauschangriff per Ultraschall, heise online (28.02.2017), abrufbar unter: https://www.heise.de/hintergrund/Ultraschall-killt-Internet-Anonymitaet-3619368.html (abgerufen am 01.02.2023)

Schwarzburg, Peter, Einsatzbedingte Straftaten Verdeckter Ermittler, NStZ 1995, S. 469–474

Schwenk, Jörg, Sicherheit und Kryptographie im Internet, Berlin 2014

Sieber, Ulrich, Straftaten und Strafverfolgung im Internet, NJW-Beilage 2012, S. 86–90

Siebrecht, Michael, Rasterfahndung. Eine EDVgestützte Massenfahndungsmethode im Spannungsfeld zwischen einer effektiven Strafverfolgung und dem Recht auf informationelle Selbstbestimmung, Berlin 1997

Singelnstein, Tobias, Möglichkeiten und Grenzen neuerer strafprozessualer Ermittlungsmaßnahmen – Telekommunikation, Web 2.0, Datenbeschlagnahme, polizeiliche Datenverarbeitung & Co, NStZ 2012, S. 593–606

Sinn, Arndt, Ermittlungen im Darknet, in: *Gesk, Georg M./Sinn, Arndt* (Hrsg.), Organisierte Kriminalität und Terrorismus im Rechtsvergleich, Deutsch-Chinesischer Rechtsdialog, Band 1, Göttingen 2019, S. 141–160

Soiné, Michael, Verdeckte Ermittler als Instrument zur Bekämpfung von Kinderpornographie im Internet, NStZ 2003, S. 225–230

Soiné, Michael, Personale verdeckte Ermittlungen in sozialen Netzwerken zur Strafverfolgung, NStZ 2014, S. 248–251

Soiné, Michael, Die strafprozessuale Online-Durchsuchung, NStZ 2018, S. 497–504

Soska, Kyle/Christin, Nicolas, Measuring the Longitudinal Evolution of the Online Anonymous Marketplace Ecosystem, Proceedings of the 24th USENIX Security Symposium Washington D. C. (USA) 2015, S. 33–48

Spindler, Gerald/Schmitz, Peter/Liesching, Marc, Telemediengesetz mit Netzwerkdurchsetzungsgesetz, 2. Auflage, München 2018 (zitiert: *Bearbeiter* in: Spindler/Schmitz)

Staffler, Lukas/Jany, Oliver, Künstliche Intelligenz und Strafrechtspflege – eine Orientierung, ZIS 2020, S. 164–177

Schwark, Eberhard/Zimmermann, Daniel, Kapitalmarktrechts-Kommentar, 5. Auflage, München 2020

Taeger, Jürgen/Pohle, Jan (Hrsg.), Computerrechts-Handbuch. Informationstechnologie in der Rechts und Wirtschaftspraxis, 37. Ergänzungslieferung, Stand: Mai 2022

Tanriverdi, Hakan, Drogenhandel, Mordversuch – und den Klarnamen angeben, Süddeutsche Zeitung (04.10.2013), abrufbar unter: https://www.sueddeutsche.de/digital/mutmasslicher-betreiber-der-drogen-plattform-silk-road-drogenhandel-mordversuch-und-den-klarnamen-angegeben-1.1786870 (abgerufen am 01.02.2023)

The Freenet Project Inc., Help, abrufbar unter: https://freenetproject.org/pages/help.html (abgerufen am 01.02.2023)

The Tor Project, Inc., Glossar, abrufbar unter: https://support.torproject.org/de/glossary/ (abgerufen am 01.02.2023)

The Tor Project, Inc., How do Onion Services work?, abrufbar unter: https://community.torproject.org/onion-services/overview/ (abgerufen am 01.02.2023)

The Tor Project, Inc., Onion-Dienste, abrufbar unter: https://support.torproject.org/de/onionservices/ (abgerufen am 01.02.2023)

The Tor Project, Inc., Tor: Onion Service Protocol, abrufbar unter: https://2019.www.torproject.org/docs/onion-services (abgerufen am 01.02.2023)

The Tor Project, Inc., Über Tor, abrufbar unter: https://support.torproject.org/de/about/ (abgerufen am 01.02.2023)

The Tor Project, Inc., Verlauf, abrufbar unter: https://www.torproject.org/de/about/history/ (abgerufen am 01.02.2023)

The Tor Project, Inc., Warum basiert Tor Browser auf Firefox und nicht auf einem anderen Browser?, abrufbar unter: https://support.torproject.org/de/tbb/tbb-4/ (abgerufen am 01.02.2023)

Thiesen, Michael, Wie hoch ist der Preis der Anonymität? Haftungsrisiken beim Betrieb eines TOR-Servers, MMR 2014, S. 803–809

Thoma, Jörg, Freenet: Das anonyme Netzwerk mit der Schmuddelecke, golem (25.02.2015), abrufbar unter: https://www.golem.de/news/freenet-das-anonyme-netzwerk-mit-der-schmuddelecke-1502-112577.html (abgerufen am 01.02.2023)

Thoma, Jörg, Das alternative Tor ins Darknet, golem (12.02.2015), abrufbar unter: https://www.golem.de/news/invisible-internet-project-das-alternative-tor-ins-darknet-1502-112316.html (abgerufen am 01.02.2023)

Timpanaro, Juan Pablo/Chrisment Isabelle/Festor, Oliver, Monitoring the I2P network, 2011, inria-00632259, abrufbar unter: https://hal.inria.fr/file/index/docid/632259/filename/TMA2012-LNCS.pdf (abgerufen am 01.02.2023)

Tzanetakis, Meropi, Drogenhandel im Darknet. Gesellschaftliche Auswirkungen von Kryptomärkten, APuZ 2017, S. 41–46

Tzanetakis, Meropi, Comparing cryptomarkets for drugs. A characterisation of sellers and buyers over time, International Journal of Drug Policy 2018, Vol. 56, S. 176–186

Tzanetakis, Meropi, Einleitung – Zum Phänomen der Drogenmärkte im Darknet, in: *Tzanetakis, Meropi/Stöver, Heino*, Drogen, Darknet und Organisierte Kriminalität, Baden-Baden 2019, S. 11–19

Tzanetakis, Meropi, Zu den Strukturen des Drogenhandels im Darknet, in: *Tzanetakis, Meropi/Stöver, Heino*, Drogen, Darknet und Organisierte Kriminalität, Baden-Baden 2019, S. 113–135

Tzanetakis, Meropi, Digitalisierung von illegalen Märkten, in: *Feustel, Robert/Schmidt-Semisch, Henning/Bröckling, Ulrich* (Hrsg.), Handbuch

Drogen in sozial und kulturwissenschaftlicher Perspektive, Wiesbaden 2019, S. 477–492

Vinton, Kate, So Far Feds Have Only Confirmed Seizing 27 „Dark Market“ Sites In Operation Onymous, Forbes (07.11.2014), abrufbar unter: https://www.forbes.com/sites/katevinton/2014/11/07/operation-onymous-dark-markets/?sh=1b83bd192fcf (abgerufen am 01.02.2023)

Vogelsang, Stephanie/Möllers, Frederik/Potel, Karin, Strafrechtliche Bewertung von „Honeypots“ bei DoS-Angriffen, MMR 2017, S. 291–295

Vogt, Sabine, Das Darknet – Rauschgift, Waffen, Falschgeld, Ausweise – das digitale „Kaufhaus“ der Kriminellen?, Die Kriminalpolizei 2017, S. 4–7

Voßkuhle, Andreas, Grundwissen – Öffentliches Recht: Der Grundsatz des Vorbehalts des Gesetzes, JuS 2007, S. 118–119

Voßkuhle, Andreas, Grundwissen – Öffentliches Recht: Der Grundsatz der Verhältnismäßigkeit, JuS 2007, S. 429–431

Wabnitz, Heinz-Bernd/Janovsky, Thomas/Schmitt, Lothar (Hrsg.), Handbuch Wirtschafts und Steuerstrafrecht, 5. Auflage, München 2020

Warken, Claudia, Elektronische Beweismittel im Strafprozessrecht – eine Momentaufnahme über den deutschen Tellerrand hinaus, Teil 2, NZWiSt 2017, S. 329–338

Weigend, Thomas, Stellungnahme in der Öffentlichen Anhörung des Ausschusses für Recht und Verbraucherschutz des Deutschen Bundestages am 6.11.2019 zum Entwurf eines ... Gesetzes zur Änderung des Strafgesetzbuches – Versuchsstrafbarkeit des Cybergroomings (BT.Drs. 19/13836), abrufbar unter: https://kripoz.de/wp-content/uploads/2019/11/stellungnahme-weigend-cybergrooming-.pdf (abgerufen am 01.02.2023)

Weisensee, Jan, Ultraschall-Tracking kann Tor-Nutzer deanonymisieren, golem (06.01.2017), abrufbar unter: https://www.golem.de/news/anonymitaet-ultraschall-tracking-kann-tor-nutzer-deanonymisieren-1701-125434.html (abgerufen am 01.02.2023)

Weisser, Niclas-Frederic, Zum Betretungsrecht von Wohnungen bzw. Hotelzimmern durch einen nicht offen ermittelnden Polizeibeamten (noeP), NZWiSt 2018, S. 59–63

Wienbracke, Mike, Der Verhältnismäßigkeitsgrundsatz, ZJS 2013, S. 148–155

Wittmer, Sandra, Straftaten und Strafverfolgung im Darknet, Baden-Baden 2023

Wittmer, Sandra/Steinebach, Martin, Computergenerierte Kinderpornografie zu Ermittlungszwecken im Darknet, MMR 2019, S. 650–653

Wittmer, Sandra/Platzer, Florian/Steinebach, Martin/Yannikos, York, Deanonymisierung im Tor-Netzwerk – Technische Möglichkeiten und rechtliche Rahmenbedingungen, in: *Friedewald, Michael/Kreutzer, Michael/Hansen, Marit* (Hrsg.), Selbstbestimmung, Privatheit und Datenschutz. Gestaltungoptionen für einen europäischen Weg, Wiesbaden 2022, abrufbar unter: https://link.springer.com/book/10.1007/978-3-658-33306-5 (abgerufen am 01.02.2023)

Wittmer, Sandra/Platzer, Florian, Zulässigkeit von Open Source-Ermittlungen zur Strafverfolgung im Darknet, in: *Demmler, Daniel/Krupka, Daniel/Federrath, Hannes* (Hrsg.), INFORMATIK 2022, S. 569–587

Woolf, Nicky, Bitcoin ‚exit scam': deep-web market operators disappear with $12m, The Guardian (18.03.2015), abrufbar unter: https://www.theguardian.com/technology/2015/mar/18/bitcoin-deep-web-evolution-exit-scam-12-million-dollars (abgerufen am 01.02.2023)

Wüst, Marlene, Die Underground Economy des Darknets. Die Strafbarkeit des Betreibens „illegaler" Handelsplattformen, Berlin 2022

Zaunseder, Andreas/Bancroft, Angus, The fuzzy ideological and social space of the cryptomarkets: libertarian ideology, agorism and exchange performances, in: *Tzanetakis, Meropi/Stöver, Heino* (Hrsg.), Drogen, Darknet und Organisierte Kriminalität, Baden-Baden 2019, S. 137–160

Zerbes, Ingeborg/El-Ghazi, Mohamad, Zugriff auf Computer: Von der gegenständlichen zur virtuellen Durchsuchung, NStZ 2014, S. 425–433

Zeyher, Lukas, Das Verfahrenshindernis als strafprozessuale Folge einer rechtsstaatswidrigen Tatprovokation und seine Konsequenzen, NZWiSt 2022, S. 197–201

Zöller, Mark, Verdachtslose Recherchen und Ermittlungen im Internet, GA 2000, S. 563–577

Zöller, Mark, Heimliche und verdeckte Ermittlungsmaßnahmen im Strafverfahren, ZStW 2012, S. 411–439

Zöller, Mark, Strafbarkeit und Strafverfolgung des Betreibens internetbasierter Handelsplattformen für illegale Waren und Dienstleistungen, KriPoZ 2019, S. 274–281

www.ingramcontent.com/pod-product-compliance
Ingram Content Group UK Ltd.
Pitfield, Milton Keynes, MK11 3LW, UK
UKHW021823290926
8980IPUK00004B/228

9 783631 934357